China's Remanufacturing Industry
Development Report（2025）

中国再制造产业发展报告
（2025年）

机械工业环保产业发展中心 组编

主编 贾中华

副主编 张喜玲 吴刚 郭超

机械工业出版社
CHINA MACHINE PRESS

《中国再制造产业发展报告（2025年）》包括总报告、行业篇、企业篇和附录四个部分。

总报告介绍了我国再制造产业整体发展现状、国外再制造产业发展现状及经验启示、我国主管部门推进再制造开展的工作梳理、未来推动我国再制造产业高质量发展的总体思路和重大任务举措，并提出系统性的发展建议。行业篇对汽车零部件、工程机械、盾构机、内燃机、机床工具、文化办公设备和石油天然气装备7个细分行业进行了重点分析，主要论述了细分行业的再制造基本情况、行业主要做法、经验启示、未来发展展望、政策诉求和建议等。企业篇则选择基础较好、未来发展潜力较大、技术创新程度高的企业作为典型案例来进行介绍。附录梳理了再制造产业相关政策文件和标准规范。

图书在版编目（CIP）数据

中国再制造产业发展报告. 2025年 / 机械工业环保产业发展中心组编；贾中华主编. -- 北京：机械工业出版社，2025. 4. -- ISBN 978-7-111-78087-8

Ⅰ. F426.4

中国国家版本馆CIP数据核字第2025BF3571号

机械工业出版社（北京市百万庄大街22号　邮政编码100037）

策划编辑：秦　诗　　　　责任编辑：秦　诗　孟宪勐

责任校对：卢文迪　马荣华　景　飞　　　　责任印制：单爱军

北京瑞禾彩色印刷有限公司印刷

2025年6月第1版第1次印刷

185mm×260mm · 19.5印张 · 1插页 · 410千字

标准书号：ISBN 978-7-111-78087-8

定价：60.00元

电话服务　　　　网络服务

客服电话：010-88361066　　机　工　官　网：www.cmpbook.com

010-88379833　　机　工　官　博：weibo.com/cmp1952

010-68326294　　金　书　网：www.golden-book.com

　机工教育服务网：www.cmpedu.com

编委会

前 言

再制造是指采用先进适用的工艺、技术、设备和材料对旧件进行专业化修复或升级改造，使再制造产品的性能和质量达到或超过原型新品的生产过程。再制造是制造业循环发展的最高级形式。相对于原型新品，再制造产品可节约成本 50%，节能 60%，节材 70%，减排 80% 以上。再制造产业具有高科技、高效能、高质量特征，是制造业中典型的新质生产力，也是我国建设环境友好型和资源节约型社会、实现绿色发展的重要抓手。

自 2020 年由中国物资再生协会再制造分会主持编写、机械工业出版社出版的《中国再制造产业发展报告》发行以来，我国再制造产业在这四年间又取得了长足进步，产业政策持续加强，标准体系不断完善，涌现出一批新的再制造工艺技术和装备产品，用户行业对再制造的认知也有了一定程度的提升，有力支撑了我国绿色产业的发展。所以我们有必要对这四年来的产业要素进行梳理，以彰显优势，总结不足，进一步捋顺我国再制造产业高质量发展的路径。出版《中国再制造产业发展报告（2025 年）》旨在引导行业企业按照《机电产品再制造行业规范条件》的要求规范化发展，使用户行业建立对再制造产品高品质的信心，同时也反映行业诉求，期望产业政策在准入、标准、资金、市场等方面给予支持。

本报告分为总报告、行业篇、企业篇以及附录四个部分。总报告中介绍了我国再制造产业的发展进展与展望，行业篇介绍了汽车零部件、工程机械、盾构机、内燃机、机床工具、文化办公设备、石油天然气装备等 7 个典型细分行业以及再制造技术装备的发展现状与趋势，企业篇介绍了 22 个具有典型代表意义的再制造企业的最新工艺技术与装备产品，附录收录了当前仍在执行的 72 项产业政策和 285 项相关标准。

本报告在工业和信息化部节能与综合利用司的指导下，由机械工业环保产业发展中心牵头编写，并得到了中国工程机械工业协会、北京盾构工程协会、中国内燃机工业协会、中国机电装备维修与改造技术协会、中国汽车工业协会汽车零部件再制造分会、中国文化办公设备制造行业协会、中国石油和石油化工设备工业协会、佛山科学技术学院、陆军装甲兵学院装备再制造技术国防科技重点实验室、黑龙江省建设投资集团有限公司碳中和研究院等单位的大力支持，广东欣龙隧道装备股份有限公司、天津百诚阀门制造股份有限公司等再制造企业为本报告提供了大量优秀素材，在此一并表示感谢。

希望本报告能够成为再制造产业链从业者的工具书，为我国再制造产业的发展提供有益的参考和借鉴。希望本系列报告为实现绿色发展和经济转型持续贡献力量。

| 目　录 |

第三篇　企业篇

附录

第一篇

总报告

第 1 章　我国再制造产业发展进展与展望

贾中华　张喜玲　吴刚[⊖]

摘要

再制造是指采用先进适用的工艺、技术、设备和材料对旧件进行专业化修复或升级改造，使再制造产品的性能和质量达到或超过原型新品的生产过程。再制造产业具有高科技、高效能、高质量特征，具有显著的节材、节能、降本、减排效应，是制造业中典型的新质生产力，也是我国建设环境友好型和资源节约型社会、实现绿色发展的重要抓手。我国再制造产业起步于 20 世纪 90 年代，随着政策体系的不断完善，技术产品不断丰富，再制造实践持续深入，产业发展总体呈现良好态势。着眼未来，我国再制造产业应从提升工艺技术装备水平、构建产业生态、扩大市场空间、打造产业集群和搭建公共服务平台等方面发力，强化政策保护与引导，推动再制造产业高质量发展，为实现“双碳”目标提供装备支撑。

关键词： 再制造产业，政策发展历程，发展展望

⊖ 贾中华，机械工业环保产业发展中心主任。张喜玲，机械工业环保产业发展中心研究员。吴刚，机械工业环保产业发展中心绿色发展处处长。

一、我国再制造产业发展现状

我国再制造产业总体具有覆盖面广、工艺技术先进、产值规模小的特点，再制造产品涉及领域众多，空间上也已经具有一定的集聚规模，但仍存在链条不完整、工艺技术水平有待提升等众多现实问题。

（一）总体发展特点

1. 政策驱动力大且持续性强

2009 年 1 月 1 日实施的《中华人民共和国循环经济促进法》为我国再制造发展提供了法律依据，各职能部门陆续发布的《关于推进再制造产业发展的意见》《汽车零部件再制造规范管理暂行办法》等规章制度，引导和支持再制造产业发展进入快车道，此外还发布了两批机电产品再制造试点单位、十批再制造产品目录，批复了八个再制造产业示范基地（集聚区）。尤其是 2024 年 3 月国务院发布的《推动大规模设备更新和消费品以旧换新行动方案》，明确要求“深入推进汽车零部件、工程机械、机床等传统设备再制造，探索在风电光伏、航空等新兴领域开展高端装备再制造业务”，为我国再制造产业高质量发展指引了方向，将有力推动我国再制造产业向着更广范围、更高标准、更受欢迎的目标加速前进。工业和信息化部也于 2023 年底发布了《机电产品再制造行业规范条件》，引导再制造相关生产企业加快研发，加强生产过程控制，提高产品品质，关注环境保护，规范售后行为，以此推动再制造产业高质量发展。我国再制造产业迎来一个政策小高潮，这必将对我国再制造产业高质量发展产生持续的积极影响。

2. 覆盖面广但发展不均衡

相对于美国、欧洲、日本等再制造产业发达的国家与地区，我国再制造产业起步较晚，这与我国工业化起步相对较晚及工业发展所处阶段有很大关系。但是经过近三十年的发展，我国的再制造产业已经覆盖工程机械、机床工具、汽车零部件、重型机械、石化通用机械、内燃机、电工电器、农业机械、机械基础件、文化办公设备等细分领域。以工程机械行业为例，当前再制造范围涵盖液压挖掘机、装载机、起重机、旋挖钻机、沥青混凝土摊铺机、盾构机等整机产品，核心部件涉及发动机、液压泵、液压马达、液压元件、变矩器、变速器以及驱动桥等，已经形成了以工程机械整机龙头企业为牵引，以零部件企业与再制造专业化企业为支撑的再制造企业体系。但是在农业机械、石化通用机械等少数领域，再制造开展得还很不充分，普遍存在企业少、产品少、用户认可度不高等问题。

3. 整体上技术先进但缺乏多样性

基于我国强大的工业基础所衍生出来的再制造技术，有着较为深厚的底蕴，也大量应用于再制造产业。比如拆解工序中的虚拟拆解技术，清洗工序中的喷射清洗技术、超声波清洗技术、激光清洗技术、高压饱和蒸汽清洗技术，加工工序中的激光熔覆技术、纳米电刷镀技术、堆焊技术等，部分技术达到了国际先进水平，基本能够满足当前再制造产业的需求。但是纵观我国再制造产业的主流技术，从中长期高质量发展的角度来看，技术体系尚不完善，存在特殊冷镀熔覆技术和超音速火焰喷涂技术等高端再制造技术的应用比例不高、部分工序（比如旧件检测）的技术受到其他基础行业技术水平不高的制约等问题，还有很大的发展空间。

4. 绿色推动作用强

根据《再制造 术语》（GB/T 28619—2012）和《国民经济行业分类》（GB/T 4754—2017），再制造产品的质量和性能不低于原型新品，但可节约成本50%，节能60%，节材70%，减少污染物排放80%以上，对环境的不良影响与制造新品相比显著减少[㊀]。再制造产业与传统制造业相比，科技含量高、经济效益好、资源消耗低、环境污染少，属于绿色产业和战略性新兴产业，对经济社会全局和可持续发展具有重大引领带动作用，是建设资源节约型、环境友好型社会和实现“碳达峰、碳中和”目标的重要举措。

5. 未来发展潜力巨大

尽管我国再制造产业起步晚，但得益于我国拥有全球最完整、规模最大的工业体系，是全世界唯一拥有联合国产业分类中全部工业门类的国家，制造业规模连续14年居世界首位（截至2023年底）等基础，未来全国可进入再制造过程的工业制成品数量庞大，这为再制造产业发展提供了可供挖掘的巨大市场空间。根据美国原始设备供应商产品服务研究所的研究报告，美国再制造产品的年销售额约为GDP的0.4%，而新制造产品的年销售额约为GDP的10%，再制造产业规模约为制造业的4%[㊁]。依此估算，2022年中国制造业增加值规模为32.6万亿元[㊂]，再制造产业产值理论上可达约1.3万亿元，发展潜力无限。

（二）再制造产业区域分布

我国再制造产业涉及的行业和领域众多，再制造对象十分丰富，虽然目前还没有统一、明确的再制造对象分类，但根据国家已发布的相关文件，已开展再制造的细分行业包括汽车零部件、工程机械、大型工业机电设备、机床、内燃机、农用机械、矿采机

㊀ 徐滨士，《我国再制造产业发展现状与对策建议》。

㊁ 张伟等，《再制造：助力“双碳”目标下的循环经济发展》。

㊂ 国家统计局，《中国统计年鉴（2024年）》。

械、铁路机车装备、船舶装备、办公信息设备、交通运输设备等，涉及通用机械设备和专用机械设备整机及关键零部件等领域。

经过近三十年的发展，我国再制造产业的发展基础不断夯实，区域分布不断扩展，但总体以东部地区集中布局为特点，产业集聚在东部地区的趋势明显。根据工业和信息化部发布的1～9批《再制造产品目录》和1～2批《机电产品再制造试点单位名单》，以及国家发展改革委发布的1～2批《通过验收的国家循环经济试点示范单位名单》《汽车零部件再制造试点企业名单》等文件和批复的8个再制造产业示范基地（集聚区）进行分析，目前再制造产业的区域分布呈现出东部多、中西部居中、东北部较少的特点（见表1-1）。在分析的242家企业和园区中，有52.5%分布在东部，占比超过一半，拥有10家及以上的分别是山东、江苏、广东、上海和河北；26%分布在中部，超过了四分之一，拥有10家以上的分别是安徽、湖南、河南和湖北；西部和东北部分别占比14%和7.5%，其中只有辽宁拥有10家以上（11家）。整体来看，这与各地区产业发展结构特征是高度相关的。

表1-1　再制造企业和园区的区域分布

类别	东部	中部	西部	东北
1～9批《再制造产品目录》（104）	58（山东17、江苏13、广东10、上海5、河北4、福建3、浙江3、天津2、北京1）	24（河南9、安徽5、湖北5、湖南3、江西2）	18（广西6、重庆4、陕西3、四川2、贵州2、内蒙古1）	4（辽宁3、吉林1）
1～2批《机电产品再制造试点单位名单》（86）	39（江苏11、山东8、上海6、北京4、广东4、河北2、浙江2、福建1、天津1）	24（湖南8、安徽6、湖北5、河南4、山西1）	12（四川4、广西2、内蒙古1、宁夏1、青海1、陕西1、新疆1、重庆1）	11（辽宁7、黑龙江3、吉林1）
1～2批《汽车零部件再制造试点企业名单》（42）	25（山东5、江苏4、上海4、广东3、河北3、浙江3、北京2、福建1）	11（安徽3、湖北3、河南2、湖南2、江西1）	3（陕西2、广西1）	3（黑龙江1、吉林1、辽宁1）
1～2批循环经济试点（2）	2（北京1、山东1）			
再制造产业集聚区和再制造产业示范基地（8）	3（江苏1、上海1、河北1）	4（湖南2、安徽2）	1（四川1）	

资料来源：作者整理。

从234家分析对象（剔除了8家再制造产业集聚区和再制造产业示范基地）看，目前再制造企业涉及汽车零部件、工程机械及其零部件等19个细分行业（见表1-2），其中汽车零部件和工程机械及其零部件行业占比较大，达50.4%，是典型的再制造领域。以汽车零部件再制造为例，60.6%的企业分布在东部地区，其中山东、江苏、上海、广东和河北占东部地区的80%，全部在我国汽车产业集群的覆盖范围内。在工程机械及其零部件再制造行业，东部地区和中部地区分别占比51.9%和38.5%，其中山东（8家）、江苏（5家）和湖南（9家）等省份较为集中，这主要是由于徐州、长沙两市工程机械集群发展基础好，为再制造产业相关领域发展提供了土壤和市场空间。

表1-2　再制造细分行业的区域分布

细分行业	东部	中部	西部	东北
汽车零部件（66）	40（山东10、江苏9、上海6、广东4、河北3、浙江3、北京3、福建2）	14（安徽4、湖北3、河南3、湖南3、江西1）	8（广西3、重庆2、陕西2、四川1）	4（辽宁2、黑龙江1、吉林1）
工程机械及其零部件（52）	27（山东8、江苏5、广东5、上海2、天津2、北京2、浙江1、福建1、河北1）	20（湖南9、安徽6、湖北4、河南1）	4（广西2、陕西1、内蒙古1）	1（辽宁1）
电动机及其零部件（21）	9（河北2、江苏2、浙江2、山东1、上海1、广东1）	7（河南3、安徽2、江西1、湖北1）	5（陕西2、广西1、四川1、贵州1）	
办公设备及其零部件（20）	16（江苏5、广东5、山东3、天津1、福建1、浙江1）	1（江西1）	3（广西2、贵州1）	
内燃机及其零部件（12）	6（福建1、河北1、江苏1、广东1、北京1、山东1）	3（湖南2、湖北1）	1（四川1）	2（辽宁2）
机床产品及其零部件（10）	1（山东1）	3（湖北3）	4（重庆3、青海1）	2（辽宁2）
运输设备（8）	4（江苏3、浙江1）	2（河南1、湖北1）	1（四川1）	1（辽宁1）

（续）

细分行业	东部	中部	西部	东北
专用设备（8）	4（上海3、江苏1）	2（湖南1、安徽1）	2（内蒙古1、四川1）	
电气机械和器材（7）	4（江苏1、山东2、河北1）	2（湖南1、河南1）	1（广西1）	
矿采机械（7）	3（山东2、北京1）		3（新疆1、宁夏1、四川1）	1（吉林1）
工业机电设备（7）	1（上海1）	2（湖南1、安徽1）	1（陕西1）	3（黑龙江2、辽宁1）
电子信息产品（4）	4（江苏1、上海1、广东1、北京1）			
铁路机车装备（4）		2（山西1、河南1）		2（黑龙江1、辽宁1）
石油机械零部件（3）	2（山东2）			1（吉林1）
船舶（1）				1（辽宁1）
轨道车辆零部件（1）		1（河南1）		
冶金机械零部件（1）	1（上海1）			
其他专用机械设备及其零部件（1）	1（山东1）			
通用机械设备及其零部件（1）	1（河北1）			

资料来源：作者整理。

（三）产业发展存在的主要短板

1. 再制造产业链不清晰

再制造产业链以“旧件产生—回收—检测—拆解—清洗—再制造—装配—检测—销售”流程为核心，涉及产生废旧件的工业设备用户、回收渠道、提供再制造技术与生产设备及材料的供应商、提供检测服务的检测机构、销售渠道等。由于产业发展时间较短，涉及领域较广，再制造行业尚未形成分领域的产业链，供应链也较为松散，基本以单个企业为主，各自为政。由此造成链主企业牵引力不强，链上企业支撑力不足，上下游企业间缺少专业化分工。其中比较突出的是旧件回收体系不健全，存在旧件回收率低、回收体系混乱以及全国性的回收网络和管理信息系统不健全等问题，也缺乏全国性的旧件交易及再制造产品交易平台，分散的区域性再生资源回收加工网络是当前主力，缺乏提供必要公共服务、配件供应的部门或组织。另外，部分旧件的进口受到国家相关政策的限制，如汽车发动机。根据国家当前相关要求，有些旧件属于禁止进口的产品，导致再制造企业旧件来源受到很大限制。

2. 再制造工艺技术装备水平有待提高

与发达国家已经掌握尖端再制造技术相比，我国再制造关键工艺技术装备水平参差不齐，需进一步提高。行业内能够获得主机厂和合作单位技术支持或者能够自主研发的企业，其再制造产品质量较高，但那些缺少核心技术支持的再制造企业，其产品质量难以达到相关标准要求，致使再制造产品质量之间差异较大。工艺技术装备水平整体较低有以下两个原因：一是企业存在研发投入不足、人才短缺等问题，导致科技创新能力较弱；二是部分高新技术、关键技术和实用技术需要攻关和推广，相关设备尚未实现产业化生产。工艺技术装备上的局限，导致企业再制造加工还处于较低水平，非标产品多，用户认可程度低。

3. 规范化管理亟待加强

作为一个新兴产业，再制造产业目前还存在诸多不规范之处：一是再制造产业标准体系不完善，一些维保品、翻新品以再制造产品的名义进入市场，给工业用户和消费者带来困惑；二是缺乏有效的质量控制体系，很多再制造工艺流程并未标准化，给整个产业的规范化管理及产品质量控制带来了阻碍；三是缺乏统一的数据统计口径和体系，仅依靠少数行业组织根据有限的数据样本进行测算，导致最终数据难以准确反映行业产值变化、企业数量增减等发展动态。这不仅影响了主管部门对行业动态的精确掌握，也制约了政策制定的精准性，成为阻碍行业高速发展的重要因素。

4. 公众对再制造产品的认知度不高

再制造作为一个新的理念还没有被公众广泛认知，社会各方面对再制造产品和发展再制造产业的重要意义缺乏足够的了解。受传统消费观念的影响，消费者一般都认为新产品比再制造产品好，甚至将再制造等同于产品维修，将再制造产品等同于维修产品或二手产品，对其品质存在一定的疑虑，这种观念限制了再制造产品的应用和市场占有率的快速提升。同时，由于对再制造产品的认知不足，金融保险等领域的服务支撑也存在不足，这也增加了再制造产品不被接受的风险。

二、我国再制造政策发展历程

我国再制造政策经历了从无到有、从浅入深、从弱到强的不断完善的过程，通过系统梳理再制造相关的政策文件（详见附录 A），将再制造政策发展历程初步划分为探索、深化和强化三个阶段。

（一）探索阶段（2005 ～ 2011 年）

2005 年，国家提出加快发展循环经济，绿色再制造通过回收和循环利用废旧资源，成为开展循环经济试点的重点领域，以《国务院关于做好建设节约型社会近期重点工作的通知》的发布为标志，开始了推进再制造的政策探索。在该阶段，政策的具体内容可以总结为三个试点，分别是机电产品试点（工程机械、大型工业机电设备、机床、农用机械、矿采机械、铁路机车装备、船舶装备、办公信息设备等整机及关键零部件再制造）、循环经济试点（资源综合利用装备再制造）和汽车零部件试点（发动机、变速器、发电机、起动机、转向器 + 传动轴、机油泵、水泵、助力泵等部件再制造）。这个时期的政策着力点是依托试点探索产品再制造的基本做法、相关政策、管理制度和监管体系。政策的目标是为制定再制造产品相关技术标准和市场准入条件、完善流通监管体系、加强逆向物流体系建设等提供参考，为大规模推进再制造产业发展积累经验。

（二）深化阶段（2012 ～ 2020 年）

党的十八大以来，以习近平同志为核心的党中央把发展循环经济放在了前所未有的高度，再制造相关政策进入深化阶段，并具有以下几个特点：一是试点范围扩大，从传统一般产品扩大到高附加值产品，提出实施高端、智能、在役再制造示范工程和专项。高端和智能体现在航空发动机、燃气轮机、盾构机等大型成套设备及复印机、医疗设备、模具等领域；在役再制造体现在服役期内透平压缩机、数控机床等装备，以及在役的流程工业关键动力装备。还包括从企业和城市扩大到产业集聚区。二是更加重视再制造技术，包括发布《机电产品再制造技术与装备目录》，强化对研究开发类、产业化示范类和应用推广类技术装备进行分类指导，提升再制造产业技术水平；发布《关于印发再制造单位质量技术控制规范（试行）的通知》，从再制造企业所需的基本条件以及回收、生产、销售过程中的保障和质量控制要求等方面，保障再制造产品的质量。三是政策多样化，包括汽车零部件试点企业分类推进、汽车零部件“以旧换再”补贴推广、内燃机再制造推进、开展再制造产品认定、完善再制造相关标准等。这个时期的政策着力点是试点经验、技术、产品、政策等的推广，扩大再制造产品的影响，政策的目标侧重于产业化和规模化。

（三）强化阶段（2021 年至今）

进入“十四五”以来，循环经济对资源安全的支撑保障作用进一步凸显，再制造产业进入政策合力推进的强化阶段，具有更明显的针对性、重要性和协同性。具体表现为以下三个方面：一是多个“首次提出”，包括首次提出“再制造产业高质量发展”，国家统计局首次在产业统计分类中细化列入资源循环利用装备再制造，再制造产品首次进入《资源综合利用企业所得税优惠目录（2021 年版）》，绿色制造标准中首次出现“完善再制造标准体系”；二是地位的提升，再制造从仅出现在国家综合性规划中，到包括国家“十二五”规划、“十三五”规划、“十四五”规划、《“十四五”循环经济发展规划》等在内的综合性规划和专项规划均有提及；三是多部门联合发文的次数逐渐增多。尽管该阶段时间最短，但联合发文的数量和比例明显提升。这个时期的政策着力点是利用系统思维合力推动再制造产业高质量发展，政策的目标除了产业化、规模化、高端智能化，更加侧重于服务化和规范化。

三、推动再制造产业高质量发展的方向和路径

发展循环经济已经成为保障我国资源安全的重要途径之一，再制造产业高质量发展是循环经济的重点任务，也是重点工程和行动。为服务“双碳”目标、建设制造强国和构建新发展格局，推动再制造产业高质量发展可以从以下几个方向重点发力。

（一）构建现代化再制造产业发展体系

完善上下游产业配套体系，优化再制造产供销过程，构建全生命周期的再制造产业链条。推动产业链上下游合作共建旧件回收渠道，构建跨区域、跨行业的再制造旧件回收及流通体系，从源头上增加再制造产业的旧件供给。构建包含再制造企业与上游的原材料商和设备制造商、下游的客户以及银行等第三方的高效产业协同体系。探索智能技术在再制造领域中的应用，如多源传感器技术、自适应协同技术等，强化再制造产品全生命周期溯源管理。

（二）推动再制造创新链、产业链、资金链、人才链深度融合

目前看，我国再制造产业发展的根本堵点还在于科学技术支撑以及人才、资金等关键要素保障不足。党的二十大报告明确提出，要推动“四链”深度融合。再制造产业发展更需要研究推动创新链、产业链、资金链、人才链深度融合，推动再制造技术、工艺与装备水平提升以及产业化应用，培育发展高端智能在役再制造技术及装备，完善财税及投融资政策，鼓励金融机构为再制造提供信贷、保险等服务，加大再制造专业人才培育力度，切实解决再制造产业发展各环节存在的堵点、卡点、断点和痛点，提升再制造产业的资源配置效率。

（三）优化全国再制造产业布局

由于我国再制造产业总体尚处于培育发展阶段，工业和信息化部、国家发展改革委已经推动建设了一批再制造产业示范基地（集聚区），如湖南长沙再制造产业基地、上海临港再制造产业示范基地、四川彭州航空动力产业功能区、安徽马鞍山市雨山经济开发区、江苏张家港国家再制造产业示范基地、安徽合肥再制造产业集聚区等，但在全国还没有形成成型的布局体系，这也恰恰是各地方政府、各有条件的园区和企业可以率先谋划推动的方向。根据旧件规模化来源地和物流集散地分布、潜在消费市场分布、再制造龙头企业及重点园区分布等的特点，可以在全国分地区、分行业推动建设一批再制造产业集群和再制造产业园区。

（四）统筹利用好国内和国际两个市场、两种资源

一方面，我国再制造业产品要面向全球市场，在保障国内市场需求的同时，积极拓展国际市场，特别是“一带一路”共建国家和与我国有一定技术梯度差距的国家，提高我国再制造产业在全球市场的份额，在一些优势领域可以与美日欧等发达国家和地区开展有序的竞争与合作；另一方面，统筹好国内外市场资源，更好地“引进来”，畅通我国再制造产业发展所需要的原材料、技术、资金、人才等各类资源要素的供给渠道，切实提高我国再制造产业在相关资源要素上的配置能力。

（五）切实发挥行业协会和经营主体的作用

再制造产业发展的关键还在于行业协会以及作为经营主体的企业，要切实推动构建行业发展生态。行业协会，作为行业全体企业共同利益的代表，可以配合政府有关管理部门，在行业标准和规范制定、行业咨询、人才培养等方面发挥带动和桥梁作用。再制造企业，优势明显的则可以依托自身的核心竞争力，包括在旧件供给、再制造生产工艺、消费市场拓展等各方面的条件，推动在相关领域建立健全再制造产供销储运体系。

在这个过程中，首先是着力引进和培育一批技术水平高、资源整合能力强、产业规模优势突出的专业再制造龙头企业，打造一批技术先进、管理创新、专业从事再制造服务的第三方企业。

四、重点任务

推动再制造产业发展是一项复杂的系统性工程，不可能一蹴而就，需要统筹兼顾技术水平提升、产业生态打造、市场空间扩展、产业企业集聚和服务平台搭建等方面，进行战略布局和部署。

（一）推动再制造工艺技术装备水平提升

继续加强关键共性技术的研发力度，支持再制造企业加强技术装备研发，突破一批共性关键技术和高端成套装备。加强激光再制造技术等前沿技术布局，助推制造业转型升级。加强高端装备（如航空、轨道交通、医疗影像设备等）再制造技术的研发与推广应用。加强依赖进口、再制造技术难度大的复杂机电装备（如高档数控机床、工业机器人和大型高效电机等）的再制造技术攻关。着力培育发展高端智能在役再制造技术及装备，开展以高技术含量、高可靠性要求、高附加值为核心特性的高端智能在役再制造技术与装备的研究。

（二）构建高效的再制造产业生态

将物联网、大数据、云计算等新一代信息技术与再制造回收、生产、管理、服务等各环节融合，构建再制造智能物流体系。探索嵌入式传感器、射频识别（RFID）技术在再制造中的应用，强化再制造产品全生命周期溯源管理。推动产业链上下游合作共建回收渠道，构建跨区域、跨行业的逆流回收利用体系，规范建立专业化再制造旧件回收企业和区域性再制造旧件回收物流集散中心。构建包含再制造企业与上游的原材料商和设备制造商、下游的客户以及银行等第三方的高效产业协同体系。以工业 app 的形式为企业制造各类创新应用，最终形成资源富集、多方参与、合作共赢、协同演进的再制造产业生态。

（三）持续扩大再制造市场空间

培养发展再制造产品国内市场。完善再制造产品流通法规，规范再制造产品流通秩序和交易行为，探索再制造产品推广应用新机制，尝试建立再制造产品认证机制，支持建设再制造产业示范基地，促进产业集聚发展；鼓励发展“互联网 + 再制造”模式，强化互联网交易平台管理责任，加强交易行为监管，鼓励平台企业引入第三方再制造产品专业经营商户，提高再制造产品交易效率。开拓再制造产品国际市场。推动再制造国家自由贸易试验区开展境外高技术含量、高附加值产品的再制造；对部分国内市场已经饱和的行业，加强与共建“一带一路”国家再制造产品标准对接，鼓励行业协会等机构制定并发布与国际接轨的行业再制造标准、规范及指南，加大再制造产品的出口规模。

（四）打造再制造产业集群

加快培育市场主体。着力引进和培育一批技术水平高、资源整合能力强、产业规模优势突出的专业再制造领军企业；打造一批技术先进、管理创新、专业从事再制造服务的第三方企业。引导区域再制造龙头企业立足市场需求，以科技创新为引领，加快科技成果转化，充分发挥产业龙头的聚合、辐射和带动效应，着力打造再制造产业集群。发挥再制造产业示范基地的推动作用，培育形成规范、开放、协调、高效的创新生态系统。壮大再制造产业规模，培育引导形成一批再制造产业集聚区。

（五）搭建全国再制造公共服务平台

打造全国再制造公共服务平台，主要用于宣传再制造产业政策，展示再制造先进工艺技术装备，促进再制造成果转化，公示再制造全流程和溯源信息，引导再制造企业供需对接和公开各区域、重点企业再制造运行情况等。通过平台，全面展示和监测再制造产业在节材、节能、降碳方面的成效，反映再制造产能市场运行状况。同时，统筹再制造公共服务平台的数据，建立相关数据的汇聚、共享和应用机制。

五、对策建议

聚焦于有效破解制约再制造产业发展的堵点、痛点、断点问题，从标准制定、人才培养、观念引导及开放发展等方面，提出一些体制机制改革和政策创新建议。

（一）严格规范化管理

加大对《机电产品再制造行业规范条件》的宣传贯彻力度，建立规范条件企业公告机制，树立再制造企业标杆，引导行业向重视研发、强调质量、规范经营、注重环保的方向发展。建立再制造标准图谱，健全再制造标准体系，完善再制造产品评价标准，制定和修订一批高端智能装备再制造等重点领域标准及关键工艺技术装备标准。强化再制造细分行业规范管理，根据不同行业的特点，制定差异化、有针对性的管理措施，分类施策。加强对再制造企业和产品的监管，严厉打击非法再制造行为，加大查处和惩罚力度。明确再制造相关产品的标识、包装、广告等的规定，保障消费者的权益。加强再制造知识产权保护。加强对第三方相关机构的监督管理。

（二）建立健全政策体系

国家适时加大对部分再制造产品和企业的政策支持力度，既包括传统的财税和投融资支持政策，也包括人才保障、技术供给、进出口鼓励、重大项目布局等扶持政策，还包括标准规范制定、政府采购、行业咨询服务等行业发展引导政策。鼓励政府机关、事业单位优先采用再制造产品。鼓励地方政府出台相关配套政策，切实围绕当地再制造产业发展实际来创造支持条件。鼓励金融机构为再制造提供信贷、保险等服务。优化配置，建立和完善再制造人才评价与激励机制。

（三）加强国际交流合作

充分利用多双边国际合作机制与交流平台，加强再制造领域的政策交流。充分发挥自贸区先行先试的优势，强化再制造标准规则的制定引领，推动再制造产品认定等标准互认，支撑我国提升在规则标准上的国际话语权。支持各类高校、事业单位、科研院所等围绕再制造积极开展国际技术交流与学术研讨等活动。鼓励再制造企业“走出去”，探索市场化国际合作机制，服务“一带一路”沿线国家工业绿色发展。

（四）加强宣传引导

创新宣传方式，丰富宣传手段，总结推广一批再制造经验做法和典型模式，发挥示范带动作用。借助“双碳”等相关工作的宣传平台，加强再制造产业发展利好的宣传推广，引导市场需求，激发社会投资力量。针对个人、企事业单位、政府机关和金融及保险机构等不同社会群体加强再制造宣传力度，普及再制造知识，引导工业用户和消费者主动购买再制造产品，推动金融及保险机构积极为再制造企业提供融资与保险服务。主管部门牵头，相关研究机构和行业组织参加，合作开展行业研究与分析，不定期发布与再制造产业发展相关的研究报告。

（五）培育再制造交易市场机制

建立全国再制造产品交易市场和再制造产品管理机制。进一步健全再制造旧件回收、再制造产品交易等机制，拓宽交易渠道，降低交易成本，提高运转效率。继续深化再制造试点建设，探索“再制造创造新价值”的新渠道，健全再制造产品价值实现机制。依托国家相关交易中心和全国再制造公共服务平台，推动再制造技术转化利用。加快建立再制造市场交易、纠纷解决、配套服务等制度，做好再制造产品交易与相关指标、目标的对接协调。

（六）强化组织实施

建议各主管部门加强沟通协调，推动建立有利于再制造产业发展的政策环境，促进产业健康有序发展。各地区主管部门要结合当地实际，强化政策的落地实施和作用评估。有关行业协会、再制造试点单位和相关组织机构等，要结合自身领域、优势，充分利用相关公共服务平台，支持和服务再制造产业规范化发展。

第二篇

行业篇

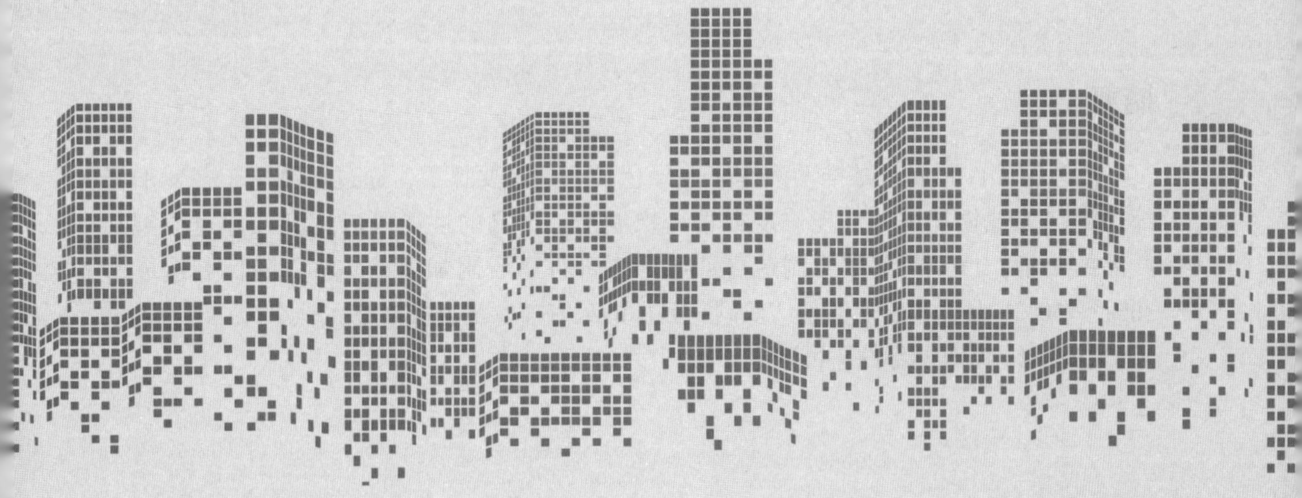

第 2 章　汽车零部件再制造发展概况

谢建军　谢雅雯⊖

摘要

汽车零部件再制造是推动汽车工业绿色转型的重要抓手，通过再制造工艺对旧零部件的功能性损坏进行性能修复或再一次制造，产品的性能可以达到或超过原型新产品的要求。汽车零部件再制造可回收旧零部件蕴含附加值的 70%，降低制造成本 30% ～ 50%，是汽车工业实现“双碳”目标的最有效、最直接措施之一。

关键词：汽车零部件，再制造

⊖ 谢建军，中国汽车工业协会汽车零部件再制造分会秘书长。谢雅雯，中国科学院生态环境研究中心博士。

一、行业基本情况

（一）国际基本情况

国际上再制造产品主要涉及汽车零部件、工程机械、工业设备、国防装备、电子电器等大类领域，产品种类丰富。在旧件回收，再制造产品的生产、销售、售后服务以及知识产权保护等方面制度都较完善，消费者对再制造产品的接受程度较高，已形成了成熟的产业链并且实现规模化发展，售后市场占有率较高。

在欧美汽车产业发达国家，汽车零部件再制造产业已经有百年历史，产品范围已经涵盖了传统燃油汽车的发动机、变速箱、转向器、离合器、起动机、发电机、水泵、空调压缩机、电脑、电子传感器、车灯、车门等部件，以及新能源汽车的动力电池、驱动电机、智能控制系统等关键部件。据中国汽车工业协会汽车零部件再制造分会统计分析，汽车零部件的 80% 以上可以进行再制造。

美国再制造产业规模居世界首位，再制造应用领域广泛，很大程度上提升产业经济价值、增加社会就业。美国再制造产业产值在 2016 年已经超过 3 000 亿美元[㊀]，企业数量超过 7 万家，从业人数超过 50 万人[㊁]。截至 2022 年底，美国汽车保有量约 2.8 亿辆，通过再制造生产的汽车零部件备用件占到汽车售后服务市场份额的 50%。仅北美地区，发动机再制造已经达到年产 500 万台的规模[㊂]。美国汽车零部件再制造种类也极其丰富，覆盖发动机、变速箱、传动器、离合器、转向器、起动机、交流发电机、空调压缩机等几乎所有汽车零部件。

美国从事再制造的公司有三种模式，一是从事本公司产品的再制造；二是通过获得授权为原厂生产再制造产品；三是没有获得原厂授权的再制造企业，直接从市场中购买旧件，经过再制造后以自己的品牌出售再制造产品。第三类再制造企业是美国再制造产业的重要组成部分，企业主要靠对原厂新产品的检测和反向测绘等方式了解其产品性能和技术特点。再制造企业还能通过分析旧件的失效原因对原厂件不足的地方加以改进，使再制造产品的质量与性能优于原厂件。另外，得益于美国相对宽松的再制造产业政策，有很多外国企业在美国投资开展再制造业务。

美国通用汽车公司是最早开展再制造业务的整车生产企业，再制造件被大量用于新车的售后服务过程，再制造产品价格平均为新产品的 30%。卡特彼勒公司是世界上最大的非道路车辆再制造企业，每年有大量再制造的矿山设备、汽车零部件投放市场。

欧洲汽车零部件再制造产业规模仅次于美国，也是成熟业态，随着报废汽车数量增

㊀ 作者收集的公开数据。

㊁ 中研网，2023 再制造产业应用领域及市场展望。

㊂ 美国汽车零部件再制造行业协会提供数据。

加，最近几年再制造产业发展较快。其中以德国、法国、意大利、西班牙、波兰、捷克等国家的再制造产业发展最为成熟，其主要特点是：再制造产业基本上是在汽车制造企业和汽车零部件生产企业的控制下发展的，再制造企业或是原制造企业投资或控股设立的，或是得到了原制造企业的授权生产的，再制造产品大部分都是在原制造企业的售后服务网络中流通。

据 APRA EURO（汽车零部件再制造协会欧洲分会）统计，进入 21 世纪 20 年代，欧洲每年报废汽车 1 200 多万辆，需要维修汽车 2 500 多万辆，事故中严重受损汽车 200 万辆。欧洲汽车零部件再制造产品已涵盖几乎所有汽车零部件，其中一些再制造零部件备用件占汽车售后服务市场份额较高，如发动机和自动变速器再制造件份额已达 88% 左右。预计未来几年欧洲再制造业规模具有很大的增长机会，并将呈现出再制造产业向东欧转移、再制造产品进一步向汽车电子产品和新能源部件发展、重型载货车再制造产品比例进一步提高以及针对再制造产品出台更加严格的法规等趋势。

预计 2030 年欧洲再制造产品销售额将达到 900 亿到 1 000 亿欧元[㊀]。汽车零部件再制造产品销售额达到再制造产品总额的 20%，剩余的 80% 包含了工程机械、再制造设备等在内的诸多分类，从业人员将达到 58.7 万人[㊁]。

欧洲从事汽车零部件再制造最早的是德国大众汽车公司，它从 1947 年就开始从事汽车零部件再制造业务，当时在沃尔夫斯堡只能进行 5 种零部件的再制造；到 1993 年，德国大众汽车公司已经对 1 600 种零部件进行过再制造。截至 2004 年，德国大众汽车公司再制造过的零部件达到了 10 000 种，包括 748 万台发动机、240 万台变速器和 5 700 万件零部件[㊂]。宝马汽车公司也于 1965 年开始汽车零部件再制造。

日本再制造业相比于欧美发达国家还处于起步阶段，且产业规模较小。日本政府并未针对再制造产业及再制造产品出台专门的法律规定。日本对废旧汽车零部件的再利用方式主要是直接销售二手件。造成该现状的主要原因如下：一是日本国内二手车大量出口；二是车辆检查制度比较严格，加之汽车零部件质量较好，在报废时零部件磨损程度较小，且废旧汽车回收拆解机械化程度高，废旧汽车零部件基本上不用再制造即可再使用。

在日本的 4S 店，再制造零部件和原厂产品同时上架销售，明码标价，由车主自行选择更换。再制造产品的价格大大低于原厂新产品，以液压动力转向器为例，其价格仅为原厂新产品的 1/4，具有很大的价格优势。在日本，整车企业是不能强行要求 4S 店只能更换原厂新零部件的，也不得以保修条件来要挟，否则便涉嫌垄断，这也为再制造零部件产品进入市场铺平了道路。

㊀ 再制造和再利用中心（CRR）、欧盟再制造网络（ERN）、欧洲再制造委员会（CER）等预测。

㊁ 搜狐网，全球汽车零部件再制造产业与市场概述。

㊂《机电一体化》编辑部 . 国外汽车零部件再制造产业发展情况 [J]. 机电一体化，2012（5）:4-8.

（二）国内基本情况

（1）总体背景。我国汽车零部件再制造产业起步于20世纪八九十年代，受市场需求拉动，部分企业开始尝试通过再制造的方式向汽车维修市场提供物美价廉的产品。我国汽车零部件再制造的社会认知度低，市场占有率不高，但与欧美国家换件修理法和尺寸修理法的再制造技术相比，我国的再制造主要是在激光表面工程、纳米表面工程和自动化表面工程等高尖端技术与现代化军事技术融合的基础上发展起来的，具有中国特色的绿色再制造工艺，再制造技术总体上达到国际先进水平。

（2）产业规模及未来发展潜力。我国汽车零部件再制造产业已进入以国家政策推动和市场拉动发展的新阶段，呈现出前所未有的良好发展态势。截至2022年底，我国再制造发动机、变速箱生产能力超过20万台，发电机、起动机、转向器、核心控制器（ECU）、自动控制变速箱单元（TCU）等各种零部件生产能力超过2 000万台套。从产值上看，汽车零部件再制造企业正在形成规模，2022年我国汽车零部件再制造企业和再制造国家示范基地内相关企业的产值已超过300亿元。预计到2030年我国汽车零部件再制造产业规模将达到2 000亿元的规模。

（3）政策发展历程。我国政府高度重视汽车零部件再制造产业的发展，《国务院关于做好建设节约型社会近期重点工作的通知》（国发〔2005〕21号）明确指出：国家支持废旧机电产品再制造，并组织相关绿色再制造技术及其创新能力的研发。2005年10月，国家发展改革委等6部委联合发布了《关于组织开展循环经济试点（第一批）工作的通知》，其中再制造被列为四个循环经济重点领域之一，我国第一家正式批准设立的发动机再制造企业“济南复强动力有限公司”被列为再制造领域中的试点单位。2006年，时任国务院副总理曾培炎就发展我国再制造产业做出批示：同意以汽车零部件为再制造产业试点，探索经验，研发技术。同时要考虑定时修订有关法律法规。温家宝总理曾批示“再制造产业非常重要”，发展再制造产业成为我国重要战略决策。2008年3月，国家发展改革委组织开展第一批汽车零部件再制造试点工作，确定14家汽车零部件再制造企业为试点单位，标志着我国汽车零部件再制造产业在国家政策的指导下开始走向正规化发展阶段。试点期间，国家发展改革委等部委陆续发布了《关于推进再制造产业发展的意见》等一系列产业政策，启用了汽车零部件再制造产品标志，开展了再制造产品“以旧换再”试点活动。这些政策措施的实施，统一了思想认识，营造了良好的发展氛围，用政府的手段为汽车零部件再制造产业发展初步扫平了政策障碍，为汽车零部件再制造产业规模化、规范化发展奠定了基础。2019年1月30日国务院常务会议通过《报废机动车回收管理办法（修订草案）》，报废汽车的“五大总成”被允许进行再制造，汽车零部件再制造产业链进一步得到完善，汽车零部件再制造的社会认知度得到进一步提高。2021年4月国家发展改革委等8部委联合印发了《汽车零部件再制造规范管理暂行办法》（简称《暂行办法》），明确把“汽车零部件再制造产业”作为国家支持的一个行业来规范管理，这在国际上也是第一个针对“汽车零部件再制造”行业管理的国家法规，对中国汽车零部件再制造企业乃至全球汽车零部件再制造行业的规范管理、市场运行、技术标准和监督管理等方面都具有深远的影响。

（4）现阶段特征。经过三十多年的发展，汽车零部件再制造已逐渐由过去的单纯生产线建设转向全产业链建设的新阶段。在自身体系建设方面，通过开展汽车零部件再制造企业第三方管理体系认证的形式规范汽车零部件再制造企业的生产经营行为，确保再制造产品质量达到再制造产品质量技术规范的要求。在销售模式方面，加强旧件回收渠道建设、推动再制造零部件产品销售是行业近几年着力发展的关键，一些再制造企业主动与整车生产企业对接，将产品纳入其售后体系，积极拓展旧件回收渠道，发挥整车生产企业售后体系的旧件回收和推广作用。在汽车零部件再制造行业体系建设方面，随着规模扩大，服务需求多样化，为汽车零部件再制造企业提供技术装备、整体设计、旧件回收的专业化服务公司已经出现，针对我国国内企业量身定做的产品选型和产业配套日趋完善，市场机制在资源配置中的决定性作用正在逐渐发挥。

二、行业做法

当前我国汽车零部件再制造行业紧密围绕《汽车零部件再制造规范管理暂行办法》管理规定和要求引导全行业规范化、高质量发展。《暂行办法》的发布标志着我国汽车零部件再制造产业发展由试点、政策探索阶段转向在国家产业政策指导下规模化、规范化发展的新阶段，为行业的腾飞奠定了坚实的政策基础。在以国内大循环为主体，国内国际双循环相互促进的新发展格局中，汽车零部件再制造作为实现双碳目标、促进循环经济发展的重要手段，支持我国汽车及核心零部件产业稳链补链强链，促进我国汽车制造产业高质量可持续发展。

（一）组织《暂行办法》的宣传贯彻活动

《暂行办法》正式发布后，中国汽车工业协会、清华苏州环境创新研究院、河北京津冀再制造产业技术研究有限公司、中国汽车技术研究中心有限公司等单位第一时间在上海临港、河北河间、广东广州三地组织召开了三次《暂行办法》政策解读和培训活动，宣传贯彻活动得到国家发展改革委、工业和信息化部、商务部、市场监管总局等职能部门及“中国再制造 50 人”论坛的大力支持。通过专家学者深入讲解国家相关再制造产业政策背景、管理办法主要内容，以及《暂行办法》对汽车零部件再制造生产、销售、服务等环节的具体要求和规定，使行业企业明确了国家适时发布《暂行办法》的目的和规范发展汽车零部件再制造产业的意义，了解了国家鼓励支持汽车零部件再制造的政策措施，掌握了在国内从事汽车零部件再制造业务的规范要求。

（二）建设汽车零部件再制造行业标准体系

截至 2024 年，我国在汽车零部件再制造领域共制定 13 项国家标准、7 项行业标准、2 项地方标准及 14 项团体标准，涉及汽车零部件再制造企业质量管理体系、再制造产品技术规范和再制造产品质量标准等方面。2020 年 9 月国家标准委批准中国汽车工业协会专门成立了“中国汽车工业协会标准法规工作委员会汽车零部件再制造专委会”（简称专委会），主要开展我国汽车零部件再制造行业标准体系的规划和建设工作，组织实施汽车零部件再制造团体标准、行业标准编制工作。

（三）开展汽车零部件再制造企业第三方认证工作

根据《暂行办法》和《中共中央 国务院关于开展质量提升行动的指导意见》的文件精神，结合当前发展需求，汽车零部件再制造行业在国家市场监管总局认证监管司和认证认可技术研究中心的指导和支持下，充分发挥社会化监管的主体作用，发挥行业组织的引领作用，建立了一套“制度所有者 + 技术提供者 + 管理协同者 + 认证检测实施者”多方共治的质量管理体系认证制度，确保汽车零部件再制造认证工作公正、高效、有序开展。中国汽车工业协会在 2019 年 4 月 25 日正式发布团体标准《汽车零部件再制造企业管理体系 要求》（T/CAAMTB 19—2019），作为开展汽车零部件再制造企业第三方认证的依据标准。天津华诚认证有限公司、莱茵检测认证服务（中国）有限公司等作为第一批第三方认证机构在国家认证认可监督管理委员会（简称国家认监委）备案机构开展认证相关工作。截至 2024 年，已有 60 余家汽车零部件再制造企业筹备组织实施认证工作，其中 24 家再制造企业已取得国家认监委批准的汽车零部件再制造管理体系认证证书，相关信息可在国家认监委网站查询。

（四）促进汽车零部件再制造产业集聚发展

产业集聚可以在产业间形成产业链条，共享基础设施和配套设施，降低运行成本，发挥协同效应，是汽车零部件再制造发展的必然趋势。在建设再制造产业示范基地方面，我国已有多个地区的再制造基地（集聚区）以汽车零部件再制造为主要业务范围和特色。

（1）河间国家再制造产业示范基地。河间国家再制造产业示范基地的建设于 2017 年正式启动，一期已建成投入使用，京津冀再制造产业技术研究院、河北长立汽车配件有限公司、波兰特博涡轮增压器再制造、上海利曼汽车零部件有限公司、手拉手国际汽配城再制造旧件交易平台等多个再制造项目正式入驻。该示范基地为全国唯一一家位于中国北部内陆地区的国家再制造产业示范基地。河间市依托全国最大的旧件交易市场，加快推进当地汽车零部件再制造企业向规模化和规范化方向转型升级，提升研发检测水平，建立质量控制体系和产品认证制度，将集中打造国家级再制造产业发展中心、世界级再制造技术研发中心、全球旧件交易中心和国家再制造产品检测检验中心，进一步开拓国内外市场，努力把示范基地建成我国北方规模最大、最具示范作用的再制造产业聚集区，促进京津冀汽车制造产业协同发展。

（2）江苏张家港国家再制造产业示范基地。该基地围绕汽车零部件再制造等重点领域项目，建设集回收、拆解、检测、制造、研发等五大平台于一体的国家级再制造基地。基地引进技术团队，建设了清华大学苏州汽车研究院、国家再制造汽车零部件产品质量监督检验中心（张家港清研技术有限公司），带动基地的发展。

（3）上海临港再制造产业示范基地。该基地主要进行汽车零部件再制造等业务，引进国内外领先的再制造企业，实现再制造产业的聚集化、规模化发展。基地已引进卡特彼勒再制造（工业）上海有限公司、戴姆勒奔驰公司等一批优质企业。

（4）地方再制造产业集聚区。除国家批准设立的再制造示范基地，许多地方政府也把发展再制造产业作为新的经济增长点和转型发展新引擎。**一是广西壮族自治区梧州市**。广西壮族自治区批准在梧州市建设以汽车零部件再制造为核心领域的再制造产业园区，近几年呈现出良好发展势头，已有十几家汽车零部件再制造企业入驻园区。**二是海南省**。海南省专门起草了《“十四五”再制造产业培育发展工作方案》，充分利用海南自贸港政策优势，探索海南再制造产业突破点，积极培育再制造重点领域，计划打造1～2个绿色化、智能化再制造产业园，到2025年，全省再制造及配套产业争取规模达到20亿元以上。**三是重庆市**。重庆市编制的《重庆市“十四五”循环经济发展规划》在重点任务中提出“推动再制造产业高质量发展”，在重点行动中确定“再制造产业高质量发展行动”。**四是广东省广州市**。广州市发布的《广州市支持汽车及核心零部件产业稳链补链强链的若干措施》中明确提出推动汽车零部件再制造，筹划建设粤港澳大湾区绿色循环汽车零部件再制造产业园。

（五）推动汽车零部件再制造产品进入车辆保险领域

保险公司在车险理赔中引入再制造产品，将成为中国汽车零部件再制造产业进入高速发展阶段的标志。保险公司推出质优价廉的再制造保险产品，可以使保险公司降损增效，确保事故车辆维修时配件的质量，提高客户服务水平，提升客户对汽车零部件再制造的认可度。未来车辆保险市场必将成为中国汽车零部件再制造产品的主要市场。再制造自动变速箱、高价值发动机、汽车大灯、车门、新能源电池等产品已经开始在车险理赔中应用，有效地提高了保险公司为客户服务的能力和车辆维修质量。

三、主要经验启示

（一）再制造典型工艺流程（以发动机再制造为例）

（1）拆解。拆解作为再制造的首要步骤，直接影响再制造效率和旧件再利用率。发动机可拆卸性设计已得到较好的应用。例如，缸体、曲轴、连杆、凸轮轴、齿轮等零部件在材料选择、结构设计、强度设计、装配设计等方面均很好地执行了可拆卸性设计原则。以某型四缸发动机为例，除了发动机缸体外等部位的固定采用了螺杆 / 螺栓连接，发动机内部绝大部分的连接均采用了容易拆解的非螺杆连接件；靠压入或铆接法进行连接的连接件不到 2%，需要进行破坏性拆解；类似将活塞推出缸套、轴瓦分离轴颈、曲轴分离轴承座圈等均可实现快速无损拆解。与其他零部件相比，发动机的拆解和再制造的工程实践与产业化应用也是废旧机电产品资源化中最活跃的领域。

（2）清洗。拆解后的零部件，根据其用途、材料、清洗的位置、目的的复杂程度等，所使用的清洗技术和方法也不同，常常需要连续或同时应用多种清洗方法。为了完成各道清洗工序，可构建一整套由各种专用的清洗设备组成的清洗工段，对设备的选用需要根据再制造的标准、要求、环保、费用及再制造场所来确定。

（3）分类检测。检测鉴定是决定能否再制造的前提，是保证零部件性能的基础，现有的检测技术包括外观目测、形状与尺寸测量、强度与力学性能测试、应力集中与裂纹检测等。经清洗和鉴定后将所有零部件分为 3 类，一是性能与尺寸完好可直接再利用的，包括进气管、排气管、油底壳、飞轮壳等零部件；二是经再制造加工后可以继续使用的，包括曲轴、连杆轴、凸轮轴、缸体、缸盖等金属零部件；三是无法再制造或可再制造但因经济性不佳而需列入再循环处理的零部件，包括活塞环、轴瓦、密封垫等零部件。

（4）再制造加工。对失效零部件的再制造加工可以采用多种方法和技术，如利用先进表面技术对因磨损、腐蚀、划伤而失效的零部件进行表面尺寸恢复，或者采用机加技术重新加工到装配要求的尺寸，使再制造发动机达到标准的配合公差范围。

（5）装配。将全部检验合格的再制造零部件与加入的新零件，严格按照新发动机技术标准装配成再制造发动机。

（6）测试。对再制造发动机按照新机的标准进行整机性能指标测试。

（7）封装。给发动机外表喷漆并包装入库。

（二）典型企业

1. 无锡大豪动力有限公司（一汽解放动力发动机再制造基地）

无锡大豪动力有限公司（简称大豪公司）成立于 1997 年，原为一汽解放无锡柴油机厂与瑞典 VOLVO PENTA 的合资公司，于 2008 年被国家发展改革委确定为首批汽车零部件再制造试点单位。2010 年经一汽集团授权，专业从事一汽解放动力柴油机再制造业务。2017 年公司成为一汽解放发动机事业部的一分子。

大豪公司一汽解放动力发动机再制造项目于 2011 年正式投产，公司通过 ISO 9001 国际质量管理体系认证和 ISO 14001 环境管理体系认证，其再制造产品包括原一汽解放锡柴和一汽解放大柴等系列，功率覆盖 50 ～ 550 马力，符合国家最新排放法规标准，满足商用车、工程机械、发电机组、空压机组等各个配套领域的用户需求。在配件领域，产品包括电控喷油器、尿素泵、电控供油泵、气缸体、气缸盖、增压器、后处理、发动机控制单元、空压泵、起动机等核心关键零部件，以低廉的价格、优良的品质满足后市场服务需求。截至 2023 年，公司累计向市场投放 1 万余台奥威系列再制造发动机，节电 1 680 万 kW • h，减少二氧化碳排放 720t。

卓越的性价比源于卓越的再制造设备资源配置。大豪公司已建成包含拆卸、分类清洗、再制造修复加工、装配和出厂试验等的全套再制造生产线，并借鉴国内外再制造成功企业的经验，配置了一流的再制造专用设备。大豪公司的再制造毛坯主要以一汽解放动力三包赔偿机、在线废品、各类呆滞零部件为主，同时也尝试从用户手里及拆解厂回收旧机，以实现旧件来源的多元化。在旧件完成再制造工序后，大豪公司依托一汽解放动力主机厂现有的配件销售网络，选择多家实力雄厚、信誉好的服务站和经销商作为再制造产品特许经营单位，初步搭建起再制造产品的销售平台，再依托一汽解放动力现有的服务网络为再制造产品提供与新品完全一致的三包服务。

大豪公司以“国际领先、国内一流，自主发展、建树品牌”为远景目标，把发动机“再制造”作为一汽解放发动机事业部精芯服务的重要内容，坚持自主创新，做强主营业务，提高用户满意度，实现稳步发展，建树一汽解放发动机事业部再制造品牌。

2. 广州市花都全球自动变速箱有限公司

公司创立于 1998 年，是一家专业从事自动变速箱维修和再制造、再制造设备及专用工具研发和生产、零配件销售、再制造技术培训等业务的公司。公司于 2008 年起，先后成为国家发展改革委首批汽车零部件再制造试点单位、循环经济标准化试点单位、“以旧换再”补贴推广试点等，主导编制了《汽车零部件再制造产品技术规范　自动变速器》（GB/T 39899—2021）等 7 个国家标准。目前取得了 JATCO、东风日产、克莱斯勒、北京现代、东风雪铁龙等 25 个知名汽车品牌或厂家的自动变速箱维修再制造授权。公司规模不断扩大，总部在广州，在上海、杭州、南京等各大城市设立了 20 多家直营分公司。

公司成立之初，国内还未有成熟自动变速箱维修技术，而依靠从国外进口全新的变速箱不仅价格高昂，且需要漫长的等待，可长达一个多月之久。公司便摸索着把市面上常坏的变速箱重新装配，直接寄给有需要的客户使用，这样做不仅价格低廉，同时还保障了时效性。以此为契机，公司全面地从维修转向再制造生产，成为国内最早从事变速箱再制造产品的企业。

公司自从事再制造产业以来，引进了世界最先进的自动变速箱再制造设备，包括自动变速箱总成试验台、液力变扭器再制造全套设备、控制阀体验检测设备等。目前公司拥有自动变速箱再制造生产线 1 套，其中拆解区 1 200m^2，清洗区 600m^2，加工区 1 800m^2，装配区 3 000m^2，检测区 1 200m^2，仓储区 5 000m^2，形成了年产 60 000 台自动变速箱总成及 80 000 套核心零部件的再制造能力。在技术创新方面，公司创新再制造技术工艺，攻克了自动变速箱高附加值零部件的再制造技术难题，掌握多项重点核心技术，形成了自主研发的变速箱再制造全流程系统集成技术，整体达到国际领先水平。针对汽车零部件加工修复技术，公司掌握激光增材再制造技术，并应用于实际再制造产品生产中；针对国内自动变速箱电磁阀等核心单元的生产与检测基本依赖德国采埃孚、日本爱信等制造商的现状，解决了行星机械机构、阀体、电磁阀、发动机控制电脑、变扭器等高附加值零部件的再制造检测与加工技术难题，实现旧件再制造率达到 90% 以上；优化了自动变速箱再制造工艺过程，按照对故障零部件的回收、拆解、清洗、检测与分类、再制造加工、装配与测试、包装、销售等环节进行优化；通过无损检测及分类技术，对零部件进行检测，分出直接使用件、可再制造件和二次回收件。主要的检测技术分为目测法、测量工具直接测量和无损检测。

公司再制造旧件主要来源于主机厂和旧件集散地（广州陈田、河北河间等）。公司的再制造产品的营销对象主要包括主机厂家、主机厂家授权的品牌店、汽车零部件专业市场、综合修理厂及专业维修厂、海外客户等。通过保修期内的自动变速箱送修、保修期内使用再制造变速箱置换、保修期外的再制造变速箱销售以及保修期外的再制造变速箱批量生产四种模式，进行再制造产品营销。此外，公司还通过分公司进行专业销售，授权代理经销商进行销售并且为出口业务的主机厂做配套服务。

自开展再制造业务以来，公司再制造维修量一直攀升，更是在 2015 年后，在国家政策对再制造产业的大力支持下实现了质的飞跃。2020 年，即便受新冠疫情的影响，公司再制造维修量仍达 52 000 台左右，再制造变速箱核心零部件超 8 万套，实现产值 4.5 亿元。

四、发展展望

（一）我国汽车零部件再制造市场是巨大的蓝海市场

截至 2023 年上半年，我国机动车保有量达到了 4 亿辆，其中汽车 3.2 亿辆，平均车龄 5 年左右，汽车售后配件市场规模接近 1 万亿元，再制造产品的总销售额约 200 亿元，占比约 2% ～ 3%。发达国家中，美国再制造件在汽车售后配件市场的使用占比高达 70% 左右（以主要零部件计），欧盟为 55%（以主要零部件计）。可以看出我国汽车零部件再制造市场发展潜力巨大，必将成为全球最具活力的地区市场之一。

（二）汽车零部件再制造是我国汽车产业实现减碳目标的重要手段

现阶段我国汽车零部件再制造产业仍处于初期阶段，相比于欧美发达国家具有巨大发展潜力。据中国汽车工业协会统计，截至 2022 年，我国可统计的汽车再制造产值约 200 亿元人民币，全球汽车再制造产业估值已达到 1 500 亿美元，其中美国再制造产值超过 1 000 亿美元，欧洲再制造产值超过 400 亿欧元，欧美都将再制造产业列为朝阳产业。在我国碳达峰、碳中和战略背景下，发展汽车再制造产业既是我国汽车工业转型升级的重要内容，也是实现汽车工业低碳可持续发展的有效途径。“十四五”及今后一段时间，我国汽车零部件再制造产业将迎来重大机遇和高速发展窗口期。

（三）汽车零部件再制造产品向电气化、智能化、信息化方向发展

随着全球汽车产业的不断升级，汽车零部件再制造领域也面临着电气化、智能化、信息化的发展趋势。这一变革不仅影响着汽车产业的可持续发展，还为汽车零部件再制造企业带来了新的挑战和机会。随着新能源汽车市场的迅速崛起，电气化已成为汽车零部件再制造领域的重要发展方向。越来越多的企业开始关注电动汽车电池、电机等核心部件的再制造，以实现资源的循环利用和降低环境污染。当前，汽车零部件再制造领域在电气化、智能化、信息化方面仍存在技术瓶颈，企业需要加大研发投入，突破关键技术，提高再制造产品的技术水平和竞争力。政策法规对汽车零部件再制造行业的发展具有重要影响。企业需要密切关注政策变化，调整发展策略，以适应市场需求和政策要求。总之，新能源汽车市场的迅速崛起为汽车零部件再制造行业带来了新的巨大机会。汽车零部件再制造行业需要抓住这一机遇，加大研发投入，提高再制造产品的技术含量和市场竞争力。

（四）汽车零部件再制造产业将形成技术创新引领发展

随着科技的发展，再制造产业正在逐步实现数字化、智能化。大数据、云计算等先进技术可以应用在废旧零部件的评估、拆解、清洁处理等环节，提高再制造产品的质量和效率。

（五）汽车零部件再制造行业产业链协同发展

汽车零部件再制造行业的发展需要整个产业链的协同配合。从废旧零部件收集、拆

解处理、再制造加工到产品销售，各个环节需要紧密衔接，形成完整的产业链体系。随着全球环保意识的提高，绿色环保已成为汽车零部件再制造行业的发展趋势。再制造产品不仅要满足使用性能的要求，还需要符合环保标准，实现可持续发展。

五、政策诉求和建议

（一）建议加大对再制造产品的宣传力度

汽车零部件再制造在我国还属于一个新兴的产业，虽然对循环经济和环保降碳贡献明显，但是再制造理念和再制造产品在全社会的认知度还不高，严重制约行业发展，建议国家加大对再制造的宣传力度，利用主流媒体开展高频率的公益宣传活动，同时从财税政策方面引导鼓励消费者购买使用汽车零部件再制造产品，持续开展国家发展改革委曾经开展的“以旧换再”再制造产品推广活动，从而扩大汽车零部件再制造产品的市场占有率。

（二）鼓励整车企业开展再制造

整车制造企业和主要零部件制造企业对再制造产业的支持不多，开展再制造业务的积极性不高，影响汽车零部件再制造产品推广普及。建议国家出台鼓励整车企业开展再制造的政策措施，比如规定再制造产品在整车企业售后服务体系的比例，把推广再制造产品明确作为汽车整车企业落实生产者责任延伸的内容。

（三）尽快推动已出台的相关政策真正落地

《汽车零部件再制造规范管理暂行办法》和《“十四五”循环经济发展规划》已经发布，但是相关要求和鼓励政策措施还不能落地。建议涉及再制造产业的国家发展改革委、商务部、市场监管总局、银保监会等部门落实《暂行办法》中提出的鼓励条款与实施细则。比如，《暂行办法》第九条提出“国家鼓励回收拆解企业将报废汽车‘五大总成’交售给通过再制造质量管理体系认证的再制造企业”，第二十五条提出“鼓励保险公司将通过再制造质量管理体系认证的再制造企业产品纳入维修备件体系”，这些条款仍需相关部门出台实施细则加以推动。

第 3 章　工程机械再制造发展概况

宋金云[㊀]

摘要

本报告主要从行业基本情况、主要做法、经验启示、发展展望及政策诉求和建议等方面梳理了工程机械再制造行业的发展概况。当前我国工程机械市场保有量已经突破千万台，为再制造产业提供了巨大的市场发展空间。近些年，工程机械行业通过加强再制造工艺技术创新、推动再制造基地建设和提升相关水平等方式，在再制造领域取得了阶段性成果，为我国实现节能减排的“双碳”战略目标做出了积极贡献。下一步，仍需在推动形成行业纲领性文件、完善技术体系和落实相关财税政策等方面继续努力。

关键词： 工程机械，再制造，现状及展望

㊀ 宋金云，中国工程机械工业协会标准法规部主任。

一、行业基本情况

当前，我国已经成为世界工程机械生产大国和主要市场之一，再制造是工程机械产业链中的重要一环。经过十几年的快速发展，我国工程机械再制造逐步形成了以高新技术为支撑、产学研相结合、企业自主创新为主的中国特色再制造模式。工程机械通过再制造，有效降低资源能源消耗、减少废弃物排放，促进我国工程机械节能减排以及“双碳”战略的实施。

（一）行业发展基础

工程机械行业作为装备制造业的重要组成部分，是为国民经济各领域提供先进技术装备的战略性产业，是产业关联度高、吸纳就业能力强、技术资金密集、对国民经济贡献显著的支柱产业之一，为各工程建设提供装备保障。党的十八大以来，中国工程机械行业发生了巨大变化，产业规模更加合理，国际地位大幅度提高，自主创新硕果累累，产业结构进一步优化，可持续发展能力显著增强，高质量发展不断取得新成就。我国已成为工程机械产品类别最齐全的国家之一，拥有 22 大类，为再制造行业发展奠定了坚实的物质基础。

当前，我国工程机械行业已进入转型发展新阶段，结构优化、技术创新、产业升级、质量提升，成为工程机械行业发展的目标。绿色制造已然成为工程机械产业的未来发展方向，很多企业主动适应新要求，加大结构调整力度，优化企业生产布局和产业格局，大力发展绿色制造。再制造作为绿色制造的典型形式，是制造产业链的延伸，是实现工业循环式发展的必然选择。

（二）整体情况分析

对于中国市场，工程机械再制造是一个新兴产业，尽管还在初期阶段，但发展态势良好、前景广阔。当前，不少行业正面临产能过剩，特别是传统的工程机械行业，竞争日趋激烈，市场日趋饱和。但行业企业在后市场不断发力和投入，而再制造产品恰是后市场产业服务中重要的环节，可以为行业企业拓展新的发展领域和空间。

从工程机械再制造对象来看，分整机和部件两类。整机再制造主要包括液压挖掘机、装载机、起重机、旋挖钻机、沥青混凝土摊铺机和盾构机等；部件再制造包括发动机、液压泵、液压马达、液压元件、变矩器、变速器以及驱动桥等。从再制造产品批量化来看，全行业还没有形成规模效应，基本是小批量生产。从再制造企业经营规模来看，绝大多数都在千万级，鲜见突破亿元的规模。

（三）相关政策落地

工程机械再制造产业的发展离不开国家政策的支持和保障，多年来，我国出台了一系列促进再制造发展的政策，把提高再制造技术水平、扩大再制造应用领域、培育再制造示范企业、规范旧件回收体系、开拓国内外市场作为主要任务。2009 年 1 月，《中华人民共和国循环经济促进法》开始实施，其中第四十条指出：国家支持企业开展机动车零部件、工程机械、机床等产品的再制造和轮胎翻新。2010 年 5 月，国家发展改革委、科技部、工业和信息化部等 11 个部门印发《关于推进再制造产业发展的意见》（发改环资〔2010〕991 号），将工程机械列为推进再制造产业发展的重点领域之一。工程机械行业再制造主要配套件产品进入工业和信息化部发布的 9 批《再制造产品目录》中。在 2021 年 10 月国务院发布的《国务院关于印发 2030 年前碳达峰行动方案的通知》（国发〔2021〕23 号）中，提到要促进汽车零部件、工程机械、文办设备等再制造产业高质量发展。

工程机械行业企业紧跟发展节拍，积极申报再制造试点单位，扩展再制造产品的范围和提升再制造产品的竞争优势，依托政策的扶持有效推进工程机械再制造产业的快速发展。工业和信息化部于 2009 年和 2020 年发布了两批机电产品再制造试点单位，共有 14 家工程机械单位入围，第一批分别是徐工集团工程机械有限公司（简称徐工集团）、武汉千里马工程机械再制造有限公司、广西柳工机械有限公司（简称广西柳工）、卡特彼勒再制造工业（上海）有限公司、天津工程机械研究院、长沙中联重工科技发展股份有限公司（简称中联重科）和三一集团有限公司（简称三一重工）；第二批分别是中国铁建重工集团有限公司、中铁工程装备集团有限公司、中铁隧道局集团有限公司、安徽博一流体传动股份有限公司、芜湖鼎恒材料技术有限公司、蚌埠市行星工程机械有限公司和山河智能装备股份有限公司。

（四）目前存在问题

1. 再制造领域认知不足

国内工程机械用户对再制造概念及产品存在普遍的认知不足。虽然行业企业在理念、产品推广方面已经做了一些工作，但用户普遍将再制造等同于维修、翻新，对再制造产品不甚了解；而且行业对再制造产品知识产权的界定比较模糊，造成市场管理缺少具体规定，某种程度上也阻碍了我国工程机械再制造产业的良性发展。

2. 旧件回收机制不健全

当前适应工程机械再制造业务发展的旧件回收办法和体系还不健全。工程机械再制造旧件来源主要有置换的旧件、二手机拆解件和维修换件，旧件回收散布于不同用户群体，建立逆向物流管理体系遇到旧件收集困难，而且旧件剩余寿命评估缺乏判定依据，再加上缺乏零部件失效机理研究，导致产品研发和质量的改进之间没有形成良性循环。

3. 再制造标准还不完善

工程机械再制造是一项系统性的工程，需配套一系列标准来支撑其规范发展。尽管近些年再制造相关标准空白得到填补，覆盖范围不断扩展，但还存在工程机械再制造技术和管理标准不健全、不均衡等问题，相关专业领域还缺乏再制造标准依据，不利于工程机械行业再制造水平的整体提升。

4. 技术创新水平有待提高

近年来，我国再制造技术在自动化、智能化方面整体上取得了较大进步，但工程机械行业因投入的人力、物力和财力有限，技术发展缓慢，自主创新能力有待提升，未来仍需全行业继续探索适应我国国情和市场的绿色再制造产业技术发展模式。

二、行业主要做法

2005 年 11 月，中国工程机械工业协会在“第四届中国工程机械发展高层论坛”上首次提出了工程机械再制造。目前工程机械再制造的工作重点是围绕废旧工程机械综合测试与再制造方案设计、环境友好型改进、零部件绿色修复处理、节能化提升、信息化提升等关键技术进行研究，为工程机械再制造的深入开展提供关键技术支撑。

（一）加强再制造试点单位示范

工程机械行业再制造试点单位通过在典型装备上的再制造关键技术及示范应用，形成了整机及零部件的研发设计与再制造有机结合，提高了工程机械再制造技术水平，延长了再制造产品的使用寿命，实现了产品残余寿命再循环利用的价值最大化，促进形成具有中国特色的工程机械绿色再制造产业模式。

1. 建立再制造生产基地

徐工集团作为国内首批再制造试点单位，围绕国家供给侧结构性改革、创新驱动、绿色发展的发展思路，从 2013 年开始，在不断的探索中闯出了基础工程机械再制造产业的发展之路，先后建立了起重机、旋挖钻机及零部件的再制造生产基地。

广西柳工自 2012 年 10 月再制造公司新工厂落成，完成了工程机械装载机、挖掘机的阀、油缸、变速箱、驱动桥等关键零部件的再制造和整机的再制造。2023 年 2 月，柳工印尼公司部件再制造中心正式开业。2023 年 3 月，柳工西北再制造工厂在兰州落成，将成为西北区域工程机械行业用户服务的新标杆。

天津工程机械研究院（2017年改制为法人独资的一人有限责任公司，并正式更名为天津工程机械研究院有限公司）是我国较早开展表面工程技术研究与应用的单位之一，于2006年组建了我国首家工程机械再制造的研究机构——工程机械再制造中心；2007年开展了平地机关键零部件和整机的再制造技术研究。

2. 承接再制造研究项目

2010～2014年，天津工程机械研究院联合广西柳工等单位承担了“十二五”国家科技支撑项目“工程机械零部件再制造关键技术与装备”，重点围绕工程机械退役的关键零部件再制造技术与装备，开展无损拆解、绿色清洗、再制造评价等关键技术研究，开发了再制造新材料、新工艺等的评估软件。

2013～2016年，中联重科牵头承担国家863课题“工程机械共性部件再制造关键技术及示范”，开展了退役工程机械的逆向物流、绿色清洗、无损检测、再制造成形、性能测评及决策支持等方面的研究。

2015年，三一重工承接的国家“十二五”科技支撑计划“工程机械绿色再制造”课题通过验收，联合多家高等院校合作开发了混凝土泵车再制造成套技术。

3. 推进再制造业务开展

徐工集团在检测评估、绿色清洗、表面修复等再制造关键共性技术方面获得重大突破，建立了起重机械再制造生产单元，以逆向物流信息化系统为依托，形成了一整套完善的起重机整机、零部件维修再制造体系；旋挖钻机再制造围绕整修、销售、服务、备件、租赁五大部分，构建“多轨制”营销体系，形成了一套可复制并推广的工程机械产品再制造管理模式。

广西柳工首创了工程机械再制造逆向物流信息系统，研发并应用了高温热裂解、超音速火焰喷涂等多项新技术，针对国内市场，建立了完整的再制造生产线。

天津工程机械研究院有限公司开展了平地机关键零部件和整机的再制造技术研究，通过工程机械再制造领域开展基础技术研究和应用共性技术研究，搭建再制造技术创新平台和检测技术平台，推动建立工程机械再制造标准体系。

（二）注重再制造工艺技术创新

工程机械行业企业响应国家发展循环经济、建设资源节约型和环境友好型国家的号召，一直围绕工程机械领域开展资源循环利用和再制造工作，主要针对整机及其零部件开展再制造和再利用研究工作，投入通用和专用再制造工艺装备，实现工程机械绿色制造领域的技术突破。工程机械行业企业攻克了再制造的绿色清洗、无损拆解、失效分析、表面修复、无损检测等核心技术，为我国工程机械退役产品的绿色制造方面提供了重要的支撑。

1. 再制造工艺技术

（1）绿色清洗技术。再制造零件的清洗一般包含废旧产品整体外观清洗、拆解后清洗、再制造加工前清洗、装配前清洗、喷漆前清洗等，通过高温热裂解技术、超声波清洗技术、喷砂清洗技术、抛丸技术等不同技术的应用实现再制造的绿色清洗环节。

（2）无损拆解技术。无损拆解在再制造过程中使用较广泛，主要是为提高零件再制造和再利用的百分比，设计专用拆解专机，实现了废旧零件无损拆解，避免二次伤害。无损拆解技术应用于工程机械油缸、阀、驱动桥、变速箱总成等的拆解工序。

（3）无损检测技术。应用多项无损检测技术，对回收旧件和再制造件进行准确的质量评定，保证再制造产品质量，包括超声波探伤技术、磁粉探伤技术等。

（4）表面修复技术。修复研究和应用主要包括电刷镀、珩磨、堆焊、喷涂等多种技术，实现零件表面精度和性能的修复。

（5）残余寿命评估技术。将基于动力学和有限元联合仿真的工程机械结构件和机构件疲劳及剩余寿命分析方法，应用于工程机械构件修复寿命评估，提高构件可靠性，并应用失效分析方法，建立失效分析案例信息数据库，指导研发体系将再制造理念融入产品冗余设计，实现了产品残余寿命再循环利用的价值最大化。

2. 液压油缸再制造技术

（1）液压油缸再制造工艺流程。该流程主要包括无损拆解、绿色清洗、无损检测与评估、再制造修复、装配及性能测试等。

（2）液压油缸再制造关键技术。它包括制定废旧液压油缸无损拆解及绿色清洗工艺流程；进行无损检测与评估，开展可再制造性评估技术研究，建立可再制造性评估模型，定量评估废旧件早期损伤程度及材料性能退化程度。

（3）再制造修复技术及可靠性试验。它包括针对废旧液压油缸常见的磕碰、划伤及锈蚀缺陷，开展高速电弧喷涂、超音速火焰喷涂、纳米电刷镀技术研究，并对修复件进行可靠性验证、结合强度验证及缺陷检测，确保再制造产品性能不低于原型新品。

（三）推动再制造产业基地建设

部分自贸区充分发挥自身的区位优势和产业优势，建立绿色化、智能化工程机械再制造园区，如湖南、海南等地，通过推出多项措施完善物流、环保、服务、招商等体系，构建技术创新、成果转化、检测认证、产融合作等区域再制造产业集群，进一步推动我国工程机械再制造的高质量发展。

1. 湖南自贸试验区长沙片区再制造基地

湖南自贸试验区长沙片区为助力工程机械再制造设备出口规范化、规模化、集聚化发展，通过集成式制度创新，探索工程机械再制造设备出口改革，率先在全国开展集中试单、出台专项扶持政策、打造线上平台＋线下交易中心、推进再制造基地建设，初步探索了法务机的司法处置定向询价机制，已出口近 18 亿元设备至东南亚、非洲等地区的 20 个国家。该项改革已纳入商务部印发的《自贸试验区重点工作清单（2023—2025 年）》。

2. 海南（东方）自由贸易港先进制造产业园

2023 年 8 月，海南（东方）自由贸易港先进制造产业园（湘琼合作）首开区开工建设，首批有 3 个项目，总投资约 17 亿元，涉及工程机械再制造业等。其中，三一（海南）再制造项目以工程机械产业发展为主；中联海南国际高端装备产业园项目将建设高价值工程起重机等二手设备再制造中心。产业园的顺利开工，对于打造内陆制造高地与沿海开放政策相结合的重要平台和促进琼湘两省经济高质量发展具有重要意义。

（四）提升再制造标准制定水平

系统、完善的再制造标准体系是再制造产业得以良性发展的重要保障。工程机械行业内多家大型企业、研究机构及再制造技术重点实验室陆续开展了再制造相关技术研究，制定了多项关键部件再制造工艺标准、质量评价标准及试验检验标准，构建了工程机械再制造的标准体系。在再制造产业化发展过程中，标准先行引导工程机械再制造技术发展，对行业的再制造生产具有规范性指导意义。

1. 国际标准

多年来，天津工程机械研究院有限公司一直致力于引导中国土方机械标准化体系的发展，加快中国土方机械标准技术水平与国际接轨。2017 年 8 月，公司牵头制定的国际标准 ISO 10987—2:2017《土方机械 可持续性 第 2 部分：再制造》正式发布，这一成就填补了中国承担土方机械国际标准制定的空白，是我国工程机械再制造的第一项国际标准。

2. 国家标准和行业标准

全国土方机械标准化技术委员会（全国标委会编号：SAC/TC 334）围绕土方机械标准体系，开展再制造标准的列项和研制起草。目前，已发布了 GB/T 32801—2016、GB/T 32086—2016 等土方机械再制造零部件的系列国家标准；并且针对再制造典型整机产品开展了行业标准的制定工作，包括挖掘机和压路机；2020 年还发布了

JB/T 13788—2020、JB/T 13792—2020 等关键零部件再制造的行业标准，如液压泵、液压马达、液压油缸等。

3. 团体标准

2010 年 11 月，中国工程机械工业协会在天津召开“工程机械再制造标准工作研讨会”，由天津工程机械研究院牵头，组织行业相关再制造企业等 11 家单位，制定 T/CCMA 0012—2011、T/CCMA 0013—2011、T/CCMA 0014—2011 工程机械零部件再制造三项基础通用标准，包括术语、产品标识和通用技术要求。

三、主要经验启示

（一）充分掌握核心零部件再制造技术

多年前，工程机械再制造的关键技术非常匮乏，零部件再制造工艺方法、工艺规程等方面的研究也不充分，国内工程机械制造商普遍缺乏对核心零部件的把控，主要依赖进口，而且零部件再制造存在知识产权和技术壁垒的双重风险。近些年，我国工程机械再制造技术在引进国外先进技术基础上，积极开展自主研发，行业企业和科技机构、高等院校联合技术创新，整合优势资源，产学研用合作共赢，再制造的核心零部件逐渐实现自主可控，再制造工程得到了广泛应用。

（二）不断完善再制造的产业配套体系

工程机械产品集机电液一体，结构复杂，再制造企业很难完成所有部件的生产制造，需要相关产业的配套，如液压件等。工程机械行业的上下游产业链通过合作开展再制造研发和生产业务，建立旧件回收、再制造、再使用的闭环物流链，有效满足工程机械再制造对多品种、小批量产品的市场需求，形成良性的再制造产业链配套体系。

（三）积极开展再制造领域相关标准的制定

工程机械再制造标准体系建设逐渐趋于成熟，有效推动了工程机械再制造产业的规范可持续发展。通过开展再制造相关的国家标准、行业标准和团体标准等的制定，为再制造各环节提供了标准支撑，促使产业链更加透明，市场竞争更加良性。目前，部分工程机械再制造企业在实践和总结的基础上，积极开展再制造企业标准的制定，对于自身再制造业务的发展起到了非常好的助推作用。

四、行业发展展望

（一）工程机械再制造符合政策方向

工程机械行业再制造的高质量发展离不开完善的法律、税收等政策体系，积极引导再制造产业良性发展。从大的时代背景来说，环保政策正在成为各行各业转型升级的重要推动力，循环经济成了国家重点关注领域，“双碳”战略目标为再制造产业发展提出了更高要求，同时也提供了重大历史机遇。由于再制造业务的开展可以使产品或设备环境污染最小，有利于环境保护，资源利用率最高，所以再制造被认为是“双碳”目标下工程机械行业最具可行的绿色环保措施之一。

（二）工程机械再制造未来市场庞大

截至2022年底，我国工程机械主要产品保有量达856万～927万台，整个产业市场保有量已经突破1 000万台，工程机械市场已经由“增量时代”进入“存量时代”，为工程机械再制造发展创造了市场机遇。巨大的保有量确保了我国工程机械再制造原材料的来源，很多老旧设备已陆续达到使用年限，这些将成为工程机械再制造的对象。再制造产品是以报废的旧件为原材料，在保证产品性能的前提下，制造成本会大大降低，价格上具有绝对的优势，工程机械再制造的发展前景非常广阔。

（三）地方政府更加重视再制造产业

近年来，我国一些地方已经在积极探索工程机械再制造的发展方向。湖南省深入推进工程机械再制造设备出口标准化模式改革，进一步打通出口渠道，助力湖南工程机械设备出海，为全国工程机械再制造设备出口贡献“湖南自贸方案”。海南湘琼合作首开区加强了工程机械再制造业板块的投入，依托湖南工程机械等优势产业基础及海南自贸港政策优势，打造工程机械再制造设备出口基地，为湘琼两省资源共享、产业共建的重要平台，推动再制造产业更好融入全球产业链供应链。

（四）行业企业加大再制造产业布局

国内部分龙头企业积极探索工程机械再制造的发展之路，并取得了较好的效果，其中以徐工集团、广西柳工、三一重工、中联重科等龙头企业表现最为突出。除了制造商，一些租赁企业也建立了自己的再制造基地，如庞源租赁作为国内塔机租赁商龙头，在塔机的再制造方面投入很大，布局了再制造生产基地。目前，我国工程机械再制造企业在商业模式上一直在创新，从再制造技术、运营和供需等维度展开相关研究，为再制造产品的质量保障提供技术基础。

五、政策诉求和建议

当前，我国工程机械再制造产业已经进入行业发展的新阶段，在国家高度重视、试点稳步推进、再制造理论与技术研究取得重要成果的形势下，需要对推进我国工程机械再制造产业发展面临的重要问题进行深入研究。

（一）建立工程机械再制造产业纲领

通过近几年的推广以及再制造试点的带动，行业企业普遍对再制造给予重视，想要推进再制造与工程机械产业和市场的结合，还需要不断完善相关政策法规和措施。目前行业企业间还缺乏统一的认知和配合，需要建立工程机械再制造行动纲领，通过出台针对性的再制造产业政策，有效指导再制造技术进步和产业发展。

（二）完备工程机械再制造技术体系

虽然可以借鉴国际成熟的再制造技术和装备及我国相关产业的经验，但工程机械再制造具有其鲜明的行业特色，实践过程中依然存在很多技术难题亟待解决，企业在再制造技术、装备、工艺等诸多方面依然存在认知的误区、走了弯路，适用于工程机械再制造的技术体系亟待建立和完善。

（三）减轻工程机械再制造企业赋税

目前工程机械再制造企业税费负担过重，主要是由于旧件来源渠道多种多样，其中很多旧件不能出具发票抵扣税金，造成再制造产品价格竞争优势的下降，加重了再制造企业的经济负担。出台再制造方面的财政支持政策，能够充分调动再制造企业的积极性，进一步推动工程机械再制造产业的可持续发展。

第 4 章　盾构机再制造发展概况

薛尔莎　桂轶雄　李小岗[1]

摘要

针对隧道掘进机再制造行业现状，结合“循环经济”方向，从盾构机再制造必要性、再制造产业现状、再制造企业状况等方面总结了国内外盾构机再制造行业情况。通过对国内行业调研总结了目前盾构机再制造主要流程、评估检测修复等绿色制造技术和相关认定流程及政策。在此基础上总结盾构机再制造行业可推广的经验，并对未来行业发展提出政策、技术、标准、推广范围等需求，促进盾构机再制造行业健康快速发展。

关键词： 盾构机，再制造，绿色制造

[1] 薛尔莎，从事盾构工程工作。桂轶雄，高级工程师，从事地下桩基工程、盾构法等机械化施工与研究工作。李小岗，教授级高工，长期从事盾构施工及制造管理工作。

一、行业的基本情况

（一）盾构机再制造的重要性和必要性

盾构机作为大体量、多系统、高附加值的重型机械设备，其所需要的投资大，在完成标段的掘进后通常会报废，这对于购买方来说成本高，且不符合建设“循环经济”的方向。通过再制造，可以降低成本 50%、节能 60%、节材 70% 和降低污染物排放 80%，为了资源的重复利用，盾构机的再制造势在必行。

在我国隧道及地下工程领域，“十三五”是一个黄金发展期。铁路、公路以及地铁隧道作为我国隧道及地下工程应用的 3 大主要领域，截至 2020 年底，其累计运营里程分别为 19 630km、21 999.3km 和 6 280.8km；“十三五”期间，我国公路、铁路及地铁隧道新增运营里程分别为 6 592km、9 315.4km 和 3 622.8km，相比“十二五”期间同比增长约 9%、23%、184%。另外，国内有大量的水工隧道、综合管廊、地下洞库领域也都在近几年内完成工程建设并陆续投入使用。

在隧道施工领域，盾构机（国外称为 Tunnel Boring Machine，TBM，即全断面隧道掘进机）使用率已经超过 90%。依托国内大批重难点隧道及地下工程的建设，我国在隧道机械化及智能化建设技术、盾构机制造及再制造技术、海上沉管隧道修建技术、隧道大数据平台建设技术等方面在近年来取得了长足的发展。目前我国已经成为全球发展最快的隧道建设市场，隧道施工机械行业整体市场规模持续增长。2022 年我国隧道总里程达 48 762km，较 2021 年增长 3 008.1km（见图 4-1）。

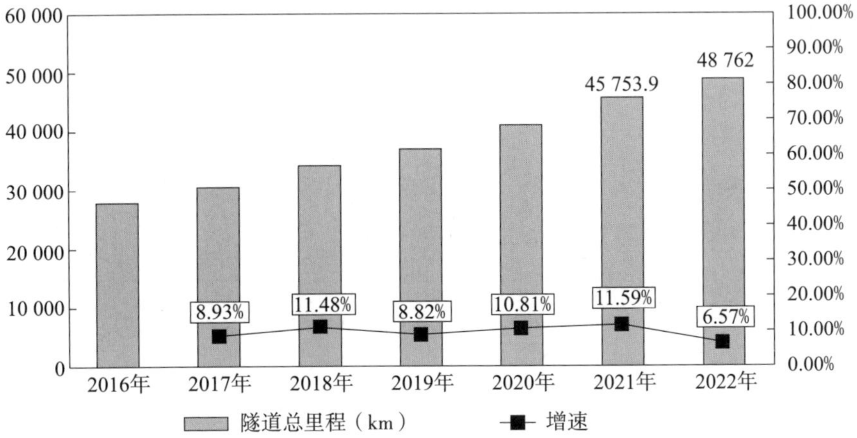

图4-1　2016～2022年我国隧道总里程及增速

资料来源：作者根据观研天下数据中心的报告整理。

盾构机集光、机、电、液、传感、信息技术于一体，具有开挖切削土体、输送土碴、拼装隧道衬砌、测量导向纠偏等功能，涉及地质、土木、机械、力学、电气、控制、测量等多门学科技术，而且要按照不同的地质进行“量体裁衣”式的设计制造，可靠性要求极高。

由于盾构机的各个零部件使用寿命不同，在完成一定量的施工任务后零部件存在着不同程度的损坏，部分零部件仍可正常使用，直接报废将造成极大的经济损失和资源浪费。盾构机再制造是指以产品全生命周期理论为指导，以实现废旧产品性能提升为目标，以优质、高效、节能、节材、环保为准则，以先进技术和产业化生产为手段，进行修复、改造废旧产品的一系列技术措施或工程活动。因此，对废旧的盾构机利用再制造技术具有非常重要的现实意义，符合国家可持续发展、绿色制造构建循环经济的战略需求。

2017年工业和信息化部印发了《高端智能再制造行动计划（2018—2020年）》（工信部节〔2017〕265号），聚焦盾构机、航空发动机与燃气轮机等高端智能装备。2017年国家发展和改革委员会在发布的《战略性新兴产业重点产品和服务指导目录（2016版）》中多处指出发展再制造；再制造属于朝阳产业，是我国战略新兴产业之一；对推动制造业升级转型、提升绿色制造水平、带动行业可持续发展具有重要意义。促进盾构机行业形成循环型生产方式和消费模式，推动盾构掘进机更新换代，提升我国盾构掘进机的国际竞争能力，大力推进盾构掘进机再制造已迫在眉睫。

（二）盾构机再制造产业发展现状

我国的隧道工程及盾构机产业规模已跃居全球首位。2016 ～ 2022年我国隧道施工机械市场规模由177.32亿元增长至252.66亿元，预计2026年我国隧道施工机械市场规模达331.62亿元（见图4-2）。

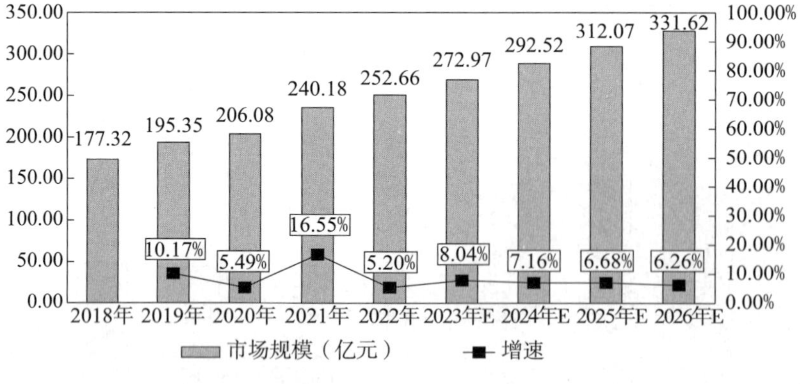

图4-2　2016～2026年我国隧道施工机械市场规模、增速及预测

资料来源：作者根据观研天下数据中心的报告整理。

由于我国盾构机的保有量激增，大量的旧机进入可以再制造或翻新的范畴，根据中国国情以及目前提倡的节能减排、绿色生产、资源再利用的精神，北京建工土木工程有限公司成立了我国第一家盾构机再制造基地，并联手国防科技重点实验室共同开展了我国首台盾构机再制造的研究。海瑞克 S-254 盾构机于 2003 年购入，在完成掘进里程 12km 超期服役后，基地专家从技术和经济等各个方面对其再制造的可行性进行了评估和论证。2015 年 9 月，经过北京建工土木工程有限公司再制造的海瑞克 S-254 盾构机正式投入北京地铁 16 号线 02 标段盾构区间施工。根据施工数据统计，海瑞克 S-254 在施工过程中单班掘进环数最高可达 18 环，约等于 12 小时内推进 21.6m，远超北京市当时轨道掘进单班 8 ～ 10 环的平均速度，生产效率也较再制造前的单班掘进 12 ～ 16 环有显著提升；同时，盾构机渣土出土和注浆的操控性和稳定性也得到优化，使盾构机操作人员能更加有效地把控施工风险。根据测算，与购置一台同类型新盾构机相比，这台再制造盾构机能节省钢材 200 余吨，按标准煤计可节煤近 260 吨，减少二氧化碳及其他有害气体排放 700 余吨，开创了我国盾构机再制造的先河。

2016 年，中铁工程装备集团有限公司成立了国内第一个盾构机再制造公司，对一台即将报废的法国 NFM 公司进口的盾构机进行了再制造，该项目首次应用当时国产最大的主驱动轴承（直径 4.8m），突破了我国盾构机再制造的瓶颈。

目前，盾构机的核心关键零部件国产化以及绿色制造的全流程系统平台在我国盾构行业尚属空白。针对各个城市及不同的山岭隧道，地层、开挖直径不同，盾构机并不能完全适用的现状导致了我国盾构机闲置率偏高，这造成了极大的资源浪费，同时也造成了行业的不健康发展。盾构机再制造呈现出以下特点：盾构机再制造的市场源于客户差异化的要求，体现在刀盘结构改变、盾体直径变化、驱动能力变化上；再制造后的性能远超原型新机，相当于产品的升级换代，如对引洮供水 TBM 原有刀盘进行再制造后，掘进效率远超原刀盘，并创造月掘进里程世界纪录。

（三）主要产品和再制造企业概况

隧道掘进机装备再制造产业作为国民经济高质量发展行业，具有产业链长、关联度大、辐射范围广等特点，大力发展作为绿色循环经济的掘进机再制造产业，开展全链条绿色转型升级，对于实现碳达峰、碳中和，提升我国高端装备再制造产品质量，增强国际影响力，消除绿色贸易壁垒具有重要意义。

分类型来看，2019 年我国掘进机产量的快速增长主要得益于悬臂式掘进机的产量增长，2019 年 27 个主要厂商悬臂式掘进机的产量达 1 656 台，产量前三名的公司分别是三一重型装备有限公司、徐州徐工基础工程机械有限公司、山西天地煤机装备有限公司。

从竞争格局来看，盾构机的主要生产企业有中铁工程装备集团有限公司、中国铁建重工集团股份有限公司、广州海瑞克隧道机械有限公司等，这三家企业的销售额分别为 77.8 亿元、75.1 亿元、16.7 亿元。

随着全国各大城市轨道交通建设以及城际铁路、水利工程、过江隧道等项目的规模不断扩大，盾构机作为隧道掘进的专用大型工程机械，其市场需求也成倍数增长。截至

2023 年 12 月，31 个省（自治区、直辖市）和新疆生产建设兵团共有 55 个城市开通运营城市轨道交通线路 306 条，运营里程 10 165.7km。

进入“十四五”后，我国城轨交通的建设规模和投资维持在较高的水平，多种资本的参与也将为城轨交通的持续快速发展增添新的动能。随着城市化的推进，地下空间的开发利用越来越成为热点话题。在“高度”“广度”不断拓展的今天，地下空间所标注的“深度”，为城市打开了更加立体的发展空间。地下空间是一座“富矿”，特别是在改善基础设施、提升空间容量、缓解交通压力等方面，发挥着不可替代的作用。近些年来，我国对地下空间的开发利用更加重视。比如，城市群和城市轨道交通建设已经列入“十四五”交通强国建设工程；不少城市充分利用人民防空工程和建筑地下室，为老百姓开辟许多具有文化、休闲性质的公共空间；还有的城市全面更新地下管网，为即将到来的智慧城市铺设“路基”，做足城市“向下”的文章。

二、行业做法

（一）盾构机再制造的主要环节

在“双碳”背景下，企业综合制造成本势必逐渐增加，要在不增加能耗甚至降低能耗的情况下做到产值提升，对新型工业、装备制造、产品研制提出了新的要求。盾构机再制造引进绿色低碳设计理念，以更高效地利用资源、最大化地减少资源消耗和浪费，降低环境负面影响，达到“绿色低碳指标”。盾构机作为大型施工型装备的一种，产品绿色低碳技术研发势在必行，包含设计开发、生产制造、包装运输、现场使用、维护保养 5 大主要环节。

设计开发环节需要建立全生命周期的设计理念，围绕绿色低碳开展设计开发；提高装备设计研发的智能化、数字化、信息化水平；逐步淘汰高能耗、低性能材料，独立或联合研发新型绿色材料，达到低能耗、高质量的目标。比如，机械自动设计软件平台开发，无人驾驶技术、装备制造新材料技术、密封系统关键核心技术的升级，机械零部件、液压元件、电气元件的优化等。

生产制造环节需要全面优化工艺流程，改造生产过程中热处理、涂装等高能耗和高污染工序，达到或超过国家环保标准要求；提高生产设备及管理流程的智能化、数字化、信息化水平，进一步提高生产效率，实现少人化、无人化生产作业。

包装运输环节需要进一步优化包装及运输方案，在保证产品安全的情况下，进一步减少能源消耗；逐步淘汰高污染、低降解、一次性包装材料，选用绿色型、易降解以及可重复利用包装材料，进一步提升环保效果与经济效益。

现场使用环节需要进一步提高装备作业的智能化水平，实现无人化、少人化作业，提升施工安全保障，提高作业效率；开发新型作业方案，对设备作业方式进行升级换代。比如，自动化配套施工技术、无人驾驶技术、新型破岩技术、超前地质预测技术、智慧环保领域技术等的升级。

维护保养环节需要开发巡检机器人等智能设备，建立完备的隧道施工智慧工地系统，实现掘进装备的智能互联、智慧管理，推动先进制造业与新一代信息技术深度融合。比如，大数据、物联网技术研发和应用示范技术，装备智能监测、远程诊断、全生命周期管理等工业互联网平台，运用人工智能、异构数据边缘计算、BIM 信息技术等。

（二）通过突破盾构机再制造关键技术提升绿色化水平

通过运用一系列的绿色技术手段，实现关键工艺技术突破，使得再制造过程中的绿色化程度大幅提升，同时再制造的盾构机完全符合工程项目的性能指标要求，再制造盾构机成为绿色产品。再制造技术体系得到快速的发展，主要表现在再制造技术的理论创新、评估检测技术创新和再制造技术的创新，再制造技术的创新逐步实现系统化、规范化，必然促进盾构机再制造的发展。

目前，盾构机再制造企业已应用的再制造关键技术主要有如下几种。

1. 拆解工艺的绿色提升

由于盾构机设备的特殊工况条件，再制造拆解过程中往往会造成零部件的拆解损坏，拆解工艺的绿色提升，可以使零部件在拆解过程中不受损害；拆解过程中的废水、废油以及固体废物不对环境造成污染，并提高拆解效率。

2. 清洗工艺的绿色提升

当前在再制造工艺流程中普遍使用的仍然是油料清洗、化学清洗，这些对环境都会产生一定的污染。研究使用激光清洗、超声清洗等绿色清洗技术，可以减少对环境的不良影响；采用废水净化技术循环利用，可以大量节水。

3. 液压元件再制造工艺的绿色提升

在原有盾构液压系统基础上进行技术优化改进，其主要表现在主液压传动技术中主要的闭式容积调速驱动系统和电液负载敏感比例控制两方面，其关键技术包括液压系统与机械系统的参数匹配、电液系统的协调控制技术、全局功率匹配、功率极限载荷控制等。盾构机闭式系统由变量泵与驱动变量马达组成，闭式液压系统的特点是功率密度高、布局方便、过载保护能力强和控制方式灵活。设计开发盾构电液驱动系统功率匹配技术与协调控制技术，要解决发动机易出现过载熄火的问题与各子系统的协同控制问题，实现整机系统的高效节能控制。

核心元件的绿色工艺及可靠性设计。基于对大型工程车辆的液压可靠性评估成果与经验，对现有盾构产品提出盾构系统与关键元件的可靠性设计分析方法。运用液压系统故障搜索策略及有源故障诊断的方法，开展对盾构设备的节能、节材可靠性创新设计，完善设备减速机等关键机电液零部件的可靠性设计增长试验与全生命周期的评估，使得盾构机系统及关键零部件在产品的规划、设计、生产、经销、运行、使用、维修保养，直到回收再用处置的全生命周期过程中实现最优绿色提升。设计采用多机并行可靠性节能试验方法和功率回收试验装置，改善盾构机关键液压元件国产化中的可靠性评估能耗大、时间长的问题；提出小样本可靠性特征参数评估方法，进而实现对关键液压元件的可靠性寿命评估与预测，实现盾构机系统的生命周期设计的最终目标，尽可能在质量、环保等约束条件下缩短设计时间并实现产品全生命周期最优。

建立盾构机电液状态监测系统，改善了现有盾构设备的可靠性和维修性，实现设备运行、维修及产品再循环等技术的集成，开展电液系统与关键零部件的再制造，提高资源利用率与整机的绿色化程度，从而使得供应链中的资源可以不断重复循环利用，进一步完善盾构机绿色供应链的构建与应用。

4. 液压油液介质的绿色控制

采用自主知识产权的液压有源测试仪对盾构液压系统进行测试评估，建立液压有源测试液压系统泄漏模型，进行支路泄漏预知和支路液压元件泄漏预知的测试，得出支路和液压元件泄漏量的排序结果，对盾构液压系统的泄漏预知进行准确测试，从而得到现有盾构设备的液压系统常见故障和油液泄漏情况与污染程度。

5. 盾构机电气控制系统绿色化

对现有的盾构机设备的电气控制系统采用新型总线通信、模块化控制方式，由主控制器的中心计算机进行处理后，通过数模转换或数字开关，直接送到末端控制、调节或执行装置，大大提升系统的工作效率，降低能源消耗，实现绿色化控制。

另外，电液系统协调控制技术、伺服超驰控制技术、余压控制技术等一系列绿色节能技术将被应用到盾构设备产品的改进设计当中，从而从整体上提高整机的绿色化率。

6. 再制造刀盘扩径技术

在刀盘设计中，在原刀盘结构形式、刀具配置等满足下一个目标项目适应性的情况下，对原刀盘进行扩径改造。割除原刀盘的周边结构、刀具等配置，以中心块（剩余部分）为基准，重新焊接刀盘周边结构、刀具等配置，以达到刀盘开挖直径及结构尺寸满足目标项目需求。

7. 再制造盾体扩径技术

在盾体改造过程中，盾体扩径是一种常规的改造方式。如原机盾体部分直径不满足使用要求，需将盾构机进行扩径，在原盾体结构的基础上包覆板材来满足施工要求。包板盾体较新制盾体，可节省大量钢材等原材料，节约制造成本。

8. 主驱动密封跑道激光熔覆修复技术

激光熔覆再制造是激光先进制造技术之一，它具有热影响区小、变形小、易自动化等一系列的优点，是国家倡导并大力发展的绿色制造技术。盾构机主驱动跑道修复是一个包含预处理、激光熔覆、机加工与热处理的多道制造工序的加工工艺过程。每次工序转换都存在重新定位与编制工艺的问题，可运用机器人柔性加工的特性，将机加工与激光熔覆等重要工序复合在一套机器人系统上，能有效解决各工序转换的诸多问题，是盾构机激光熔覆绿色再制造领域技术创新、工艺创新和装备创新的典范。

（三）相关标准制定

我国现有多家盾构机及主要零部件再制造企业，但缺乏统一的企业管理、质量控制、检测与评估、再制造技术等标准体系。为了规范盾构机再制造技术，促进盾构机再制造产业的健康发展，也为规范企业按标准化生产、经营，促进企业的转型升级，引领创新，北京盾构工程协会联合全国绿色制造技术标准化技术委员会、京津冀装备再制造产业技术研究院等单位，于 2018 年开始立项并组织《全断面隧道掘进机再制造》系列团体标准的制定，2020 年 5 月 20 日该标准正式发布并于 2021 年 3 月 1 日开始实施。

《全断面隧道掘进机再制造》系列团体标准，对全断面隧道掘进机再制造的通用技术要求、企业技术要求及质量控制要求等做出了明确规定，它有利于推动再制造企业的技术进步，提高再制造产品的质量和再制造企业的信用、权威性，改善企业经营管理的水平和增加社会、经济效益，扩大企业的影响力。

（四）规范企业认定

为落实再制造系列团体标准的应用与实施，促进再制造技术创新，统一行业标准，提高再制造企业信誉度，提升企业品牌形象和市场价值，北京盾构工程协会于 2021 年和 2022 年陆续开展了盾构机再制造企业达标认定工作，对再制造企业认定条件及现场验收提出严格要求，把维修、零部件再制造、翻新等内容区分开来。截至 2023 年底，达标企业 11 家，其中民营企业 1 家、混合制企业 1 家、外资企业 1 家，其余为央企。在认定过程中，北京盾构工程协会对地域、市场针对性等条件进行了考核，目前达标企业运营良好。同时，针对外资企业的基本情况，北京盾构工程协会还对标德国盾构机再制造标准，计划引进国外技术管理内容及先进管理经验。

通过对盾构机再制造企业的综合审查与评价，北京盾构工程协会致力于培育出具有核心竞争力的盾构机再制造企业，增强各界对再制造盾构机的信任度，提高再制造盾构机的应用范围，并不断规范和完善盾构机再制造标准及管理办法，促进“十四五”期间国家“双碳”指标落实，盘活固定资产，全面推动国内盾构机再制造产业的健康发展。

（五）政策解读和宣贯

我国再制造产业的持续稳定发展，离不开相关政策的支持和法律法规的规范。随着再制造产业政策环境不断优化和再制造产业的持续发展，国家高度重视再制造产业的培植，加大了对再制造产业的支持力度。2005 年以来，国家出台了多项与再制造相关的政策法规和国家标准，且逐步细化和具体化，其主要体现在再制造产品标示、再制造产品质量控制以及财税政策等方面的不断优化和完善上。

“十三五”以来，在政策支持、技术创新与市场发展的多重推动下，盾构机再制造产业也获得了快速的发展。进入“十四五”，盾构机再制造产业面临最佳机遇期，为了支持和引导盾构机再制造产业发展，国家政府部门发布了一系列关键政策和相关标准，它们为推动我国盾构机再制造产业健康、有序、快速发展提供了有力的支撑。其中，2016 年工业和信息化部开始设立盾构机再制造试点单位的施工企业；2017 年工业和信息化部发布的《高端智能再制造行动计划（2018—2020 年）》中重点提出要加强盾构机整机及关键零部件再制造技术的推广应用。

为使《全断面隧道掘进机再制造》系列团体标准更好地在行业内推广、应用、贯彻执行，2021 年 4 月，北京盾构工程协会在天津组织举办了“《全断面隧道掘进机再制造》系列团体标准宣贯大会”，其旨在促进标准实施，使标准由理论变为实践，保证再制造产品质量，促进企业技术进步，提高技术管理水平，从而促进行业的高质量发展。

三、发展展望

盾构再制造是指利用高新技术对有剩余寿命的盾构机零部件进行专业化修复或性能升级，获得技术性能和质量上不低于甚至超过原机新品水平的再制造产品的过程，其有利于降低成本、降低资源和能源消耗、减少环境污染，它不仅是制造产业链的延伸，而且还能以最小的投入实现最大的产出效益。

（一）产品市场前景广阔

再制造盾构机本身具有节约资源、保护环境、价格低、工期短等特点，在市场竞争中具备明显优势，且具有广阔的市场前景。**一是成本低**，成本约为新机的 70%，降低了工程成本，可实现资源的持续利用。**二是使用性能不低于新机**，再制造设备的使用性能不低于新机，并可以根据下一个工程的建设环境和地质条件等因素对再制造机器进行适当调整，从而满足市场需求。**三是易于推广**，旧设备再制造时，如果不是最后一次再制造，容易在市场中进行应用推广。

（二）企业发展展望

在构建以国内大循环为主体、国内国际双循环相互促进的新发展格局下，在国家加快培育发展专精特新企业的政策指引下，引水工程、水利水电、绿色环保等领域蕴藏着重大的机遇。盾构机再制造企业要以客户思维推进盾构机再制造进入更多领域，以全生命周期管理为服务宗旨提升客户满意度，通过管理创新、体系建设、综合人才培养、质量标准体系建设等推进企业盾构再制造业务的高质量发展。

（三）技术发展方向

一是故障诊断技术。针对盾构机机电液集成配置，通过对零部件系统的评估检测和寿命诊断，分析各系统零部件的状态、可利用性，根据评估结果运用新工艺、新技术、新材料等对零部件进行修复，将其恢复至原有功能，形成一套完整的评估检测、修复工艺、技术标准等再制造技术体系。

二是核心零部件国产化和技术更新。根据现有盾构机配置，对核心零部件进行国产化，提升性价比；通过盾构再制造进行技术迭代更新，提升盾构技术先进性。

（四）消费者发展展望

对于盾构机再制造行业，人们目前还没有形成统一的认识。例如，什么算是真正的再制造，其可靠性、使用寿命、性能等到底与新机有多大差距，等等。政策、规范以及行业标准要进行引导宣贯，统一行业对再制造的认知，使消费者能够接受盾构机再制造。再制造盾构机消费者要求再制造盾构机性价比高，相关机构要在保证性能的前提下，降低再制造盾构机的价格，体现出盾构机再制造的优势。

四、政策诉求与建议

目前盾构机再制造企业众多，设计能力及制造能力差别较大，参差不齐。虽然盾构机再制造市场巨大，但部分企业能力不足，并且行业没有对全部企业进行资质审查和考核，盾构机再制造市场价格战时有发生，低价中标必然会埋下再制造产品质量缺陷的隐患，进而带来隧道施工风险和不良的社会影响。

（一）完善政策法规，建立准入制度

建议对盾构机再制造生产型企业、服务型企业和购买盾构机再制造产品的单位给予政策鼓励，推动将盾构机再制造产品列入《国家工业固体废物资源综合利用产品目录》，逐步对盾构机再制造产品实行减征或免征增值税。加快推进盾构机再制造企业资质认证和再制造产品信息备案制度的建立，推动建立盾构机再制造市场准入机制，促进再制造产业的健康发展。

（二）加强标准在行业的推广与执行

2020 年 5 月，北京盾构工程协会发布了《全断面隧道掘进机再制造》系列团体标准，这极大地丰富了盾构机再制造标准序列。但是，在实际应用中，应用标准的意识和执行标准的力度仍较差，需要进一步加强推广该标准。

（三）推进核心部件国产化

盾构机再制造是盾构延续使用寿命、提升性能的重要手段，应逐步实现盾构零部件的国产化。目前机械、部分低端的电气产品国产化较好，液压、高端电气产品和核心部件等应继续推进国产化的进程。我们建议由政府引导，盾构机制造单位积极尝试，与国内相关制造业共同推进盾构零部件的国产化。

（四）深化宣传引导，提升对盾构机再制造的认知度

由于我国再制造产业发展仍处于起步阶段，再制造作为新的理念还没有被行业及客户正确认知，因此我们要继续加大对再制造的宣传力度。在销售网络和终端用户范围内推广普及再制造产品，结合再制造盾构机的具体实例宣传再制造在我国实现碳达峰、碳中和目标中的地位和作用，正确引导社会各界尤其是政府部门、新闻媒体对再制造的认识，提升公众对盾构机再制造的认知度，从而形成推进盾构机再制造产业发展的整体合力。

第 5 章　内燃机再制造发展概况

沈彬　成薛峰[⊖]

摘要

根据《国务院办公厅关于加强内燃机工业节能减排的意见》(国办发〔2013〕12 号)，内燃机产业被赋予了三大核心任务，即节能减排、替代燃料、循环经济。其中内燃机再制造是循环经济“再利用”的高级形式，具有巨大的经济效益、社会效益和生态效益。与传统制造业相比，再制造可节约成本 50%，节约能源 60%，节约材料 70%，减少污染物排放 80% 以上。此外，内燃机再制造也是绿色制造的重要组成部分。

关键词： 内燃机，再制造，循环经济，节能减排

⊖ 沈彬，中国内燃机工业协会副秘书长。成薛峰，中国内燃机工业协会主任助理。

一、国内外内燃机再制造产业发展情况

（一）国外内燃机再制造产业概况

1. 国外内燃机再制造产业发展情况综述

国外汽车零部件再制造主要包括内燃机、变速器、离合器、制动器、车桥、转向器、起动机、发电机等零部件的再制造。内燃机再制造是再制造的重要组成部分，康明斯、卡特彼勒、大众、约翰迪尔、小松等国际知名企业都建有再制造工厂。

欧美等国家和地区在内燃机再制造的关键共性技术研发、法律法规和旧件回收体系建设、技术装备提升、生产管理组织、质量控制以及产品销售服务等方面积累了丰富的经验，形成了完备的产业体系。

美国是世界上最大的再制造产品生产、消费以及出口国。全球约 50% 的再制造企业在美国，在美国所有再制造行业中，汽车再制造业是最大的，大约 10% 的轿车和卡车在生命周期中需要更换一次发动机。美国零部件再制造产业的年销售额达到 400 亿美元，为社会提供了约 350 万个就业机会。在美国汽车售后市场中，有 40% ～ 50% 的产品是再制造产品。2015 年 10 月，美国参议院通过了《联邦车辆维修成本节约法案》，要求所有联邦机构在维修联邦车辆时考虑使用再制造配件。美国是世界上再制造法律法规体系最完善、起步最早的国家。

欧洲国家主要以鼓励和支持汽车循环利用为目的，开展了再制造法律体系的建设。从 1986 年起，德国先后颁布《循环经济与废物管理法》《包装法》《旧车限制条例》等法规，规定废弃物处理的优先顺序为“避免产生—循环使用—最终处置”。2000 年 9 月，欧盟颁布《2000/53/EC 关于报废汽车的技术指令》，并在欧盟范围内实施。欧盟委员会和欧洲议会联合制定的 ELV 指令（报废车辆指令）也成为全球汽车制造商必须遵守的技术法规。在该指令的推动下，工业化国家纷纷制定、修改有关汽车回收利用的法律法规。

欧盟国家对再制造产品质量保证有严格的要求。再制造产品必须在质量、性能、售后服务上达到与新品一样的水平。欧盟国家对再制造产品实施与新品一样的管理标准，其主要包括质量标准、企业准入门槛、税收政策等。针对再制造业的特殊性，对与再制造产品相关的广告、标识以及知识产权等方面，欧盟国家也有专门的规定。

2. 内燃机再制造企业运营模式

内燃机再制造（包括其他汽车零部件的再制造）企业的运作模式主要包括以下

4 种：OEM[⊖] 再制造商模式、独立再制造商模式、为 OEM 服务的承包再制造商模式以及联合再制造商模式。

（1）OEM 再制造商模式。

OEM 再制造商模式是目前主流的再制造企业运作模式，OEM 通过经销商和特约维修站来回收旧件，OEM 对旧件进行再制造加工后，再通过售后服务网络进行销售。

（2）独立再制造商模式。

独立再制造商不用经过 OEM 授权便可以对任何品牌的产品进行再制造，可以保留原厂商标，也可以有自己的再制造商标，与生产厂家和设备供应商无任何关系。

（3）为 OEM 服务的承包再制造商模式。

再制造企业由 OEM 以外的企业进行投资，与 OEM 企业之间属于合同关系，再制造企业和 OEM 签订规范的供货合同，再制造企业可以同时供货给多个 OEM，而 OEM 也可以同时选择多个再制造企业进行授权。

（4）联合再制造商模式。

在联合再制造商模式下，承包再制造商自身没有投资的再制造产品，如果社会独立再制造企业已有规模化生产的再制造产品，则可以向其采购，通过充分的市场竞争机制，实现分工细化，降低全社会废旧产品的回收物流半径，分散不确定性风险，利用社会最优势资源进行再制造生产，以获得最佳的经济效益和社会效益。在联合再制造商模式下，OEM 授权承包再制造商，承包再制造商通过进行再制造生产、向独立再制造商采购再制造产品的形式来进行生产。

3. 国外内燃机再制造产业的发展特点

（1）法律法规体系健全、政策措施完善。

长期以来，欧美发达国家以发展循环经济、促进资源与能源有效利用为目的，建立了促进再制造产业发展的法律法规体系，支撑了再制造产业健康稳定的发展。开展汽车产品的循环利用与再制造是美国和欧洲各国法律法规体系建设和规范的重点，这也间接地推动了内燃机再制造产业的发展。在循环利用和再制造的相关法规中，不仅有涉及履行降低资源能源消耗、减少环境损害、促进产品循环利用的约束性法规，还有更多的支持再制造产品市场准入、消费的鼓励性法规，实现了企业责任与消费者认可、市场环境优化的多重保障。随着环境、资源压力的不断加大以及循环利用技术的进步，各国政府也注重了法律法规体系的完善和优化，这促进了循环利用产业的进步和发展。法律法规的严格执行与良好市场环境相配合，成为促进内燃机再制造产业稳定发展的有力保障。

[⊖] OEM 是 Original Equipment Manufacturer 的缩写，中文称为“原始设备制造商”。

（2）企业主体责任落实、再制造体系完善。

以德国为代表的“生产者责任延伸”和以美国为代表的“产品责任延伸”两种主流制度的建立和执行，要求主机厂必须认真履行产品循环利用及发展再制造业务的责任，这促进了欧美发达国家内燃机再制造产业业务主体的形成。当前，欧美发达国家内燃机的再制造业务主要由原型产品生产商来开展。这种再制造业务模式，有利于生产商将最新的产品设计与制造技术用于再制造过程中，更重要的是，它能够严格按照原型新品相同的标准来对再制造产品进行控制。将再制造业务纳入生产商整体业务体系，能够充分利用现有的销售及售后服务体系，实现旧件的回收以及再制造产品的销售，并为再制造产品提供良好的质量信用保证，这不仅促进了再制造业务体系的形成，还更好地利用和保护了原型产品生产商所拥有的知识产权。

（3）再制造商业模式。

在欧美发达国家，不管是原型产品生产商，还是独立的第三方所开展的再制造业务，都在较好地体现其节约资源和能源、保护环境社会效益的同时，为企业创造了良好的经济效益。这种双赢局面的形成，得益于在欧美发达国家，内燃机再制造已经成为一种完善的商业模式，而不仅仅是再制造企业为消费者提供产品及服务。这种商业模式贯穿了原型产品的生命周期的全过程，并实现了原型新品和再制造产品销售及售后服务体系的高度融合。这种健康的再制造商业模型的形成，促进了再制造产业的发展以及市场环境的形成。

（4）再制造产品市场接受度高、市场发育成熟。

欧美发达国家内燃机再制造产品市场接受程度高、市场发育成熟。这种市场环境的形成，得益于政府和行业组织的大力推动以及行业企业的共同努力。政府强化了鼓励和支持再制造产业发展和产品消费的法律法规体系建设，协会组织在行业自律方面提供信用保证，企业严格按照新品质量标准和规范为消费者提供再制造产品和服务，这种市场环境的培育和发展成为促进内燃机再制造产业发展的基础条件。

综上，国外内燃机再制造产业，其法律法规体系健全、政策措施完善，企业生产者主体责任明确，再制造体系完善，运营模式多元化，商业模式趋于完善，市场培育相对国内更成熟。同时，国外内燃机再制造企业并不是一味追求批量化大生产，而是因产品而异，大部分企业是“麻雀虽小，五脏俱全”，在生产制造过程中的精细化、专业化较为突出。

（二）中国内燃机再制造产业概况

1. 国内内燃机再制造产业发展现状

在国家政策的引导和支持下，在中国内燃机工业协会（简称“中内协”）的积极推动和广大企业及科研院所的共同努力下，内燃机再制造作为国家发展绿色循环经济的重要组成部分和战略性新兴产业，在产业规模、产品市场推广、表面修复工程技术的开发应用和产品社会认知度提升等方面取得了显著的成效，行业保持了健康、平稳、积极向上的发展趋势；内燃机再制造“需要做、有得做、能够做、值得做、必须做”已经成为行业共识，为汽车、工程机械、农业机械、船舶、工业动力和铁路机车等动力机械的全生命周期服役提供了充分的保障。

行业紧紧围绕“再制造产品质量不低于原型机新品、最大化旧件利用率”两大核心目标，依靠科技创新，以高新技术为支撑，产学研相结合，初步建立了具有中国特色的内燃机再制造技术装备体系，再制造技术装备、修复能力和质量水平都得到了显著提升；标准体系建设逐步完善，逆向物流体系正在形成，产业队伍不断壮大。

目前内燃机整机再制造企业已形成具有特色的发展模式，例如生产厂商延伸、大修企业升级和配套厂商服务等模式，都具有广阔的发展空间。截至2023年，内燃机再制造产业联盟成员单位已具备再制造整机15万台以上、增压器13万台、发电机和起动机580万台以上，燃油泵及后处理系统等20万台以上的年生产能力。企业通过规范回收、生产、销售过程和产品质量控制，进一步提高了再制造产品的市场认知度。

经过全行业的共同努力，目前国内内燃机再制造产业形成了具有产业特色的发展模式，实现了一企一带（龙头企业带动产业）、一业一带（一个行业带动一个产业）、一技一带（一项技术带动一个产品）、一示一带（一个示范工程带动一个园区），这为我国再制造产业的发展积累了经验。

目前我国已开展道路车辆、非道路移动机械和固定动力装置用内燃机主机和关键零部件再制造，实现了绿色制造和循环经济的发展；采用无损拆解、高效绿色清洗、无损检测、表面修复等关键技术和工艺，实现了我国内燃机再制造产业链建设和再制造产品产业化及应用。

2. 我国内燃机再制造存在的主要问题

国内内燃机再制造初步建立了具有中国特色的内燃机再制造体系，行业保持了健康、平稳向上的发展趋势。与欧美日等发达国家和地区的再制造产业相比，我国再制造产业在发展的同时还存在着诸多不足，仍然存在诸多问题。

（1）国家层面。

国家针对内燃机再制造领域提供了引导性政策，但在原料准入、税收优惠、促进再制造产品销售和旧件回收、鼓励消费者使用再制造产品、行业准入、市场监管等政策方面尚不完善。

（2）企业层面。

1）内燃机及配件再制造产品品种多、数量少，容易形成单件生产，并且许多更新件随着原型新机的停产，生产周期变长，交货周期长。旧件来源受国内限制性政策影响，导致企业生产波动剧烈，企业自身难以实现稳定的旧件回收。

2）目前很多再制造设备使用单位没有再制造专项费用列支，因此企业只能以旧机大修的形式推广再制造业务。再制造相比大修而言，在提高了产品质量的同时增加了生产成本，所以再制造机的价格势必提高，这又会使得再制造业务的推广比较艰难。

3）再制造生产投入较大。一是企业要提高再制造的生产能力，就必须要加大对再制造生产装备的投入，这需要占用较大资金；二是再制造企业要持续发展，必须要保持一定的旧件存量，这也需要占用较大的资金。

4）很多再制造工艺目前尚未得到广泛应用，出现了应用成本高、操作难度大、质量控制难等问题。

（3）市场层面。

1）再制造行业在我国还处于起步阶段，社会上对再制造产品知之甚少，人们通常将再制造与普通的翻新混淆，这导致再制造企业在进行市场推广时有比较大的阻力。

2）再制造内燃机及配件在车检、船检、渔检领域的准入政策限制还没有放开，存在再制造产品销售的障碍。

3）国家排放法规升级太快，导致很多旧机、旧件无法继续实行再制造，或部分只能实施降级再制造。

4）再制造逆向物流的建设难度较大，造成很多废旧发动机回收困难，目前使用单位很多的废旧机器以极低的价格按废铁售卖，这造成了资源的极大浪费。

二、行业开展的主要工作

（一）加强标准体系建设

我国再制造标准化是伴随着我国再制造业发展而发展起来的。标准化把企业生产全过程的各个要素和环节组织起来，使各项活动达到规范化、科学化、程序化，从而建立起生产、经营的最佳秩序。标准化是约束企业的技术规范，是全体员工必须遵守的准则，同时它保证企业“有章可循、有标准可依”。标准化不仅在企业组织生产、经营管理中起着重要的协调、纽带和桥梁作用，还是实现依法治理、加强科学管理的重要基础。

除此之外，工业和信息化部对内燃机再制造产品进行认定、再制造产品消费者委托第三方检测机构对再制造产品质量进行测试鉴定、再制造企业与用户签订销售技术协议等场合也都需要用到相关的标准。

以《再制造内燃机 通用技术条件》（GB/T 32222—2015）为例，该标准是产品标准，是针对产品结构、规格、质量和检验方法的技术规定，是产品生产、质量检验、选购验收、使用维护和洽谈贸易的技术依据。该标准规定了再制造内燃机的性能要求、检验规则、标志、包装、运输和贮存，适用于道路车辆、船舶、工程机械、农业机械和发电机组用内燃机的再制造。

我国内燃机再制造标准体系已初步建立，内燃机再制造国家标准 2 项、行业标准 17 项、汽车零部件再制造相关标准 22 项。

（二）促进再制造技术进步

内燃机再制造是指将失效的内燃机进行集中拆解、零部件清洗、检测分类，按照原新产品技术规范要求，通过一定的工艺重新加工制造后，使再制造后内燃机产品的使用寿命及其动力性、经济性、环保性、可靠性等指标不低于原型机新机的标准要求。其中，为了实现内燃机再制造而采用的方法、手段及相关理论统称为内燃机再制造技术。再制造技术是实现废旧内燃机再制造生成的重要组成部分，是实现内燃机再制造清洁、高效生产的具体技术措施，其中，对废旧内燃机再制造加工恢复是再制造技术的核心内容。典型的内燃机零部件再制造工艺及其装备如表 5-1 所示。

表5-1　典型的内燃机零部件再制造工艺及其装备

工段	工序	工艺装备
再制造旧件的拆解与清洗清理	预清洗	对整机表面进行清洗处理
	拆解	再制造坯料精拆平台
	高温分解	高温分解炉
		悬挂式抛丸机
		清丸机
	高温高压水清洗	高压清洗机
	喷砂清理	干、湿喷砂设备

（续）

工段	工序		工艺装备
再制造旧件的无损检测	缸盖、缸体压力检测		缸盖试漏机
			缸体试漏机
	无损探伤		缸盖磁力探伤机
			缸体磁力探伤机
			曲轴磁力探伤机
	曲轴剩余疲劳寿命评估		曲轴剩余疲劳寿命评测设备
再制造毛坯的尺寸恢复	电刷镀	恢复静配合内孔尺寸	自动化纳米复合电刷镀设备
	微束等离子弧熔覆	恢复零件磨损、腐蚀等缺陷表面	自动化微束等离子弧熔覆设备
	高速电弧喷涂	恢复尺寸较大的静配合面	自动化高速电弧喷涂设备
	裂纹修补	修补大尺寸箱体类零件的微小裂纹	裂纹修补工具箱
再制造毛坯的精度恢复	缸盖加工	气门导管、座圈精密加工	缸盖精密加工机床
		磨气门密封面	气门磨床
	缸体加工	高精度镗缸孔	气浮镗床
		主轴承孔珩磨	卧式珩磨机
		缸孔珩磨	立式珩磨机
	连杆加工	大头孔珩磨	连杆珩磨机
		小头孔镗削加工	连杆镗床
	曲轴加工	曲轴磨削加工	曲轴磨床
	曲轴动平衡	检测、调整曲轴的动平衡	曲轴动平衡机
	平面加工	高精度平面磨、铣加工	缸体缸盖平面磨床
零件的工序间清洗			高压水射流清洗机
			高压水射流清洗机

内燃机再制造关键技术包括再制造无损拆解技术、再制造高效清洗（清理）技术、再制造无损检测技术、再制造寿命评估技术、再制造修复成形与加工技术、面向再制造设计技术、再制造系统规划和管理技术、标准和认证体系构建等。

1）再制造无损拆解技术是指对不同用途及采用不同再制造加工技术的废旧零部件进行高效无损拆解。

2）再制造高效清洗（清理）技术是指借助于清洗设备将清洗介质作用于废旧零部件表面，产品的清洁度是再制造产品的一项重要质量指标。保持良好的产品清洁度，除了能提高再制造产品质量外，还能提高消费者对再制造产品质量的信心。

3）再制造无损检测技术是指在再制造过程中，借助于各种检测技术和方法，确定拆解后废旧零件的表面尺寸及其性能状态等，以决定是弃用还是再制造加工的一项工作，决定该零件在技术上和经济上进行再制造的可行性。

4）再制造寿命评估技术是评估废旧零部件的剩余寿命与再制造产品的使用寿命。

5）再制造修复成形与加工技术是指采用先进合理的再制造加工工艺对废旧失效零件进行再制造加工，恢复其几何尺寸要求及性能要求，可以有效地减少原材料、新备件的消耗，降低零件再制造过程中的投入成本，必要时还可以解决难以从国外进口的备件缺乏问题。

6）再制造设计是指根据内燃机再制造要求，通过运用计算机辅助设计方法和分析技术，对其零部件或整机的再制造性及再制造生产过程中的所有生产环节、技术单元和资源利用进行全面规划设计，最终形成最优化再制造方案的过程。

7）再制造系统规划和管理技术对内燃机的再制造技术规范和管理流程有重要作用。其目的是通过标准化、模块化等面向再制造产品设计与验证的方法应用，提高产品寿命末期的再制造能力，并通过再制造物流优化管理、再制造升级设计及再制造共享平台建设等技术在再制造系统中的应用，来实现产品再制造资源配置的优化和再制造生产效益的提高。

8）标准和认证体系构建是国际上通行的提高产品质量和组织管理水平，促进产业经济发展的重要手段。

再制造过程中应用到的工艺和具体技术有很多，内燃机再制造工程关键技术如表 5-2 所示，每种技术都有各自的特点和优势，同时也有相应的局限性，企业需要根据内燃机的零件及产品特点、服役情况，失效原理、管理方式及市场信息等具体情况合理选择。

表5-2 内燃机再制造工程关键技术

序号	技术名称		技术特点
1	再制造毛坯的无损检测技术	再制造毛坯的应力集中与内部裂纹检测技术	利用金属磁记忆、涡流和超声定量测量技术，无损检测裂纹大小
		再制造毛坯剩余寿命评估技术	评估废旧零部件的剩余寿命与再制造零件的使用寿命
2	废旧零件的拆解及分类技术	废旧零件的高效无损拆解技术	用于报废车辆的拆解工作
		拆解零部件的快速分类技术	对不同用途及采用不同再制造加工技术的废旧零部件进行快速分类
3	废旧零件的清洗技术	环保高效物理清洗技术	对拆解前后的废旧零件进行无害化、无污染清洗
		高温、超声复合清洗技术	清洗拆解后的零部件表面及内部油污、锈迹、水垢、氧化物等
4	零部件尺寸恢复、性能提升技术	纳米电刷镀技术	修复零件表面缺陷
		高速电弧喷涂技术	修复零件表面缺陷
		微弧等离子熔覆技术	修复零件表面缺陷
		激光再制造技术	修复零件表面缺陷、提升零件表面性能
5	自动化再制造技术	自动化激光熔覆再制造技术	修复零件表面缺陷、提升零件表面性能
		自动化纳米电刷镀技术	修复零件表面缺陷，提高再制造生产效率
		自动化高速电弧喷涂技术	修复零件表面缺陷，提高再制造生产效率
6	再制造产品的质量检测技术	再制造涂层的表面检测技术	考察再制造产品涂层的厚度及表面形貌，确保其致密无气孔和砂眼，无裂纹、起皮和剥落
		再制造涂层的性能检测技术	考察涂层与基体的结合强度，耐磨损、耐高温、防腐蚀、抗疲劳等性能测试
7	再装配技术	产品的快速无损再装配技术	结合合格的再制造零部件及部分新件重新装配成再制造产品
8	再制造产品质量检验技术	再制造产品整体性能测试技术	再制造产品（整机）的寿命预测

（三）增进交流、扩大宣传、积极推广

1．贯彻文件精神、推动产业发展：积极贯彻落实工业和信息化部《内燃机再制造推进计划》（工信部节〔2013〕406号）

自《内燃机再制造推进计划》（简称《推进计划》）下发以来，中内协在工业和信息化部的指导下，充分发挥行业协会的组织协调作用，围绕推进计划制定的目标任务和重点工程项目内容，加快推进示范推广工程建设，积极组织行业开展推进计划实施方案的审核、上报等工作；通过有效地利用和配置行业资源，加大了内燃机再制造产品认定、技术推广、标准制定和宣贯等相关工作力度，搭建产学研交流平台，开展了一系列富有成效的工作，推动了产业链的衔接与合作。

2．行业调研，国际交流：积极开展行业调研，加强国际交流，促进产业发展

（1）开展行业调研。

2015年至今，中内协秘书处充分利用外出开会和专项走访等形式，考察调研近百家企业、近四百人次，其中有：潍柴动力、康跃科技、大豪动力、玉柴再制造、江苏毅合捷、源泰伟业、长沙一派、湖南法泽尔、湖南浏阳再制造基地、张家港再制造基地等单位。在走访过程中多家企业建立了产业链合作关系，共同探讨和解决了再制造过程中遇到的一些难题，凝聚了行业力量，增强了企业发展再制造业务的信心。

（2）开展国际交流。

2014年至今，中内协为了扩大国际交流与合作，支持技术实力强、国际影响力大、产品市场占有率高的国外再制造企业与国内企业开展多层次、多方位的合作，延伸再制造产品线，提升协作水平。协会组织成员单位百人次、多个代表团队赴美国、欧洲等地考察交流内燃机再制造。代表团考察了美国康明斯、卡特彼勒，德国慕尼黑的BMW公司，英国伦敦的TURBACTIVE公司等开展再制造业务的公司，参观了“美国国际汽车零部件再制造展览”。这推动了内燃机再制造的国际交流与合作，扩大了内燃机再制造的国际影响力。

3．会议展览、行业活动、媒体宣传：举办行业活动，扩大行业影响力，促进产业发展

1）2013年至今，在“中国国际内燃机及零部件展览会”期间，同期举办了“中国国际内燃机及技术装备再制造展览”。

2）中内协还不定期组织东风康明斯发动机有限公司、济南柴油机股份有限公司河北分公司、大连海事大学董氏镀铁有限公司等单位参加中国国际循环经济展览会、美国汽车零部件再制造展等。

3）中内协多次组织举办“内燃机再制造产业发展研讨会”，对内燃机再制造政策进

行专业解读、对技术发展前沿进行讲解，举办“内燃机再制造技术装备”“铁路机车内燃机再制造”等专题座谈会和内燃机再制造专业培训。

4）加强媒体宣传。2014 年以来，中内协官方网站开辟内燃机再制造专栏，传递国家政策、行业信息、联盟动态，使网站成为联盟宣传的窗口。

三、内燃机再制造产业发展展望

（一）政策引领

发展循环经济是我国有关经济社会发展的一项重大战略决策。内燃机再制造产业作为国家的基础产业，是节能减排、绿色制造和循环经济的重要组成部分，在工业和信息化部《推进计划》的促进下，“十二五”期间初步建立了具有中国特色的内燃机再制造体系，行业保持了健康、平稳向上的发展趋势。

“十三五”期间，国家相关部委也颁布了有关政策予以引导产业发展。2016 年 6 月，工业和信息化部下发了《工业绿色发展规划（2016—2020 年）》（工信部规〔2016〕225 号）积极发展再制造。

“十四五”期间，国家相关部委相继颁布了有关政策支持产业发展。2021 年，国务院印发《2030 年前碳达峰行动方案》（国发〔2021〕23 号），首次提出了“循环经济助力降碳行动”。

2023 年 12 月，工业和信息化部发布《机电产品再制造行业规范条件》（中华人民共和国工业和信息化部公告 2023 年 第 37 号），引导机电产品再制造行业高质量发展，提高资源利用效率。

2024 年 2 月，工业和信息化部等七部门发布的《关于加快推动制造业绿色化发展的指导意见》（工信部联节〔2024〕26 号）明确提出“在高端装备领域，加快增材制造、柔性成型、无损检测和拆解等关键再制造技术创新与产业化应用，推动高技术含量、高附加值装备开展再制造”，以此来支持和鼓励再制造产业的发展。

未来在诸多政策的引领之下，我国内燃机再制造产业会再上一个台阶，取得更加丰硕的成果。

（二）产业结构调整目标

内燃机再制造产业结构调整目标主要体现在以下四点。

1）实现合作模式多元化。例如，产品的互通，优势的互补，信息、供应商和市场的共享，培育规模大、水平高、竞争力强的企业等。

2）实现产业资本多元化。例如，坚持对外合作，鼓励企业走出去、请进来，实现合作共赢，提升技术、管理水平，鼓励外资、民营资本进入产业等资本运营模式。

3）实现经营多元化。例如，形成稳定的旧件回收网络体系，引导企业与用户、专业物流服务机构、维修服务企业等建立以旧换再、协议采购、替代大修等多元化经营。

4）提高经济和社会效益，具体体现在提高生产集中度、加强自主开发创新能力、提升技术质量水平、提高社会认知度等方面。

内燃机再制造产业结构调整目标的实现须从以下四点出发。

1）试点方面，实现由少数单领域向多领域合作转变，实现由少数试点向更大范围展开。

2）推进方式，以产业集聚或示范基地为依托，实现由分散向一体化转变，推进再制造产业集聚发展。

3）产业链方面，实现由仅注重再制造单项环节向全产业链延伸转变，从产品设计阶段开始。

4）企业主体方面，推进制造企业与再制造企业合作，或制造企业向再制造企业延伸；信息、技术、市场、客户资源共享。

（三）加快标准体系建设、开展专利协同运用

1. 加快标准体系建设

内燃机再制造标准是再制造内燃机产品认定的检验依据，建立和健全内燃机再制造标准体系，对推动我国内燃机再制造业健康有序发展将起到十分重要的作用。

“十三五”期间，已颁布的内燃机再制造国家标准 2 项、已批准颁布的行业标准 13 项、拟报批的内燃机再制造标准 4 项，19 项标准任务全部完成。

“十四五”期间，根据我国内燃机再制造行业发展情况和需求，内燃机再制造标准体系的建设会得到推动，从团体、行业、国家标准三个层级，及时补充和完善现有的内燃机再制造标准体系和新增零部件再制造体系，比如尾气后处理系统的再制造。

2. 开展专利协同运用

中内协依托内燃机“国家专利协同运用试点单位”平台，委托天津内燃机研究所（中内协成员单位），依托内燃机再制造专业委员会（中内协分支机构），共同搭建知识产权服务平台，开展内燃机再制造专利导航分析工作。

根据中内协内燃机再制造成员单位初步统计的结果，企业及科研院校已获国家授权专利 187 项，其中发明专利 37 项、实用新型专利 150 项，企业参与制定国家及行业标准 51 项。

四、政策诉求和建议

（1）政策优待。建议简化再制造产品认定流程，建立国家再制造产品目录，完善对列入目录的再制造产品的保护及免税奖励政策；加大对“专精特新”“小巨人”企业以及内燃机再制造企业的扶持力度。

（2）建立信息、资源共享平台。鼓励和支持行业协会发挥行业纽带和平台作用，建立行业信息、资源交流机制，缩短企业探索市场、拓展业务的过程；引导国有企业及合作企业先行先试，示范引领践行生产者责任制，完善逆向物流回收途径，建立科学化、智能化、低碳化旧件逆向回收体系。

（3）政府牵头提高内燃机再制造产品社会认知度。充分利用主流媒体或新媒体渠道，宣贯再制造基本理念，对消费者进行需求引导，将再制造产品纳入政府采购目录，提高消费者对再制造产品的认可度。

第 6 章　机床工具再制造发展概况

李燕霞　王骞[㊀]

摘要

机床是国际公认的制造业“工业母机”，广泛应用于制造业的各个行业。作为重装设备，机床再制造节材、节能、减碳、环保效果明显，技术含量高，是再制造产业发展的重要领域之一。目前我国机床保有量达 1 000 万台，再制造市场空间巨大。近些年，由于政策引导与支持、行业宣传与推进，以及数智化生产装备技术升级改造发展的需要、特别是技术创新提供了支撑，机床再制造产业发展取得了很大成果，为节能减排、绿色低碳循环经济的发展，实现双碳目标，给先进制造提供可靠的装备保障服务，做出了巨大、积极的贡献。未来，仍需在强化产业研究、行业组织引领、推进再制造产业链生态发展、完善技术与标准体系、结合双碳战略及其绿色标准探索新模式、推进与落实相关财税政策等方面继续努力。

关键词： 机床工具，再制造，整机与部件，现状及展望

㊀ 李燕霞，中国机电装备维修与改造技术协会理事长。王骞，中国机电装备维修与改造技术协会行业发展部部长。

一、行业基本情况

机床工具工业是国际公认的基础装备制造业。作为全球第一制造大国，我国连续多年成为世界最大机床生产国及消费国。庞大的存量市场和制造服务业的发展，尤其是近十几年装备自动化、精密化、数智化、绿色节能化的发展需要，推动机床再制造产业蓬勃发展。目前，我国机床再制造逐步形成了政策引导与支持、行业组织积极宣传和推进、产学研用相结合，以先进机床制造及再制造技术为支撑，以服务节能化和数智化改造为目的，以专业化第三方再制造企业为主要主体，以进口、高端、高附加值在役机床再制造为主的产业模式。

机床作为重装设备，通过整机和功能部件再制造，实现节材、节能、减少废弃物，循环再利用与降碳效果明显，有助于节能减排以及“双碳”战略的实施。

（一）基本特征

机床作为“工业母机”，为装备制造业提供生产加工设备。一方面，机床 80% 的资源是床身、立柱、滑台等基础结构件，可修复、可重用率高，技术含量高、服役周期长，属于典型的高附加值机电产品，具有很高资源回收利用值和再制造潜力；另一方面，机床结构相对稳定，通过更换电气、数控系统及检测元件即可实现综合性能显著提升，提高机床的加工能力。旧机床通过机械精度和运动精度恢复与提升、数控系统、伺服系统和辅助装置更换，以及整机调试、机床检验等，实现机床再制造。据实际应用统计，单台机床再制造可实现废旧零部件资源循环利用率达 70% 以上，机床能效平均提升 20% 左右，节材、节能、减排效果明显。

机床再制造不同于传统的机床维修或数控化改造。机床再制造强调再制造机床的“新产品”特征，实现“以旧造新”，保证再制造机床功能、性能达标，而且有完善的质量保障及售后服务，并赋予其全新的生命周期。而机床维修或数控化改造是对原旧废产品进行性能恢复或部分功能升级，仅仅是原生命周期的延续，为“以旧造旧”。

机床再制造作为退役和在役机床资源循环利用的机床制造模式，对于实现我国量大面广的废旧资源循环再利用、在役机床制造加工能力跨越式提升、节能减排、实现双碳目标具有重要意义。

（二）国外机床再制造的发展

国外机床再制造发展较早，具有一定的市场规模，且行业内部分类较细，有专业公司负责对大型多功能机、金属切削机床等机床工具进行再制造，并提供售后服务及质量保障。欧美各国已经形成较为完善的旧件物流体系、再制造与服务体系，再制造完成后的机床打上“再制造”标签，重新进入市场销售。

美国早在20世纪90年代，就系统地建立了3R［Reuse（再利用）、Remanufacture（再制造）、Recycle（再循环）］体系，对各种品牌的车床、铣床、镗床、磨床、齿轮加工机床及加工中心等进行改造、翻新和再制造。

欧洲通过了有利于再制造工程的相关法律、法规。德国政府非常重视机床的改造和再制造，依托其二手机床市场建设了欧洲再制造技术中心。许多机床制造商也非常重视机床再制造业务，成立机床改造服务部门从事再制造。

日本也重视机床再制造工作，将机床再制造业称为改装业。早在20世纪90年代，系统地建立了关于环境保护的3R［Reduce（减量化）、Recycle（再循环）、Reuse（再利用）］体系，从事机床再制造并出口国外。

（三）我国相关政策支持

我国机床再制造产业发展得益于国家政策支持和保障。2009年施行的《中华人民共和国循环经济促进法》、2010年11个部门印发的《关于推进再制造产业发展的意见》（发改环资〔2010〕991号），将机床列为推进再制造产业发展重点扶持领域之一，开展机床再制造试点，将机床列入工业和信息化部发布的《再制造产品目录》。2017年工业和信息化部印发《高端智能再制造行动计划（2018—2020年）》，再次明确推进重型机床及关键件再制造，推进重型机床等领域高端智能再制造示范企业建设。

2023年12月，工业和信息化部印发《机电产品再制造行业规范条件》，引导机电产品再制造行业高质量发展；2024年2月，国务院办公厅印发《国务院办公厅关于加快构建废弃物循环利用体系的意见》（国办发〔2024〕7号），提出了“促进废旧装备再制造”“探索新型废弃物循环利用路径”的目标和要求。

多年来，我国出台了一系列促进再制造发展的政策，比如扩大再制造应用领域，培育再制造示范企业，鼓励开展再制造产品认证与第三方评价，鼓励开拓国内外市场，倡导发展高端再制造、智能再制造，为再制造的发展指明了方向，极大地促进了再制造产业的发展。

（四）我国行业情况分析

2010年以后，我国每年机床产量都在50万台以上，2022年金属加工机床产量为75万台，2023年为76.4万台，加上多年来进口的100多万台高端机床，我国机床保有量已达1 000万台，役龄10年以上的传统旧机床超过300万台，机床平均数控化率相比于德国、日本等国家还有差距，每年约有3%（近30万台）的机床面临报废、闲置、功能性或技术性淘汰，从而形成了相当规模的可循环利用和再制造的潜在资源。其中，只有高端、重型、进口或高附加值的在役机床进入了再制造。随着环保节能、后市场服务意识的提高及数智化的延伸，“十四五”期间会有超过100万台机床完成再制造和技术提升，其市场价值将达数百亿元。

2024年3月，国务院印发《推动大规模设备更新和消费品以旧换新行动方案》（国发〔2024〕7号），工业和信息化部等七部门联合印发《推动工业领域设备更新实施方案》（工信部联规〔2024〕53号）。随着我国大规模设备更新，机床再制造迎来了新的重要发展机遇。

（五）机床再制造主体模式

1. 再制造主体

国内从事机床再制造的企业包括四种类型——机床制造企业、专业化第三方机床再制造企业、数控系统制造企业、集团型机床用户企业，这四类企业构成了我国机床再制造的产业主体。在这四类企业中，目前是以专业化第三方机床再制造企业为主。

第一类机床制造企业，主要对自产机床或零部件进行再制造，如武汉重型、秦川机床、重庆机床、宇环数控机床、昆山华辰精密装备等机床制造企业，有自己独立的维保公司或二级单位，专门从事机床维修、改造与再制造；第二类专业化第三方机床再制造企业，专业从事机床维修、改造与再制造或关键部件再制造，这类企业具备开展多种不同类型机床再制造的能力，如北京蓝拓机电、成都卓达数控、湖北江山华科数字设备、天津柯瑞祥机电设备等整机再制造企业，以及鼎奇（天津）主轴、昆山德奕鑫等功能部件再制造企业；第三类数控系统制造企业，成立专门部门或公司开展机床再制造，推广应用本企业的数控系统，如广州数控机床改造部、武汉华中数控全资子公司——重庆华中数控等；第四类集团型机床用户企业，机床数量多，本身是机械制造企业，有机床加工能力，有专业的机床维护保障部门，能对企业内机床进行再制造，如内蒙古一机、中航西飞工业集团、中航工业贵州黎阳装备等。

2. 再制造类型

我国机床行业主要分为金属切削机床和金属成形机床两大类。从再制造对象来看，机床再制造分为整机再制造和部件再制造两种。再制造以金属切削机床为主，绝大多数企业从事整机再制造。整机再制造主要包括加工中心、齿轮加工机床、重型车床、钻床、磨床、铣床、镗床、特种机床等金属切削机床的再制造；部件再制造主要是主轴、导轨、丝杠、数控系统等精密功能部件及床身等部件的制造。

3. 再制造模式

再制造主要有三种典型模式。

（1）再制造商与客户之间的订单式服务模式。

目前我国机床再制造的主要模式是机床再制造企业为用户提供订单式服务，大多是再制造商通过投标等方式为用户提供在役老旧机床设备的再制造升级服务，根据用户要求，按照相关标准或技术协议进行验收。这种订单式在役机床再制造目前是机床再制造的主流模式。

（2）回收二手旧机床进行再制造——流通型再制造模式。

机床再制造商可以通过从二手市场回收老旧机床设备进行整机再制造，然后再制造机床进入市场销售。目前该模式所占比例较小，主要是因为买进旧机床需要占用大量资金和场地，有一定的销售风险。随着大规模设备更新、机床再制造外部环境的改善，该模式所占比例将会逐步增大，是未来的发展目标。

（3）机床置换模式。

一些原始机床制造商在尝试机床置换模式，即为用户提供“以旧换新”或“以旧换再”服务。其优点是利于扩大新机床的销售范围，同时也能拓展旧废机床的回收与再制造规模，目前所占比例非常小，需要加大该模式的推广力度。

（六）目前存在的问题

1. 再制造市场认知度不足

再制造产业在国内的发展时间较短，市场影响力较小。虽然行业对机床再制造产品的认可度比其他再制造机电产品高，但市场认知度依然不足，影响了再制造产业的发展。

2. 产业链条尚不完整

目前再制造机床以订单式在役机床再制造为主。可再制造机床旧件来源不稳定，再制造产品的宣传、销售渠道不畅通，缺乏必要的公共服务平台，产业链不完整，制约了产业发展。

3. 缺少再制造技术标准、验收标准和市场定价原则

由于缺少机床再制造技术标准和验收标准，缺少市场定价原则，再制造机床价格受用户市场影响大，容易造成无序竞争，不利于规范化、产业化发展。

4. 机床再制造税赋较重

目前，机床等工业设备再制造按一般纳税人计税，毛坯旧件和服务没有抵扣，相对其他资源循环利用和服务行业，税赋较重。2021 年 12 月，财政部、税务总局等四部门联合发布《资源综合利用企业所得税优惠目录（2021 年版）》，把通过再制造方式生产的工业设备、机电设备零部件等纳入国家企业所得税优惠目录，但实际上只有 10% 的

所得税优惠，支持力度不够。目前再制造市场上多是高附加值的重型、高端、进口机床，而可再制造的众多中型机床，未能进入再制造市场。

5. 机床制造企业参与机床再制造积极性普遍不高

机床制造企业愿意追求新品销售业绩，担心再制造冲击新机品牌，没有稳定的本企业的二手机床回收渠道，不易批量化，税赋较重等因素，影响了机床制造企业从事再制造的积极性。

6. 专业化第三方机床再制造企业规模小且资金能力弱

目前作为机床再制造主力军的专业化第三方机床再制造企业规模小，技术专长有限，资金能力弱，不利于机床再制造行业整体高质量发展。

我国废旧机床再制造仍然处于初级阶段，存在旧机床回收和再制造机床销售产业链尚不完整、再制造标准缺失、再制造业务和新品业务矛盾等问题。机床再制造规范化、市场化、规模化发展之路，任重道远。

二、行业主要做法

2006 年，重庆大学首次发布我国机床再制造产业报告。多年来，中国机电装备维修与改造技术协会（简称“中机维协”）作为行业组织，积极牵头推进产学研用相结合，推进机床再制造产业的发展。

（一）成立机床再制造产业技术创新战略联盟

2009 年，中机维协和重庆大学牵头，联合武汉重型机床集团公司、重庆机床集团公司、广州数控设备有限公司等 30 多家单位，发起成立了机床再制造产业技术创新战略联盟，开展联合研究，推荐机床再制造试点企业，推进机床再制造的研究、应用与产业化。

（二）推动相关研究和标准制定实施

2012 年，由重庆大学、重庆机床集团公司、中机维协等负责起草制定的国家标准《绿色制造 金属切削机床再制造技术导则》（GB/T 28615—2012）对外发布。2012～2014 年，中机维协与重庆大学联合多家单位承担了科技部中小机床再制造产业化课题研究，发表了研究成果《机床再制造价值工程评价体系的研究》，制定了重型机床再制造标准；2017 年发布了《发展机床再制造行动指南》；2018 年出版了《机床再制造产业技术及工程实践》一书。

（三）加强再制造试点单位示范

树立国家和行业的机床再制造试点企业。试点企业通过机床再制造关键技术、最新数智化技术和先进再制造技术的应用及示范作用，推动行业整体再制造技术水平不断提升，为数智化制造、先进制造提供可靠的装备保障与服务，为进口高端机床的安全保障提供有力支撑，形成具有中国特色的机床绿色再制造产业模式。

武汉重型机床集团公司、重庆机床集团公司、青海一机、武汉华中自控作为首批机床再制造试点单位，不断探索机床再制造发展之路。武汉重型机床集团公司成立专门从事机床再制造业务的子公司，2009 年获批我国第一批机电产品再制造试点单位，该子公司定位为武汉重型机床集团公司提供机床维修总包、再制造及“换脑工程”的专业化服务，致力于打造集营销、设计、制造、服务为一体的绿色再制造产业化服务基地，打造武汉重型机床集团公司再制造知名品牌。沈阳机床股份有限公司作为第二批机床再制造试点，成立专业再制造公司——沈阳精新再制造有限公司，积极探索和开展机床再制造。

上海乔特机电设备公司作为中机维协推荐的功能部件再制造试点单位、鼎奇（天津）主轴科技有限公司作为中机维协授予的主轴维修与再制造技术中心，发挥了机床功能部件再制造示范作用。

（四）广泛宣传与交流

多年来，中机维协利用年会、产业大会、协会媒体平台，积极、广泛宣传国家再制造相关政策，开展再制造技术和信息交流，引领再制造高质量发展。例如，2018 年 11 月年会期间组织“机床再制造与智能信息化高峰论坛”，2023 年 6 月在襄阳“2023 中国装备后市场产业发展大会”上组织“智能运维 绿色再制造——产业驱动未来”论坛，以多种方式和渠道宣传、推进再制造。

（五）开展体系认证及企业能力评定工作

2022 年 12 月，中机维协与北京中化联合认证公司合作，依据《机械产品再制造质量管理要求》（GB/T 31207—2014），联合开展机械产品再制造质量管理体系认证和机电装备再制造企业能力评定，配合国家有关部委的再制造企业行动规范工程计划，先行先试，推进机床等相关领域装备再制造产业质量品牌建设和高质量发展。截至 2024 年 1 月，已经有武汉重型机床集团公司的武汉武重机床维保公司、秦川机床、宇环数控机床、广州数控、北京蓝拓机电设备、鼎奇（天津）主轴、成都卓达数控七家单位通过了中机维协机床再制造企业能力评定，其中武汉重型机床集团公司还通过了机床再制造质量管理体系认证。

（六）成立再制造工作委员会推进再制造高质量发展

2023 年中机维协筹备成立再制造工作委员会，中机维协再制造工作委员会于 2024 年 3 月正式批准成立。中机维协再制造工作委员会联合近 10 家国家级行业组织、几十家企业共 52 名委员发起，聚焦机床再制造，兼顾其他装备再制造，深入研究、推进、引领再制造高质量发展，将把包括机床在内的部分行业装备再制造推向新的发展阶段。

三、主要经验启示

（一）数智化发展加速推动机床再制造高端化、智能化发展

工业装备数字化、智能化发展，推动企业将包括机床在内的传统生产线装备，用自动化、少人化、数字化、智能化、网络化、绿色化技术进行改造升级与整体系统性再制造。目前在军工、航天航空等领域的先进制造企业，不再单纯考虑机床升级改造或再制造，而是围绕整体自动化产线甚至智能车间整体建设需要进行系统性机床再制造。数智化发展加速推动机床再制造高端化、智能化发展。

（二）机床再制造节能减碳成效显著，应该大力推广

由于机床属于重装设备，其再制造的节能、节材、减排、减碳、环保效果显著，值得大力推广。

在 2022 年由清华苏州环境创新研究院、京津冀再制造产业技术研究院共同发表的《大力发展再制造产业是中国工业节能脱碳的重要路径》(《中国能源》2022 年第 5 期）文章中，明确其研究成果，在“聚焦汽车零部件、工业装备、工程机械和机床四个领域的再制造碳减排情况，2020 年再制造产业碳减排量约为 538.05 万吨。其中，机床碳减排贡献最大，占整体碳减排的 33.06%，其次是工程机械、汽车零部件和工业装备”。

（三）机床再制造发展依靠政策、行业、企业三位一体合力推进

由于机床再制造存在整机再制造，对新机床市场会有一定的负面影响，最有再制造技术能力和实力的机床生产企业需要从 ESG 出发，承担更多的社会责任，从简单的维修深入到再制造。机床再制造依靠政策、行业、企业三位一体合力推进。

四、发展展望

（一）机床再制造未来市场巨大

1. 智能制造推动机床再制造快速发展

当下我国正由制造大国迈向制造强国，高端制造、智能制造、智能运维已成为工业制造的发展方向。这一驱动带动以机床为主的工业设备大规模升级改造与再制造，带动机床再制造产业快速、高质量发展。

2. 绿色发展推进机床再制造发展

发展绿色低碳循环经济是我国重要发展战略之一。《“十四五”循环经济发展规划》提出建立健全绿色低碳循环发展经济体系，推进工业绿色升级，加快实施绿色化改造，大力发展再制造产业。绿色发展推进机床再制造发展。

3. 国家资源安全化助推机床再制造发展

大型重型机床、高端数控机床、进口机床是我国国防军工、航空航天、船舶、能源、冶金、轨道交通等行业的关键制造装备。随着这些行业机床服役时间接近寿命期限，国家资源安全化的战略要求，将助推进口机床再制造发展。

4. 国家万亿设备更新改造给机床再制造带来新的发展契机

2024 年 3 月，国务院印发《推动大规模设备更新和消费品以旧换新行动方案》（国发〔2024〕7 号），2024 年 4 月，工业和信息化部等七部门联合印发《推动工业领域设备更新实施方案》（工信部联规〔2024〕53 号）。随着大规模设备更新改造，机床再制造将迎来新的更大的发展契机。

（二）双碳战略驱动机床再制造结构化高质量发展

2023 年 4 月国家标准委、国家发展改革委、工业和信息化部等 11 部委联合下发《碳达峰碳中和标准体系建设指南》（国标委联〔2023〕19 号）为构建碳达峰碳中和标准体系，提出主要行业碳核算核查实现标准全覆盖、重点行业和产品能耗能效标准指标稳步提升的目标。

随着国家碳核查、碳税、碳足迹核算、碳资产交易等标准的完善，具体减碳政策措施的逐步落实、普及实施，必将有更多机床制造企业投入到再制造中，从而带动机床再制造主体提升、技术提升和规模化发展。

五、政策诉求和建议

由于机床再制造存在整机再制造，对节能、节材、减排、环保效果显著，所以对新机床市场会有一定冲击。机床再制造发展需要政策、行业、企业同力推进。

（一）希望国家给予更多政策支持、财税优惠、财政补贴，支持机床再制造产业发展

（1）机床等工业设备再制造按一般纳税人计税，毛坯旧件和服务没有抵扣，税赋较重。建议持续加大对机床等工业装备再制造企业的支持，给予更多财税优惠，支持机床再制造产业的发展。

（2）工业和信息化部《机电产品再制造行业规范条件》已经发布实施，有待各地政府部门推进，实施财政补贴会取得更好的效果。

（3）重视重点领域进口高端机床可再制造能力建设，提高进口高端机床的国家战略安全保障。探讨新时期“04 专项 HN 工程”（2017 年）类似项目的组织模式，开展进口高端机床再制造能力建设的研究、规划、部署工程。

（二）行业组织发挥主导作用，引领和推进再制造产业发展

（1）重视和强化行业组织引领作用，完善、强化再制造行业组织自身组织建设和能力建设，充分发挥行业组织宣传、协调、引领再制造产业发展的作用。

（2）贯彻落实 2024 年 3 月国务院、工业和信息化部等部门推动大规模设备更新、推动工业领域设备更新的精神，制订行业纲领性三年行动方案，推进工业设备更新和机床再制造产业发展。

（3）建设机床再制造标准体系，规范再制造产业发展；积极且系统地推进机床制造与再制造行业碳达峰碳中和及其评价标准体系的建设和部署，引领再制造发展。

（4）推进品牌建设，发挥领先企业的示范作用，在国家和行业组织层面，推动机床再制造企业评价和品牌建设，提高用户对再制造机床的认可度。

（5）尽快建立机床制造与再制造碳排放核算与评价机制，吸引更多机床生产企业投入精力进行再制造。

（三）推动全行业增强绿色环保、低碳节能意识，共同推进再制造产业化发展

（1）机床制造大企业发挥再制造的示范带头作用，探索“以旧换再”有效模式。

（2）联合开展再制造技术研究、再制造与数智化融合技术研究，支撑和引领产业发展。

（3）加快再制造数字化建设，建立生态体系，助推机床再制造产业化发展。行业组织牵头，企业参与，组织搭建机床再制造应用公共服务平台，以互联网信息平台为依

托，构建机床再制造生态体系，建设旧件回收、专业评估、备件、再制造企业、再制造机床选购的生态体系。

综上所述，强化规划指导、技术创新、体系建设、标准引领、品牌建设，实施双碳战略措施，综合发挥政府引领、行业组织主导、企业联合推进的作用，共同加快推进机床再制造产业的规模化、规范化、市场化及高端化发展，促进机床再制造产业持续、健康、快速、高质量发展。

第 7 章　文化办公设备再制造发展概况

冷欣新　闫冬[1]

摘要

本报告从办公设备的定义和分类切入，比较全面地阐述了我国办公设备再制造的分类和定义，以及基本状况、特征、基本做法、水平、目标产品的选择和标准化进展；概述了我国办公设备再制造产业的规模、发展和技术水平，以及我国办公设备再制造发展历程；特别介绍了以标准化为引领开展再制造的经验和启示，还明确了办公设备再制造所产生废物的分类和处理处置建议。

关键词： 办公设备，办公耗材与配件，复印机，数字式多功能一体机，再制造

[1] 冷欣新，中国文化办公设备制造行业协会副秘书长、办公设备标准化技术专家，从事再制造理论和技术研究，是我国办公设备再制造事业的组织者和推动者。闫冬，中国电子科技集团公司第四十六研究所，办公设备与信息化管理人员。

一、行业基本情况

（一）办公设备再制造对象

1．文化办公设备行业

国家标准 GB/T 4754—2017《国民经济行业分类》中，第 347 中类是文化、办公用机械制造业，该中类包括 6 个小类，其中只有第 3474 和第 3479 这两个小类的办公设备产品开展了再制造活动。

2．办公设备的定义和分类

办公设备泛指用于处理办公事务的机电设备和电器电子设备（Office Equipments，OEP）。办公设备有多种分类方法，与办公设备再制造密切相关的是下面三种。

第一种，按广义和狭义概念分类。广义的办公设备指用于办公事务的所有设备和器具，包括复印机、打印机、传真机、数字式多功能一体机、计算机、小型服务器、会议系统、电话、计算器、考勤机、装订机、裁纸机等。狭义的办公设备特指办公室文件处理和文件整理设备，文件处理设备中主要产品是办公成像设备，文件整理设备有碎纸机、装订机、分页机、折页机和裁纸机等。

第二种，按普通办公设备与专业办公设备分类。在一般办公室或类似办公室的地方使用的都是普通办公设备，如复印机、打印机、多功能一体机等。银行、金融、财务、铁路、航空、邮政和档案等使用的具有特殊构造或满足专门要求的设备属于专业办公设备，如各种票据的打印设备、POS 机和 AMT 机、复制档案或工程图纸的设备等。

第三种，按功能和用途分类。此种分类一般分为四类：文件输入和处理设备、文件成像 / 输出设备、文件整理设备和文件储存设备。每一类设备都包括多种产品，每一种产品可能具有一种或多种功能。

3．办公设备再制造分类、特征和定义

（1）办公设备再制造分类和特征。

办公设备再制造分为办公设备整机再制造和办公耗材与配件再制造两大类，二者在技术和管理等方面具有一定的差异。办公设备再制造的特征表现为：用科学手段管理现代化企业，以工业化推动规模化生产。

（2）办公设备整机再制造定义。

办公设备整机再制造是指对废旧复印机、打印机和速印机进行专业化拆解、修复和重新装配，使其质量特性——产品功能、技术特性、经济性和环境友好等特性，分别满足整机再制造要求的过程。整机再制造包括全新再制造、再生再制造和翻新再制造三种作业方式。

（3）办公耗材与配件再制造定义。

办公耗材与配件再制造是指对废旧办公耗材与配件进行专业化再制造作业，使其质量特性不低于原型新品水平的过程。办公耗材与配件再制造过程主要包括，对废旧办公耗材与配件分类、进货检测或评估，根据需要拆解或局部加工改装、清洁或清洗及检测、更换或补充、修复加工、重新装配、成品检测、标识及包装等。

4．再制造目标产品的选择和分析

办公设备再制造的目标产品多是量大面广、结构复杂、单台购买新品价格较高的产品。现阶段开展再制造的主要产品是第一种分类的狭义办公设备，第二种分类的普通办公设备，第三种分类的文件成像 / 输出设备（复印机、数字式多功能一体机等）和文件储存设备（小型服务器及硬盘等）。

有些产品，如文件成像 / 输出设备中的小型单功能打印机、文件整理设备中的装订机、分页机、折页机和裁纸机等，目前尚没有开展再制造的实例。究其原因，设计上以简易化和轻量化为特征的小型单功能打印机的选材和零部件耐用性不高，文件整理设备回收量极低，都是影响开展再制造的主要因素。

在一般办公环境中，包括机关、学校、家庭、中小企业等，使用的多是普通文件成像设备，主要有复印机、打印机、数字式多功能一体机等。这些文件成像设备大体基于五种成像原理设计和生产，即静电成像、喷墨成像、热成像（细分为热敏、热转印和热升华）、针式击打成像和模版成像。表 7-1 是基于五种成像原理的普及率较高的文件成像设备的产品名称。基于不同成像原理的产品其结构、性能、输出图像质量会有所不同，输出的媒介也不仅限于纸质文件。

表7-1　基于不同成像原理的文件成像设备产品

成像方式/功能	打印	传真	复印	多功能一体（打印、复印、传真、网络、扫描等）
静电成像	激光打印机	激光传真机	静电复印机	数字式（静电）多功能一体机

（续）

成像方式/功能	打印	传真	复印	多功能一体（打印、复印、传真、网络、扫描等）
喷墨成像	喷墨打印机	喷墨传真机	—	喷墨（数字式）多功能一体机
热成像	热敏打印机 热转印打印机 热升华打印机	热敏传真机 热转印传真机	—	—
针式击打成像	打印机	—	—	—
模版成像（油印）	速印机、油印机	—	—	数字（制版、印刷）一体化速印机

注：“—”表示当前市场上无此类产品。

因此，高印速和印品质量好的办公设备，因体积大、结构复杂、坚固耐用、零部件多，适宜开展单台或小批量再制造；中高印速的办公设备因体积相对较大、结构相对较复杂、坚固耐用、零部件相对较多、回收量较大，适宜开展批量再制造；低速和单功能的打印机，体积相对较小、结构相对较简单、坚固耐用、零部件相对较少，尽管回收量较大，也因需要更新的零部件相对多、生产成本高而不适宜开展再制造。

（二）我国办公设备再制造产业的发展现况

1. 我国办公设备再制造规模

自20世纪90年代以来，我国办公耗材与配件年均总产值持续增长，2018年产值达数千亿元人民币。用于再制造的进口旧复印机，2003～2012年年均3万～5万台；2013年起增势明显，2013～2017年年均30万～50万台。2015年以来，复印机再制造的年产值达到30亿～50亿元人民币。

我国办公设备再制造企业间水平仍参差不齐，尽管总体发展趋势是向上的，值得肯定，但受办公设备产业本身规模所限，再制造企业和从业人员数量与其他行业相比也属于小体量级。

2. 我国办公设备整机再制造水平

我国再制造的办公设备整机主要是复印机和数字式多功能一体机，大部分产品在国内销售，少量产品出口。产业中没有国有企业，大多数是民营企业，外商投资企业占比不足 10%。

有几家民营再制造企业由技术专家或科技型企业家领军创办，管理理念和技术水平先进，对标国家标准，产品质量比较好，售后服务比较到位。多数企业能运行稳定，努力对标国家标准，产品销路顺畅。但极少数企业仍存在无标准生产或标准只是摆设的状况，生产作业也仍存在简单擦洗后加贴标签就出厂的状况。

相对来说，外商投资的再制造企业具有原产品制造商的技术和业务后盾支持，管理严谨、标准要求高，产品质量好。

3．我国办公耗材与配件再制造水平

我国办公耗材与配件再制造始发于“民间”，起步时多是既没有规模也没有规则的个体或家庭小作坊式的“翻新”行为。随着时代的进步，这种作业方式逐渐被淘汰，但是早期形成的挣快钱的惯性并没有完全消除。再制造的主要产品是静电成像鼓粉盒、喷墨墨盒，大部分在国内销售，少量出口。产业中没有国有企业，绝大多数是民营企业，外商投资企业占比不足 5%。

外商投资企业，办公耗材与配件再制造的技术、管理和产品质量都是较高的。民营企业中有几家规模较大的“两头在外”型企业，具有稳固的研发团队，设备设施齐全，管理有序，有的企业还具有人工智能再制造的生产线或半自动化生产线等，在国内外都有比较好的产品销路。民营企业中大多数是中小微企业，产品质量能够满足使用要求，有各自的销售渠道，但这些企业总体水平不高，缺少专业技术人员，主要依靠模仿做产品，创新能力不足，管理水平比较低，多年运营只能以勉强维持生计为目标。其中一些企业多年来一直依靠自我积累稳步发展，但是发展速度不快。

（三）我国办公设备再制造原材料的来源

1．办公设备整机再制造原材料的来源

我国办公设备整机再制造企业的原材料来源（货源）有两种。一种是国内回收，包括办公设备制造商或生产者通过销售渠道，或以租赁方式投放新机器时的逆向回收，以及一些单位和个人的报废品。在我国，每年回收旧机器的总量与当年销售新机器的总量相比非常小，根本无力支撑再制造企业对原材料的需求。

另一种是进口，目前我国办公设备整机再制造企业的原材料主要来源于欧、美、日等发达国家，以及中国香港和中国澳门等地区。这些整机再制造企业都有比较畅通地从境外采购旧机器的渠道，原材料主要有办公设备租赁机构回收的旧机器、办公设备制造商或销售商逆向回收的旧机器、专业回收机构对旧机器分类分选后的旧机器。这些旧机

器型号新、成色好，多数是中高印速的办公设备。

2．办公耗材与配件再制造原材料的来源

我国办公耗材与配件再制造的原材料货源也主要来自国内回收和进口两个渠道。国内回收靠走街串巷的个体经营者和回收企业，它们中很多已经成为再制造企业原材料的稳定供应商。进口的原材料主要来自欧、美、日等发达国家，以及中国香港和中国澳门等地区。

目前我国办公耗材与配件再制造企业中有几家专业从事出口加工的“两头在外”型企业，通过合同关系，由国外企业提供旧货源，由再制造企业加工之后再返销到出口地或其他国家和地区。

办公耗材与配件再制造产品属于低值易耗品，在庞大的社会需求面前，各层次的再制造产品基本上都有销路。

（四）我国办公设备再制造产生废物情况

废旧办公设备整机和办公耗材与配件理论上均可作为再制造的原材料，但是开展再制造还应关注对环境的影响、生产成本和销路等，因此进口旧的原材料时，一般都在境外先行分类和分选，尽可能进口“成色好”的货品。

1．办公设备废弃物分类

废弃物按照性质可分为一般废物和危险废物。废弃办公设备拆解产物则分为三类，除了以上两类，还包括特征污染物与严控拆解废物。特征污染物与严控拆解废物，是办公设备特有，而其他电器电子产品中没有的材料和零部件的废弃物。这些材料和零部件废弃后如不按拆解程序严格控制拆解，或者拆解产物没有经过专业化处理，就会对环境或人身造成负面影响和危害，但是将其界定为危险废物的理由又不充分。

2．办公设备拆解产物

以结构和成分最复杂的静电成像产品为例，[㊀] 废弃办公设备完全拆解后可分为 15 大类，43 小类。其中，15 大类包括一般拆解产物 10 类——铁类、铜类、铝类、塑料类、橡胶类、电线与电器类、玻璃、纸类、木、其他包装物和消耗品，危险废物 2 类——印刷电路板和电池，特征污染物与严控拆解废物 3 类——耗材（含墨粉的部件）、不能再生的橡胶和塑料、玻璃纤维。

在办公设备整机再制造过程中产生的一般废物主要有损坏的皮带、塑料外壳和螺

㊀ 冷欣新，宋鑫，《废弃电子电器产品环境管理技术办公设备与办公耗材》第 6.2 节，中国环境出版集团，2018 年 12 月。

钉、OPC 鼓等金属物。特征污染物与严控拆解废物主要有吸墨海绵、废墨粉和擦拭清洁布等。几乎没有被淘汰的电路板等危险废物或电器。

在办公耗材与配件再制造过程中产生的一般废物主要有：密封条、OPC 鼓、聚氨酯刮板和塑料。特征污染物与严控拆解废物主要有残余墨粉、墨粉容器、吸墨海绵和废墨水。静电成像鼓粉盒和喷墨墨盒再制造过程中会拆下 1 ～ 2cm² 大小的芯片，即用于印张计数和识别机器母体的电路板，可归类为危险废物。

二、我国办公设备再制造发展历程

我国办公设备再制造经历了无序发展、先行先试、规范发展和稳步发展 4 个阶段。

（一）无序发展阶段

我国废旧办公设备再利用早期始发于民间，主要是通过拆解废旧设备获取用于维修的零部件，或者将用过的鼓粉盒和墨盒重新灌注墨粉或墨水。20 世纪 90 年代后期，境外一些再生耗材企业向我国珠三角一带转移，主要做法是将回收物拆解后，挑选价值高和质量好的零部件再使用，将达到一定质量水平的旧零部件装配成部件，将大幅面或高速机器中磨损的金属轴修复后再使用，将大尺寸的充电辊等部件改制成小尺寸用于小幅面机器等。后来，在环保要求不断强化的背景下，各地兼容耗材企业向珠三角地区聚集。由于缺乏现代化的技术手段和规范化的管理，在相当长一段时间里该行业都非理性地对待环境，在再生和环保旗号的背后，生产过程和最终废物造成了严重污染，伪劣假冒产品充斥市场。

（二）先行先试阶段

办公设备再制造管理包括行政和技术两个方面。2001 年起，国家质量监督检验检疫总局（简称“国家质检总局”）和商务部多次发布文件，对旧复印机、旧鼓粉盒和旧墨盒进口进行监管，先后有许可备案、商检审批和商检评估备案三种不同的管理模式。

行政管理的许可备案阶段：2001 年 12 月，对外贸易经济合作部、海关总署、国家质检总局共同发布《机电产品进口管理办法》；2002 年 12 月，国家质检总局发布《进口旧机电产品检验监督管理办法》（国家质检总局令第 37 号），明确了该管理办法适用于旧复印机。2003 年 7 月，国家质检总局办公厅、商务部办公厅发布《关于进口旧机电产品备案与办理进口许可工作的衔接问题的通知》（质检办检联〔2003〕279 号）。

2003 年，我国首家以旧机电产品名义进口旧复印机的再制造试点企业获得国家质检总局批准，开启了我国办公设备再制造纳入商检、海关等有关部门监管监督范围的先行先试阶段。

行政管理的商检审批阶段：2008 年 5 月，商务部、海关总署、国家质检总局联合发布《机电产品进口管理办法》（2008 年第 7 号），此文件替代以前发布的关于旧机电产品进口管理的所有文件。2008 年 4 月 9 日，发布了定于 2008 年 6 月 1 日起执行的《重点旧机电产品进口目录》（公告 2008 年第 37 号），并决定该目录每年发布一次，至今仍在执行，表 7-2 中列出了重点旧机电产品进口目录中办公设备和办公耗材部分。

表7-2　重点旧机电产品进口目录中办公设备和办公耗材部分

种类	序号	商品编码	商品名称及备注	单位
九、印刷类	83	8443198000	未列名印刷机（网式印刷机除外，用税目84.42项下商品进行印刷的机器）	台
十二、硒鼓	99	8443999010	其他印刷（打印）机、复印机及传真机的硒鼓（注：实际上指静电成像鼓粉盒）	kg

国家质检总局 2008 年 2 月发布《关于规范进口再制造用途的旧机电产品检验监管工作的通知》（质检检函〔2008〕109 号），2010 年 1 月发布《关于调整进口旧机电产品检验监管工作的通知》（国质检检〔2009〕605 号），提出再制造和维修企业应向所在地检验检疫机构申请，报国家质检总局同意，并经所在地检验检疫机构考核合格后，报国家质检总局批准登记。各直属检验检疫局应按照“质检检函〔2008〕109 号”有关规定进行检验监管。

2009 年，商务部将静电成像卡盒和喷墨墨盒列为限制进口产品，再制造企业需要每年办理进口许可证，后来改为备案制度。但是，有些地方仍放行了一些没有取得资质的旧成像卡盒和旧墨盒。

2010 年 5 月，国家发改委等 11 部委联合发布《关于推进再制造产业发展的意见》（发改环资〔2010〕991 号），对指导包括办公信息设备在内的再制造产业发展，具有重要意义。2011 年 7 月以来，工业和信息化部先后发布了 9 批再制造产品目录，有多种型号的办公设备整机和办公耗材再制造产品入选。

2003 ～ 2012 年，10 年间经国家质检总局审批取得进口资质的只有南京、威海、大连、长沙和惠州的 5 家企业。

（三）规范发展阶段

2013 年 4 月，国家质检总局发布《关于推进维修 / 再制造用途入境机电产品检验监管工作若干要求的通知》（质检检函〔2013〕129 号）和《入境维修 / 再制造用途机电产品检验检疫工作指南》，将进口旧复印机审批权下放到省级商检部门，由省级部门对企业资质和能力进行审核，审核通过后在国家质检总局备案。

2015 年国务院发布《中国制造 2025》，进一步提出大力发展再制造产业，实施高端再制造、智能再制造、在役再制造，推进产品认定，促进再制造产业持续健康发展。

2015 年 6 月，国家质检总局、商务部、海关总署联合发布《关于旧机电产品进口管理有关问题的公告》（公告 2015 年第 76 号），规定检验检疫机构在对符合条件的产品出具《入境货物通关单》时，备注栏内应标注“旧机电产品”字样，并对纳入《应逐批实施现场检验的旧机电产品目录》的旧机电产品实施现场检验。表 7-3 为《应逐批实施现场检验的旧机电产品目录》中的办公设备部分。

表7-3　《应逐批实施现场检验的旧机电产品目录》中的办公设备部分

序号	商品编码	商品名称
5	8443.3211—8443.3219	打印机
18	8443.3911—8443.3924	复印机

2017 年 7 月 14 日，国家质检总局发布《关于公布继续有效规范性文件和废止部分规范性文件的公告》（2017 年第 54 号），废止了国质检检〔2009〕605 号文件。

2017 年也是我国办公设备再制造领域强烈震动的一年。年初，海关总署召开了全国海关缉私工作会议，部署了重点打击和集中整治洋垃圾、农产品、资源性产品、重点涉税商品、毒品和枪支等走私违法活动的“国门利剑 2017”联合专项行动。彼时，我国获得旧办公设备和办公耗材进口资质的企业已有十几家。8 月 18 日凌晨，在海关总署缉私局统一指挥下，由广东分署缉私局统筹协调全国 12 个直属海关缉私局，开展了打击低报价格走私二手复印机、打印机专项行动。在 4 个多小时的时间里，出警 754 人，组成 120 个行动小组，在多地统一开展查缉抓捕行动，共抓获犯罪嫌疑人 66 名，打掉走私团伙 20 个，现场查扣涉嫌走私的进口二手复印机和打印机 2 500 余台，以及一批电脑资料、账册等涉案证据材料。之后，各地商检部门严控旧复印机和打印机进口的一系列规定连续出台，致使各地海关大量货物积压。直到 2018 年春节前后，出于企业生存和地方经济发展需求，一些地方的监管部门才逐渐恢复了有资质企业的货柜通关。但在并没有解决各地方监管部门管理尺度不一问题的情况，有些监管部门以没有收到恢复进口指令为由致使企业停产，而有些地方政府却通过此事件发现了商机，快速审批了再制造企业，但因进口资质的审批权限在商检部门，使这些企业在投资后无法开工。

（四）稳步发展阶段

2019 年，旧复印机和打印机进口资质管理和进出口货物查验职责合并到海关总署，此举为规范再制造企业管理、提高再制造产品水平、防止和杜绝偷税漏税起到了积极的作用。

在这一阶段，国家标准化管理委员会先后发布了办公设备再制造领域两项具有技术和管理引领和支撑作用的国家标准：GB/T 34868—2017 和 GB/T 42152—2022。

截至 2019 年 10 月 31 日，我国获得旧复印机进口资质的再制造企业有 22 家，分布在南京、大连、长沙、福州、黄埔、珠海、南宁等海关区，其中只有南宁海关区的 4 家企业设在海关特殊监管区。

三、行业基本做法及经验启示

在全球环境保护理念、国家政策、企业家及各方面共同推动下，我国办公设备再制造产业总体呈向上的良性发展趋势。办公设备再制造领域借鉴国外先进的再制造理念、技术和管理经验，走出了一条以标准化为引领、促进企业管理和技术进步、提升整体产业水平的道路。

（一）建立办公设备再制造标准化体系，推动再制造产业发展

实践证明，办公设备再制造涉及的很多问题都可以通过制定标准得到解决。自 20 世纪 90 年代中期，办公设备再制造刚刚兴起时，我们就跟踪和研究其技术走向和标准化的发展。最初由于大环境尚不成熟，办公设备再制造标准化步履维艰，产业发展缓慢，企业发展水平也参差不齐。直到 2007 年，我们借助全国电工电子产品与系统的环境标准化技术委员会（SAC/TC297）的平台，提出了借鉴国际成熟的再制造技术和经验，结合我国再制造企业的能力和水平，建立办公设备再制造标准体系，促进和推动再制造企业规范化运行的目标和计划，才终于走出了以标准化推动再制造产业发展的道路。

（二）推动标准立项，引导参与的各方充分发表意见

办公设备再制造标准化体系，包括办公设备和办公耗材与配件再制造两部分，它们之间有联系又各成体系，分为国家标准、团体标准和企业标准三个层级。2014 年经过不懈的努力，办公设备第一项国家标准终于立项，从此走上了制定标准的快车道。在制定标准的过程中，我们始终坚持科学和理性的态度，牢牢把握“协调一致，共同遵守”的基本原则，将不同所有制企业的见解和需求，包括相左的、对立的意见，都摆在桌面上进行充分讨论甚至争论，最终以再制造的理论和法理为依据，结合本行业再制造正反两方面的经验，统一认知，让标准成为推动行业技术进步的协调的产物。一些企业在标准制定过程中还增加了对再制造的了解，学到了先进的经验，参与制定标准的积极性提高。

（三）办公设备再制造标准化体系的顶层结构是国家标准

目前已发布的两项国家标准《废旧复印机、打印机和速印机再制造通用规范》（GB/T 34868—2107）和《废旧办公耗材与配件再制造通用规范》（GB/T 42152—2022），共同构成了办公设备再制造标准化体系的顶层结构，填补了国内外此类标准的空白，为进一步分解和规范下一层级的标准奠定了基础。两项标准均包括企业基本管理、设备设施、人员和产品要求等，还对专利、商标等知识产权制约再制造发展的瓶颈问题做出了界定。

（四）引导企业实施标准化管理，在参与标准编制中提升管理水平

一方面，我们引导企业树立科学的、标准化的管理理念，建立与企业实际相结合的、有操作性的质量管理体系、环境管理体系和职业健康安全管理体系，编制员工看得懂、用得上的管理手册和各级文件；另一方面，帮助企业明晰办公设备和办公耗材与配件的标准化体系和特征，使其了解国家标准、团体标准和企业标准三级标准与企业发展的关系，引导企业建立健全企业标准并实施标准化管理。

四、开展再制造的政策诉求和建议

针对我国办公设备再制造企业只有外商投资企业和民营企业的状况，提出以下政策诉求和建议。

（一）支持和鼓励外商投资企业对原装产品开展再制造

目前，外商投资企业，即原装设备制造商 / 企业，已有几家开展了再制造。其优势为：一是有意愿履行生产者责任延伸制度的责任和义务，开展旧机器的回收和再利用；二是母公司是原装产品的设计者和生产者，可以提供全面的支持，包括资金、设备、技术和人才；三是对员工的培养和培训投入较多；四是产品质量好且可靠性高。其发展困境是，国内回收量低且又难以获得进口旧机器资质。建议加大支持外商投资企业进口本品牌旧货开展再制造的力度，创造公平的竞争环境。

（二）支持和引导独立型再制造企业开展规范的再制造

独立型再制造企业指与原装产品没有关联的企业，多数是民营企业。其特点为：一是再制造技术、设备和费用等投入相对比新品低，且可以小批量生产，入门较容易；二是容易得到地方政府的支持，容易获得进口旧机器或旧耗材的资质；三是有较充足的进口旧货的渠道；四是民营企业家相比来说有更顺畅的民间销售渠道；五是开展再制造有

利于提升企业管理水平，提高员工的素质和技能。建议进一步规范监管，加大对再制造企业技术与科学管理的帮扶，继续坚持和强化环境一票否决的力度，持续开展再制造产品和再制造企业的认定 / 认证，推动其发展。

（三）鼓励各类服务型机构参与再制造的理论研究、管理和技术研发

在办公设备再制造发展过程中，有关行业协会、专业研究机构和实验室、大专院校等在理论研究、技术研发与创新、标准化推进、总结再制造管理经验、技术培训等方面都发挥了积极作用，已经成为推动办公设备再制造发展的生力军。建议继续鼓励、支持和引导这些机构发挥优势，有计划、有组织地创造机会开展交流，在互相学习、相互借鉴的基础上，共同推动我国办公设备再制造产业发展壮大。

第 8 章　石油天然气装备再制造发展概况

邹连阳[⊖]

摘要

石油天然气勘探开发装备（后简称石油天然气装备或油气装备）是支撑行业发展的基础和关键。由于油气资源勘探开发的特殊性，一方面对油气装备的技术性能和可靠性要求极高，另一方面对油气装备及其应用成本的敏感性极强，因此，对油气装备再制造既有很大的需求，也有很高的要求。本报告从石油天然气再制造行业的基本情况、典型案例、经验启示、发展展望和政策诉求等方面做了阐述分析。

关键词： 油气装备，钻采装备，再制造，再利用

⊖ 邹连阳，中国石油和石油化工设备工业协会首席专家。

一、行业基本情况

（一）油气装备再制造的基础条件

石油和石油化工装备制造业是国家标准《国民经济行业分类》（GB/T 4754—2017）和国家统计局专项统计的大类之一，主要包括石油天然气勘探开发（钻采）专用装备、炼油化工专用装备、深海油气勘探开发装备、海洋工程装备、特种金属压力容器等五大类技术装备与工具。仪器的研究、制造、检测与应用，是石油天然气勘探开发和资源利用的关键和重要基础，直接关系到国家能源战略的安全。

由于油气装备多数用于边远地区、露天、井下等恶劣环境，设备的实际无故障工作时间（寿命）往往比较短，可能为数年或数月，有的甚至只有数十小时至数百小时，远低于其他行业同类型设备。作为功能丧失、停止使用的设备，其所使用的部件、零件（器件）和材料往往处于良好的状态，具有初始的特性；或者经过适当工艺的处理和检测，即可具有新品的品质和性能。因此，再制造技术和工艺，在油气装备制造业具有很大的市场潜力。

（二）油气装备再制造的现状

油气装备再制造业务自“十二五”期间起步，在抽油机、油管等设备和材料领域推广实施，但在行业内尚未形成规模化发展，从地域、企业类型、产品种类等方面来看，发展均不平衡。油气装备再制造的领域和市场很大，起步较早但发展不快，在地域和产品方面发展也不均衡，但也因此具有巨大的发展空间。

近年来，随着精益化管理和绿色降碳、降本增效的强化实施，油气装备的再制造和相关材料的再利用越来越受到制造企业和用户企业的关注。更多再制造企业和产品的应用案例开始涌现，再制造项目及其应用模式也不断创新。有的以企业间战略合作的方式，开展再制造产品与服务的全方位合作；有的以单一应用项目为目标，开展再制造合作；有的以租赁和服务的方式，推广再制造产品的应用。

二、再制造案例

（一）油管再制造

开展油管再制造的背景

油管材料是油气装备用钢的主要项目，是油气生产中的消耗品和成本支出的大项。由于常年在腐蚀和偏磨环境下工作，油管管材内壁和接头螺纹很容易报废，按平均寿命10年计算，我国各油田每年产生的废油管量约70万吨，报废抽油杆有上千万米[1]。石油管材再制造能够提高油管防腐、耐磨等性能，延长废旧油管使用寿命，减少企业新油管消费量。

我国废旧管材再制造始于2005年吉林油田开展的“废管再造技术”探索，其经历了概念提出、技术研发和试点推进阶段。技术上，我国油管再制造技术起步晚，但后来居上，自主研发的油管再制造技术包括两种：自蔓延修复技术和内衬防腐耐磨油管技术。其中自蔓延修复技术在我国石油装备行业里乃至世界范围内都处于领先地位。具体应用上，国内已有约10家油田试点使用再制造油管，基本收到良好的效果。胜利、大港、冀东、中原、延长等油田使用的内衬防腐油管已达500多万米，治理油井防腐、防垢、防偏3 000多井次；长庆、新疆、吉林等油田运用自蔓延修复技术，实现了油田废旧油管修复率达到80%[2]。

再制造油管由于采用了特殊的表面处理技术，比普通油管在耐磨损、防蜡、防垢的性能上均有较大提升，能有效节省因油管损坏带来的高额修井作业费用。以长庆油田为例，油田将再制造油管应用在腐蚀、结垢最严重的油水井中，油管腐蚀、磨损现象大大减少[3]。

尽管如此，各油管制造企业业务方向主要为新油管，对废管再制造基本没有涉足。目前油管再制造产业规模不大，再制造主体不多，主要原因在于油管再制造理念不够深入人心。此外，石油行业再制造在产业化过程中，还面临技术、管理等方面的问题。

（二）定子管再制造

螺杆钻具是油气钻井作业常用的井下工具，其作用是将高压大流量钻井液所携带的能量转换为旋转动力，为钻头提供井下动力。作为螺杆钻具重要部件之一的定子，是在金属钢管的内壁上压制一层具有特殊型腔和特殊性能的橡胶。定子橡胶的寿命仅有数百小时，与金属管的寿命极不匹配。橡胶材料失效后，与橡胶材料黏合在一起的金属管也随之一起报废。这无疑是金属材料的巨大浪费。

北京石油机械有限公司、大港中成石油机械有限公司等多家企业已经不同程度地开展了定子管的再制造业务。天津立林石油机械有限公司作为一家螺杆钻具制造商，开展了螺杆钻具定子的再制造工作。该公司将回收的螺杆钻具定子清洗后，采用热加工技术，在不破坏金属管性能的前提下，将金属管内壁黏结的橡胶材料烧蚀掉，保留完整的金属管材。随后，对定子管进行探伤和修复，使其达到新品定子管的几何精度和力学性能，并重新在内壁上黏结橡胶型腔，再制造成为新的螺杆钻具定子。

据不完全统计，国内有螺杆钻具制造商二十余家，年生产螺杆钻具近十万套。如果

---

[1][2][3] 周问雪. 废油管不废不弃前景光明[N/OL]. 中国能源报，2015-09-14. http:// paper.people.com.cn/zgnyb/html/2015-09/14/content_1613182.htm.

其中 50% 的定子管能以再制造方式提供，每年可节约数万吨优质钢材。

（三）抽油设备再制造

作为油田绿色制造的亮点，国内抽油设备（机、泵、杆、管）再制造起步较早，广泛应用于各大油田，随着油田进入机械装备报废的高峰期，抽油设备再制造的发展前景十分乐观。

1. 大庆油田

大庆油田作为我国最早的超大型油田，在用及闲置的抽油机共有约 5.5 万台，每年产生的报废抽油机约占总抽油机数量的 2%，近年来，公司把再制造业务纳入集团发展重大战略部署，并以抽油机、抽油泵为试验场，徐徐拉开了让废旧装备重新上岗的帷幕。

黑龙江省石油石化装备制造产业技术创新战略联盟发起设立了石油钻采装备再制造技术创新中心，中心立足于石油钻采管材再制造技术、石油钻采装备复杂表面再制造技术、石油钻采装备回转体部件再制造技术和再制造设备检测评价技术，积极开展抽油设备（机、泵、杆、管）全生命周期数据库建立及再制造信息管理系统研发、抽油机再制造节能改造研究、基于磁记忆 / 交流电磁场的退役抽油杆可再制造性综合无损评估、抽油杆管再制造力学性能评定、再制造抽油泵密封性能检测技术研究、抽油机减速器再制造双圆弧齿轮精密检测技术研究、泵筒内表面电刷镀修复技术及专用加工设备研制、抽油泵及油管专用清洗设备研制和机械采油装备再制造产品性能评价的技术规范制定等科技服务能力的建设，深入挖掘石油钻采装备的可利用价值，提高资源使用效率。

中心的再制造工艺技术分别在大庆油田装备制造公司、大庆广新石油机械设备有限公司等单位应用，累计完成再制造抽油泵 62 480 台套、抽油管 2 053 万米、抽油杆 1 712 万米、抽油机 1 994 台套，节约钢材累计 335 611 吨，新增利润为 27 541.53 万元、节支总额为 30 371.43 万元，创造总经济效益为 57 912.96 万元。

2. 新疆油田

新疆油田使用年限超过 15 年且未经过节能改造的老旧抽油机一万多台，涉及三十余种规格型号，大部分存在再制造的价值，部分使用年限在 15 年内的也存在再制造的潜在需要，具有一定的市场前景。

新疆油田工程技术公司研究所致力于抽油机再制造技术领域的探索研究，承担了新疆油田关于采油装备再制造的科研项目，针对抽油机、采油井口和注汽锅炉分别进行升级再制造，并辅以其他自动控制和安全防护技术赋予旧设备新功能。其中，在大中型抽油机再制造中形成的五连杆结构再制造技术，成为国内首创；在小型抽油机再制造中形成的自动调平衡技术，解决了新疆油田、红山油田稠油开采区块抽油机调平衡难、平衡率低的问题。

3．辽河油田

辽河油田有超过一万口的抽油机井，伴随油田不断开发，生产工艺发生变化，于是出现部分关井和长停井，造成大量抽油机闲置。辽河油田通过系统摸排现有各个型号抽油机的使用情况、新度系数和保障能力等各项指标，发现可以用来调剂的旧抽油机约占六成，达千余台，如果全部再制造后用于新井建产和老井复产，有望节约投资 1 亿元。

2020 年 12 月，辽河油田兴 20、欢 127 等区块投产，200 余口新井全部利用旧抽油机建产。抽油机再利用包括利旧和再制造两种方式，无论哪种方式，都比购买新机更经济。

为确保设备的修复质量，要求抽油机再制造企业具有抽油机产品研发、制作的能力和资质，并全过程跟踪监督。旧设备再制造，通过简单修复，替换损坏及高磨损的部件，其使用性能与新机并无明显差别。而“高龄”抽油机的再制造，修复更加精细，过程中历经拆解、清洗、判定、更换、修复和检测等各项流程，而且增加了辅助刹车和电机底座调节装置等新功能，在保障抽油机安全的同时，更加方便操作人员使用。

4．华北油田

抽油机是油田生产主要设备，华北油田抽油机新度系数已远低于设备新度系数平均水平且超过三成的抽油机已进入超期服役阶段，有序更替矛盾越发突出。作为一个老油田，华北油田正大力在内部推介再制造产品，通过再制造抽油机，陆续完成在用老旧抽油机的更迭换代，在实现提质增效的同时，也破解了设备老化的难题。

2022 年 8 月，华北油田采油设备再制造中心在华北石油荣盛机械制造有限公司（后简称荣盛公司）揭牌，正式开启装备再制造之旅。荣盛公司拥有先进的机械加工、焊接、表面工程生产线，完善的检测实验设备和丰富的采油设备设计制造经验，可规模生产游梁式抽油机、塔架抽油机、数字化抽油机等五大类 70 多个型号的产品，可在全生命周期评估基础上完成采油设备再制造工程，质量控制水平国内领先。

再制造中心的成立，将充分发挥荣盛公司在机械加工、技术研发、检验检测等方面的综合能力，同时发挥油田公司设备运维中心综合协调能力和资源整合优势，是华北油田打造提质增效升级版与荣盛公司创新发展高度契合的一次双赢合作，对双方未来发展都具有重大意义。

（四）动力机组再制造

动力机组是钻修井机的心脏，其中，发电机组为油气装备提供所需的电力，柴油机组为钻修井作业提供旋转动力。

2011 年 6 月，中国石油济柴动力有限公司（后简称济柴公司）成立再制造中心（见图 8-1），全面推进动力机组修复加工和再制造。公司首批回收利用吐哈钻井公司淘汰的 17 台报废 G12V190 柴油机置换成 5 台再制造整机，通过“以旧换再”，稳步推进再制造服务模式升级。2012 年 11 月，济柴公司提出了再制造业务“立足长远、立足良性发展”的发展定位，全力创建中国石油装备再制造基地。

图8-1　济柴公司再制造中心及其再制造产品

三、经验与启示

我国油气装备再制造产业经过“十二五”期间起步、“十三五”积极发展、“十四五”基本成熟的发展历程，取得了较好的经济效益和社会效益。

（一）坚持精益示范、绿色引领

近年来，油气装备制造行业大力推广精益管理和绿色制造，一批行业重点企业成为精益管理的示范标杆或者绿色制造示范企业。精益化的核心是降低成本和提高效率，绿色制造的核心是降耗和减排。因此，再制造技术、产品及应用是精益管理和绿色制造的补充和有力支撑。

（二）坚持市场导向、政策扶持

纵观油气装备再制造产业的成功案例，项目的启动与实施无不与国家政策的引导、扶持和市场需求紧密相关。国家经济政策的大环境为再制造产业的发展提供了指引，巨大的市场需求为再制造产业的发展提供了动力。

（三）坚持与用户企业密切合作

油气装备再制造产业是一个特殊的产业，用户企业在产业链发展中扮演着重要的角色。用户企业降本增效的愿望，是再制造项目的最大动力。再制造企业所做的，无非是依托所掌握的技术帮助用户实现降本增效的目标。只有坚持市场导向，与用户企业紧密合作、互利双赢，才能推进再制造产业的健康有序发展。

（四）坚持科技引领、创新发展

再制造产业不是简单的修旧利废，而是一个新兴的、高技术的产业。再制造工艺过程具有很大的难度，需要更为先进的工艺技术。再制造产业应当走“产学研用”结合的道路，发挥科技创新的引领作用，以新工艺、新材料的推广应用，谋取再制造产业的新发展。

四、发展展望

（一）大势所趋、顺势而为

党的十八大以来，我国把绿色低碳和节能减排摆在突出位置，建立并实施能源消耗总量和强度双控制度，推动“能耗双控”逐步转向“碳排放双控”。习近平总书记主持召开中央全面深化改革委员会第二次会议，审议通过了《关于推动能耗双控逐步转向碳排放双控的意见》和《关于进一步深化石油天然气市场体系改革提升国家油气安全保障能力的实施意见》等。不断提升国家油气安全保障能力，必将更大力度推动油气装备再制造产业向纵深发展。

（二）技术成熟、政策配套

油气装备再制造产业目前已经涉及柴油机、抽油机、抽油泵、油管、井下工具仪器等众多领域，在大庆、长庆、辽河、新疆等国内主要油气产区均有应用，所涉及的再制造技术和设备已经日趋成熟。同时，国家有关部门出台了碳排放双控、鼓励和发展循环经济、推进再制造产业的一系列配套政策，为再制造产业的健康发展奠定了坚实的基础。

（三）市场巨大、效益可观

油气装备产业链条长、产品种类多，对钢铁材料的需求和消耗巨大。由于油气钻采作业的特殊性，设备与材料往往没有使用到寿命极限，为再制造技术与产品带来了巨大的发展空间。油气装备再制造，一方面是从旧设备的循环利用中获取直接效益，另一方面是从旧设备的性能提升中获取间接效益。

五、政策诉求和建议

油气装备再制造，以节约资源、节省能源、保护环境为特色，以信息技术、自动化技术等高新技术为核心，充分开发和利用废旧设备材料的价值，缓解资源短缺与浪费的矛盾，降低因大量失效、报废所造成的浪费和环境污染。为更加科学合理地推进我国油气装备再制造产业的发展，提出如下建议。

（一）进一步推广普及再制造理念，提升再制造的认知度

油气装备再制造在我国刚刚兴起，充分了解再制造的企业不多，应用的企业更少。为了提高对再制造的认知，需运用多种方法开展多种形式的再制造产业宣传活动，积极推广再制造产品的使用，加强对油气装备再制造的节能减排、降本增效等优势的报道，提升油气装备再制造的“品牌”认知度。

（二）建立油气装备再制造“政产学研用”协同创新体系

以政府为引导，高校、科研院所为技术创新支撑，企业为技术创新主体，推动“政产学研用”的深度融合，加强各类创新主体之间的协同作用，提升我国油气装备再制造行业的协同创新能力。

（三）完善油气装备再制造标准体系与法律体系

结合石油石化团体标准（T/CPI）体系的建设，积极推进油气装备再制造的质量标准、技术标准、管理标准等标准体系的建立，重点围绕废旧设备的回收、拆解、清洗、检测、再制造加工、检验检测等操作的规范性，健全我国油气装备再制造标准体系与法律法规。

（四）积极推进自主创新的再制造产业模式

油气装备再制造产业应结合行业自身特点，以全生命周期理论为指导，以“恢复技术指标和使用功能、提升技术性能”为目标，“产学研用”相结合，加大力度推进既循环又经济的再制造产业模式。推进高效拆解、绿色清洗、无损检测、寿命评估、先进表面工程技术等绿色、高效的再制造关键技术在再制造中的应用，确保再制造产品的质

量，结合互联网＋等技术建立再制造逆向物流管理和评估平台，通过与正向物流链接，利用信息流引导控制技术流、设备流、材料流和人员流，围绕全生命周期理论构建再制造服务体系，促进国家循环经济的发展。

（五）开展油气装备再制造产品认证

油气装备再制造产品认证工作的开展，可以提高企业及产品在用户心中的认可度，增强用户对再制造产品在可靠性、安全性等方面的认知。为了使油气装备再制造获得良好的发展环境，既要对再制造装备的质量进行认证，也要对再制造企业的资质和再制造企业管理体系进行认证，建立油气装备再制造产品认证目录。

第 9 章　再制造产业技术装备发展概况

张伟　于鹤龙[1]

摘要

再制造是对废旧产品进行专业化修复或升级改造，使其质量特性不低于原型新品水平的制造过程，打通了“资源—产品—报废—再制造产品”的循环产业链条，高度契合我国绿色发展战略和制造强国战略，是我国实现“双碳”目标的最佳技术手段之一，也是当前推动大规模设备更新和消费品以旧换新行动的重要技术支撑。本报告概述了当前我国再制造产业技术的发展现状，梳理并介绍了“设计—拆解—清洗—评估—成形加工”再制造全工艺流程共性的关键技术体系，面向新兴市场需求提出了下一阶段再制造技术装备的发展方向与研究重点。

关键词：再制造，关键技术，装备，发展

[1] 张伟，佛山科学技术学院，教授，邮箱：zhangwei18@fosu.edu.cn。于鹤龙，陆军装甲兵学院装备再制造技术国防科技重点实验室，副教授，邮箱：helong.yu@163.com。

一、再制造产业技术的发展概况

中外再制造产业技术模式：欧美发达国家的再制造产业起步较早，已形成了较为成熟的技术体系和运作模式，其再制造模式以“换件修理”和“尺寸修理”为主，存在再制造件资源利用率低、零件互换性差、表面损伤和体积损伤零件再制造率不高等问题。中国的再制造产业则是充分利用了表面工程的技术创新成果，形成了以“尺寸恢复”和“性能提升”为主的中国特色的再制造模式，保证了在再制造产品质量特性不低于原型新品的情况下，同时实现约节能 60%、节材 70%、减少污染排放物 80%，支持资源节约型和环境友好型社会的建设。

中国再制造技术装备现状：中国再制造技术装备发展迅速，这主要得益于国家的大力支持与推动。国家自然科学基金委员会支持开展了再制造理论基础和应用基础研究；科学技术部通过“固废资源化”“绿色制造”“循环经济关键技术与装备”等专项支持开展了再制造理论、关键技术攻关和产业化应用示范；国家发展改革委通过“循环经济专项”，支持再制造企业试点和示范基地建设，探索再制造技术和商业模式；工业和信息化部通过“绿色制造系统集成”项目，支持再制造领军企业开展了绿色化改造升级。

再制造技术装备的发展重点：中国再制造技术装备将围绕“高端再制造”“在役再制造”“智能再制造”几个方面，全力开展再制造技术装备研发、应用推广，拓展再制造产业领域和产品，努力实现一批绿色再制造关键工艺技术装备创新突破、集成应用和体系化推广。

二、再制造共性关键技术

再制造共性关键技术主要包括再制造设计、再制造拆解、再制造清洗、再制造损伤评价与寿命评估和再制造成形加工技术等。

（一）再制造设计

再制造设计技术是以提高再制造生产效益和绿色化为目标，面向基于再制造的产品全生命周期过程，进行产品再制造能力优化设计、再制造生产系统规划管理与保障资源实时控制的技术方法，主要包括产品再制造性设计与评价、再制造物流优化设计、再制造生产系统规划设计、再制造信息管理与决策，目的是提高产品再制造能力，实现产品再制造资源配置的优化和再制造生产效益的提高。当废旧产品送至再制造工厂后，首先要对产品的再制造性进行评价，判断其能否进行再制造。影响再制造性的因素错综复杂，可归纳如图 9-1 所示的几个方面。

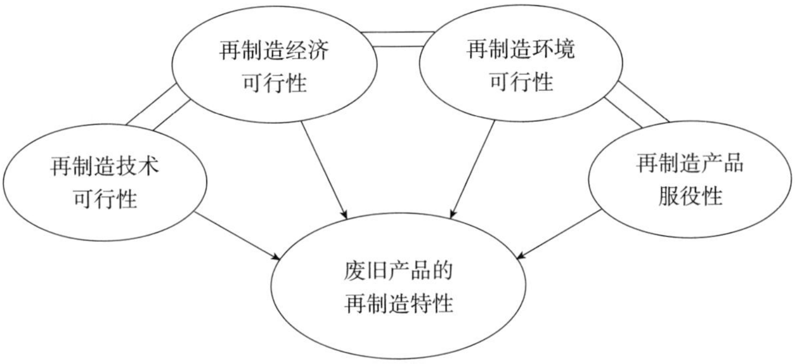

图9-1　废旧产品的再制造特性及其影响因素

在20世纪80年代，国外在进行新产品设计时就开始考虑是否易于再制造的问题，并将再制造设计作为生态设计的一部分，对易于产品再制造的拆解、清洗、分类等再制造工艺过程进行分析，提出易于再制造的改进方法。而且将再制造设计分为两个层面：一是产品策略层面；二是产品工程层面。

在国内，再制造技术国家重点实验室、合肥工业大学、重庆大学、清华大学在再制造设计领域开展了卓有成效的工作。徐滨士院士团队提出废旧产品的再制造性评价要立足于技术性、经济性、环境性三个方面，研究并建立了基于三者的废旧产品再制造性评价方法，提出了再制造性工程的概念及体系。

（二）再制造拆解

再制造拆解是指将再制造毛坯进行拆卸、解体的活动，可分成破坏性拆解和非破坏性拆解两类，其工艺方法可分为击卸法、拉卸法、压卸法、热拆法及破坏性拆解法。

国内外对拆解的研究主要集中在可拆解性设计、拆解规划（包括拆解的模型、拆解序列算法、序列的优化、智能拆解等）、拆解的评估体系软硬件开发以及拆解装备研发等方面。国外在可拆解性设计理论与方法研究、拆解模型建立与拆解序列优化算法研究方面开展了大量工作，并针对一些重点行业领域开发了部分自动化拆解装备。国内在可拆解性设计研究，特别是在实际产品设计的应用方面尚处于起步阶段，拆解规划仅限于高校和研究单位开展建模、拆解序列生成与优化等研究，缺少有效的自动化深度、无损拆解技术与装备，导致企业在再制造过程中拆解效率低、拆解劳动强度大、无损拆解率低，制约了再制造产业的快速发展。

（三）再制造清洗

再制造清洗是指对再制造毛坯及其零部件去除锈蚀、毛刺、表面各种污渍的工艺过程，即采用机械、物理、化学或电化学方法，去除废旧零部件表面附着的油脂、锈蚀、泥垢、积炭和其他污染物，使零部件表面达到分析检测、再制造加工及装配要求。再制造清洗包括拆解前对废旧产品外观的整体清洗和拆解后对零件的清洗两部分。通常将再制造清洗分为物理清洗和化学清洗，物理清洗包括利用热能、电能、超声振动以及激光、紫外射线等作用方式，化学清洗通常是利用化学试剂或其他溶液去除表面污垢。

近年来，随着超声波、等离子体、紫外线等高新技术的发展，物理清洗在精密工业清洗中已发挥出越来越大的作用，再制造清洗方法也都向着绿色、环保、污染小的方向发展。

1．喷射清洗

喷射清洗通过喷嘴把加有压力的清洗液或磨料喷射出来，冲击清洗物表面。干式喷射的磨料主要有不同粒径尺度的钢丸、玻璃丸、陶瓷颗粒、细沙等，而湿式喷射的洗液包括常温的水、热水、酸、碱等清洗溶液，还可以将磨料与溶剂复合形成浆料喷射，以获得更好的清洗效果。喷射清洗的优点在于射流不会损伤被清洗的基体，不会造成二次污染，清洗过后如无特殊要求，不需要进行洁净处理，能清洗形状和结构复杂的物件，能在空间狭窄或环境恶劣的场合进行清洗作业，易于实现机械化、自动化以及数字程控。

2．抛（喷）丸清理

抛（喷）丸清理是让丸料冲击工件表面，对工件进行除锈、除砂、表面强化等，以达到清理、强化、光饰的目的，主要用于铸件除砂、金属表面除锈、表面强化、改善表面质量等。抛（喷）丸清洗可以使材料表面产生冷硬层、表面残余压应力，从而提高材料表面的承载能力，延长其使用寿命。有国外学者和工业部门尝试以碳酸盐颗粒作为环境友好型喷砂材料清洗玻璃制品、玻璃纤维材料、印刷电路板、飞行器等软质材料的表面污染物。

3．喷砂清洗

喷砂清洗作为物理清洗方法，在喷砂过程增加了零部件表面的粗糙度，提高了热喷涂涂层、涂装涂层、黏结涂层等机械结合涂层与基体的结合强度，保证了再制造后产品的质量和性能，在再制造涂层制备和表面快速除锈等方面得到广泛应用。

4．高压水射流清洗

高压水射流清洗利用高压发生设备产生高压水，通过喷嘴将压力转变为高度聚集的水射流，能够完成清洗、切割、破碎等，工艺具有清洗成本低、速度快、清洗率高、不损坏被清洗物、应用范围广、不污染环境等诸多优点。在工业发达国家高压水射流清洗已成为主流清洗技术，在清洗市场占到了较高份额。高压水射流清洗能清洗形状和结构复杂的零部件，能在空间狭窄、复杂和操作环境较差的条件下进行清洗，对设备材质、特性、形状及垢物种类均无特殊要求。目前，在船舶、电站锅炉、换热器、轧钢带除磷、城市地下排水管道等清洗上都得到了广泛应用。

5．研磨清洗

研磨清洗是用砂轮或机械等工具清除金属表面污物的方法。研磨清洗主要针对五金、塑胶、电子零件表面进行研磨处理，如去毛刺、倒角、除批锋、除胶，清洗光亮表面，提升产品外观。在汽车发动机再制造过程中，螺栓等紧固件表面的胶层去除，通常采用振动研磨清洗工艺。

6．超声波清洗

超声波清洗是利用超声波在媒介流体中产生的空穴在破裂时释放的能量来清除污垢的方法。超声波清洗效率高、质量好，目前是清除物体表面异物和污垢最有效的方法之一，而且能够高效地清洗物体的内外表面。超声清洗不仅可以清除各种各样的污染物，还能够用于清洗复杂结构零件，如深孔、盲孔等，而且对零部件表面几乎没有损伤，环境污染小、成本低、对人体的伤害小。随着超声波清洗技术的不断发展，传统的低频超声波清洗在汽车、轴承、工程机械等行业得到了广泛的应用。高频超声波清洗在许多对清洗精密程度要求较高的电子产品领域得到了广泛应用，如微电子、精密机械、光学元件等行业。

7. 干冰清洗

干冰清洗利用干冰颗粒作为喷射介质，用于清洗各种顽固的油脂和污垢。当干冰颗粒以高速冲击到零件表面时，冲击的动能可以使干冰颗粒瞬间蒸发气化，在清洗表面产生剧烈的热交换。这会导致附着的污染物因骤冷而发生收缩和脆化，使其能够破坏污垢和基体表面的结合。与此同时，它会在冲击位置形成“微区爆炸”，从而有效地清除污染物。目前，干冰清洗技术的应用主要集中在汽车轮胎、铸造和石化等领域，已取得了较高的经济和社会效益。

8. 电解清洗

电解清洗是利用电解作用去除金属表面污垢的清洗方法。电解清洗通常用于金属材料镀涂前的除油处理，将欲除油的零部件置于碱性溶液中，在通电情况下将零部件作为阳极或阴极进行除油。电解除油的效率远远高于传统的化学清洗方法，而且能够去除表面的顽固油脂以及锈蚀和粉尘。电解清洗广泛应用于电镀、电泳、化学镀、阳极氧化、化学转化膜、热浸镀等表面处理领域。

9. 激光清洗

激光清洗是当前极具潜力的高效物理清洗技术。图 9-2 为激光清洗过程示意图。对于橡胶、油漆、氧化层等顽固污垢，利用激光辐照产生的热冲击和热震动促使污染物粒子产生热膨胀，使其发生界面的失配而剥落。对于一些高能激光器，其峰值能量能够瞬间汽化一些固体污染物，这种烧蚀机理能够被用来除锈。另外激光也能够诱导液膜产生冲击波对零件表面进行清洗。激光清洗在欧美发达国家已成为重要的绿色清洗技术，已广泛应用于高端装备制造领域，如半导体、微电子、微型机械、精密光学等高新技术中表面吸附的微米和亚微米级细颗粒的清洁，太空垃圾的清除，核辐射污染物的去除，发动机结碳的清洗。美军已将激光清洗技术应用于装备生物污损物的清洗，舰艇和军用飞机表面除锈、除油、退漆、除积炭等维修保障中。

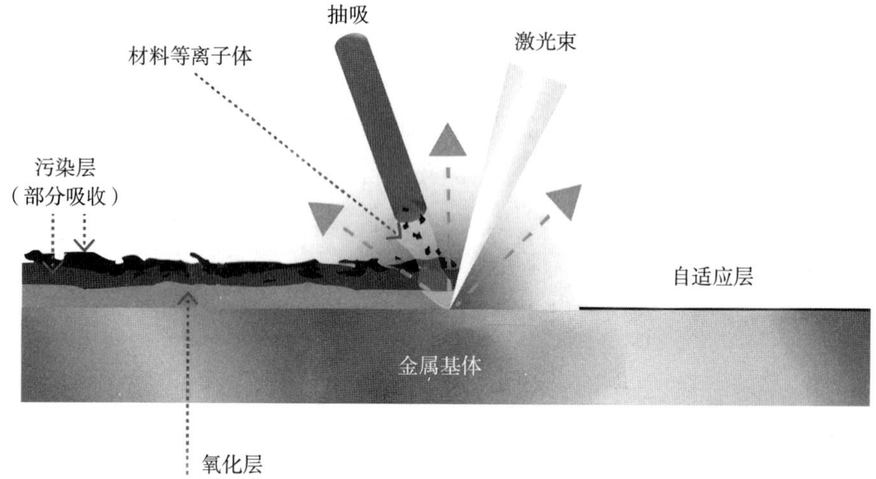

图9-2 激光清洗过程

（四）再制造损伤评价与寿命评估

再制造损伤评价与寿命评估是指定量评价再制造毛坯、涂覆层及界面的具有宏观尺度的缺陷，或者以应力集中为表征的隐性损伤程度，以此为基础评价再制造毛坯的剩余寿命与再制造涂覆层的服役寿命，给出再制造毛坯能否再制造和再制造涂覆层能否承担下一轮服役周期的评价技术。

再制造损伤评价与寿命评估包括：针对再制造毛坯开展的表面和内部损伤评价以及剩余寿命预测技术；针对再制造涂覆层开展的涂层缺陷、残余应力、结合强度等损伤评价以及服役寿命评估技术；针对再制造毛坯与涂覆层界面开展的界面脱粘、界面裂纹等损伤评价技术；针对逆向增材再制造获得的再制造产品，研究重新服役过程中实时健康监测技术。

1. 再制造毛坯剩余寿命预测

再制造毛坯剩余寿命预测常用三类方法：第一类是基于损伤力学及断裂力学，借助理论计算或疲劳试验手段，通过建立疲劳宏观力学反应量之间关系的理论模型来预测寿命；第二类是通过建立零部件有限元模型，再根据有限元计算结果，结合应力、应变寿命曲线和适当的损伤累积法则，实现构件的疲劳寿命预测；第三类是采用无损检测方法检测构件中缺陷的发生、发展情况，然后进行质量评价及寿命预测。

2. 再制造涂覆层损伤评价

再制造涂覆层损伤评价，一方面需要定量评价伴生缺陷能否满足预期功能要求、对再制造零件的安全性和可靠性的影响程度，另一方面需要评价再制造涂覆层力学性能对服役质量的影响程度。再制造涂覆层的损伤评价方法有红外热像技术、声发射检测技术、超声无损检测技术等。再制造涂覆层缺陷的评价方法有渗透、磁粉、涡流、超声等；测试涂覆层的残余应力最常采用的是 X 射线衍射方法、超声波法、磁性法。

3. 多信息融合损伤评价与寿命评估

多信息融合损伤评价与寿命评估是指引入多传感器来采集多种物理参量的变化信息，经过综合处理后进行数据层、特征层和决策层的融合，以获得准确可靠的评价结果。现有的信息融合系统结构分为分布式传感器结构、集中式传感器结构及混合组网传感器结构三种类型。数据关联算法是多信息融合的核心，基于模型的方法、基于信号处理的方法以及人工智能的方法是三类常用的融合算法。

4. 再制造产品结构健康监测

再制造产品结构健康监测就是对关键的再制造结构损伤从产生、扩展直至破坏全过程进行监控的技术。基于光纤传感的监测正成为结构健康监测技术的重要方向。基于压电元件损伤诊断方法，按照工作模式分为被动监测方法和主动监测方法两种。

（五）再制造成形加工

再制造成形加工是在废旧零部件损伤部位沉积成形特定材料，以便恢复零部件的形状和性能甚至提升其性能的技术。根据零部件损伤失效形式的不同，再制造成形加工技术可分为表面损伤再制造成形加工技术和体积损伤再制造成形加工技术两大类。

1. 纳米复合再制造成形技术

纳米复合再制造成形技术是把纳米材料、纳米制造技术等与传统表面维修技术交叉、复合，如纳米复合电刷镀技术、纳米热喷涂技术、纳米涂装技术、纳米表面损伤自修复添加剂技术、纳米固体润滑干膜技术、纳米粘接技术、纳米薄膜制备技术、金属表面纳米化等。

（1）纳米复合电刷镀技术。纳米复合电刷镀镀层具有较高的硬度、优良的耐磨性能、优异的接触疲劳磨损性能及抗高温性能，可大大提高再制造零部件的性能。目前，纳米复合电刷镀技术在国防装备和民用工业装备再制造中已有大量成功应用。例如我国针对重载汽车发动机连杆的自动化纳米复合电刷镀再制造专机（见图 9-3a）和发动机缸体自动化纳米复合电刷镀再制造专机（见图 9-3b），已在再制造生产中成功应用。

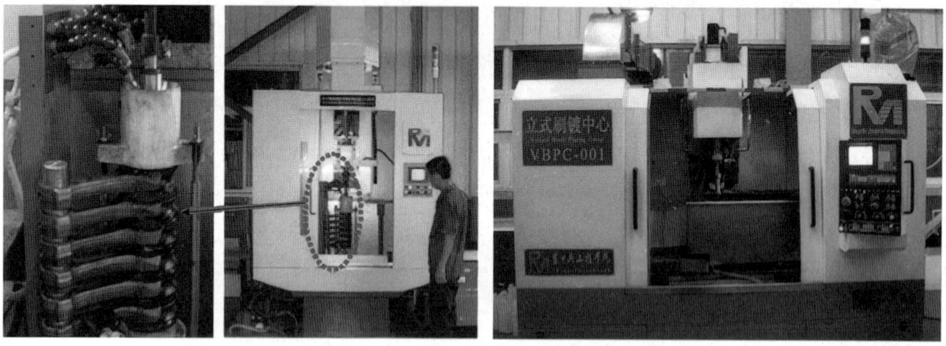

a）　　　　　　　　　　　　b）

图9-3　自动化纳米复合电刷镀再制造专机

a）连杆　b）发动机缸体

（2）纳米热喷涂技术。纳米热喷涂技术是指用各种热喷涂技术（如超音速火焰喷涂、高速电弧喷涂、超音速等离子喷涂、真空等离子喷涂等），将纳米颗粒喂料喷涂到零部件表面形成纳米涂层。热喷涂纳米涂层可分为三类：单一纳米材料涂层体系、两种（或多种）纳米材料构成的复合涂层体系和添加纳米材料的复合体系（微晶 + 纳米晶）、陶瓷或金属陶瓷颗粒复合体系。后者具有重要作用。

（3）纳米表面损伤自修复技术。纳米表面损伤自修复技术是指在不停机、不解体的情况下，利用纳米润滑材料的独特作用，通过机械摩擦、摩擦 - 化学和摩擦 - 电化学作用等，在磨损表面原位生成一层自修复层，它是具备损伤表面自修复效果的一种新技术。用于纳米表面损伤自修复技术的纳米材料包括单质纳米粉体、纳米硫属化合物、纳米硼酸盐、纳米氢氧化物、纳米氧化物、纳米稀土化合物以及高分子纳米材料等。目前，纳米表面损伤自修复技术已成功用于各型内燃机、汽轮机、减速齿轮箱等设备动力装置的再制造。

2．能束能场再制造成形技术

能束能场再制造成形技术是利用激光束、电子束、离子（等离子）束以及电弧等能量束和电场、磁场、超声波、火焰、电化学能等能量实现机械零部件的再制造过程。

（1）高速电弧喷涂技术。高速电弧喷涂技术是以电弧为热源，将高压气体加速后来雾化和加速熔融金属，并将雾化粒子高速喷射到损伤失效的零部件表面形成致密涂层的一种工艺。其分别在汽车发动机再制造、装备钢结构件防腐、火电厂锅炉管道受热面防护领域发挥着重要的作用。

（2）激光再制造技术。激光再制造技术是利用激光束对零部件表面进行处理的各种激光技术的统称。激光再制造技术主要可分为两大类：激光表面改性技术（激光淬火、激光表面合金化、激光表面冲击强化等）和激光加工成形技术（激光快速成形、激光焊接、激光表面清洗等）。其中，激光快速成形再制造技术目前在工业中应用最为广泛。激光再制造技术已大量应用在航空、汽车、石油、化工、冶金、电力、矿山机械等领域，可用于轴类件、齿轮件、套筒类零件、轨道面、阀类零件、孔类零件等的修复。激光再制造技术还用于复杂结构部件损伤修复，比如叶轮叶片的损伤等，如图 9-4 所示。

图9-4　受损叶轮片

3．智能化再制造成形技术

智能化再制造成形技术是指对缺损零件开展自学习式的反求建模、三维体积损伤机械零件自动化修复等再制造成形技术。当前在损伤部位再制造路径生成理论和方法以及自动化再制造成形设备系统等方面，均取得了重要进展。

4．再制造加工技术

再制造加工技术是指以损伤零部件及其再制造成形层为对象，以切削减材加工、特种加工等技术为手段，满足再制造零部件的尺寸精度及服役需求的技术统称。对再制造零部件，无论是表面损伤还是体积损伤，经过各种技术修复成形后，都需要再制造加工方可满足尺寸精度及表面功能的要求。铣削、车削及磨削等加工技术均可用于再制造加工，针对难加工材料的滚压、超声辅助切削、低应力电解加工、高效砂带磨削等先进加工方法，将是未来再制造加工重点研发技术。

（1）铣削、车削为主的再制造加工技术。铣削、车削及磨削等传统机械加工技术具有稳定、成熟的工艺积累，因此成为再制造加工必不可少的技术，可以实现大部分再制造零部件的机械加工。

（2）切削 - 滚压复合再制造加工技术。切削 - 滚压复合再制造加工技术是指对切削的再制造成形层表面进行滚压加工，通过表面的微塑性变形改善成形层应力状态，提高服役寿命，该技术主要应用于传统切削时表面质量、应力状态无法满足使用需求的情况。

（3）增减材一体化再制造加工技术。增减材一体化再制造加工技术是指在同一装夹工位完成损伤零部件的增材成形及减材加工的技术，具有效率高、定位准、精度高的特点，正逐渐成为再制造领域研究的热点。DMG 等国内外机床生产商已推出增减材一体化加工设备，如 DMG MORI 将激光增材技术与五轴加工中心相结合，如图 9-5 所示。

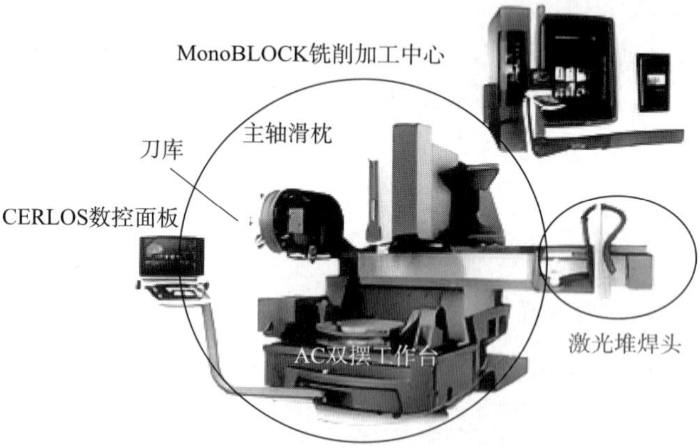

图9-5 DMG MORI LASERTEC 65的3D配置

（4）砂带磨削再制造加工技术。砂带磨削再制造加工具有加工效率高、适应性强、应用范围广、使用成本低和操作安全方便等特点，同时兼有磨削和抛光的双重作用。该技术在复杂曲面加工中具有磨削精度高、表面加工质量高和一致性好的优势，同时可在工件表面形成残余压应力来提高疲劳强度。实验证明，叶片经过高精度的砂带磨削加工之后，航空发动机的气流动力性能可以提高 1% ～ 2%。国内企业针对航空发动机叶片的再制造生产需要，已研发出了七轴六联动数控砂带磨床（见图 9-6），并成功应用。

图9-6 七轴六联动数控砂带磨床

（5）低应力电解再制造加工技术。低应力电解再制造加工技术是指以离子溶解的方式对材料进行去除，加工过程不会对加工表面引入残余应力、硬化层、灼伤等，而且不受材料硬度、强度的影响，广泛应用于微细加工及难切削材料的加工。因此，低应力电解加工对提高再制造修复层的加工质量及加工效率具有重要意义。国内开展了低应力电解加工技术在激光熔覆层中的应用，并开发出了用于再制造成形层的柔性电解加工设备。

5．再制造成形材料技术

再制造成形材料是影响再制造成形质量和性能的最主要因素之一，直接决定了再制造成形层的服役性能。因此，再制造成形材料的研发及制备技术一直是再制造领域的重中之重。再制造成形材料按照状态分为液态、粉状、粉末状、膏状、丝状、棒状和薄板状；按成分构成可分为金属粉末、陶瓷粉末和复合粉末；按照界面结合状态分为冶金结合材料体系、机械－冶金结合材料体系、镀覆成形材料体系和气相沉积成形材料等。

（1）冶金结合材料。冶金结合材料主要用于手工电弧堆焊、埋弧自动堆焊、二氧化碳气体保护堆焊、等离子堆焊、激光熔覆、激光快速成形、感应熔覆等再制造技术。

堆焊是在金属零件表面熔敷耐磨、耐腐蚀或其他特殊性能的金属层的焊接方法。常用的堆焊材料有各种钢、合金铸铁、镍基合金、钴基合金和铜合金，以及碳化钨与适当基体金属组成的复合材料等。

激光熔覆粉末材料主要分为金属粉末、陶瓷粉末和复合粉末等。在金属粉末中，自熔性合金粉末的研究与应用最多。陶瓷粉末主要包括硅化物陶瓷粉末和氧化物陶瓷粉末，其中又以氧化物陶瓷粉末（Al_2O_3 和 ZrO_2）为主。复合粉末主要是指碳化物、氮化物、硼化物、氧化物及硅化物等各种高熔点硬质陶瓷材料与金属混合或复合而形成的粉末体系。

（2）机械－冶金结合材料。机械－冶金结合材料体系主要包括低真空熔结、喷熔涂覆等各种熔结技术和火焰喷涂、电弧喷涂、等离子喷涂、特种喷涂等多种热喷涂再制造技术（见图9-7）。

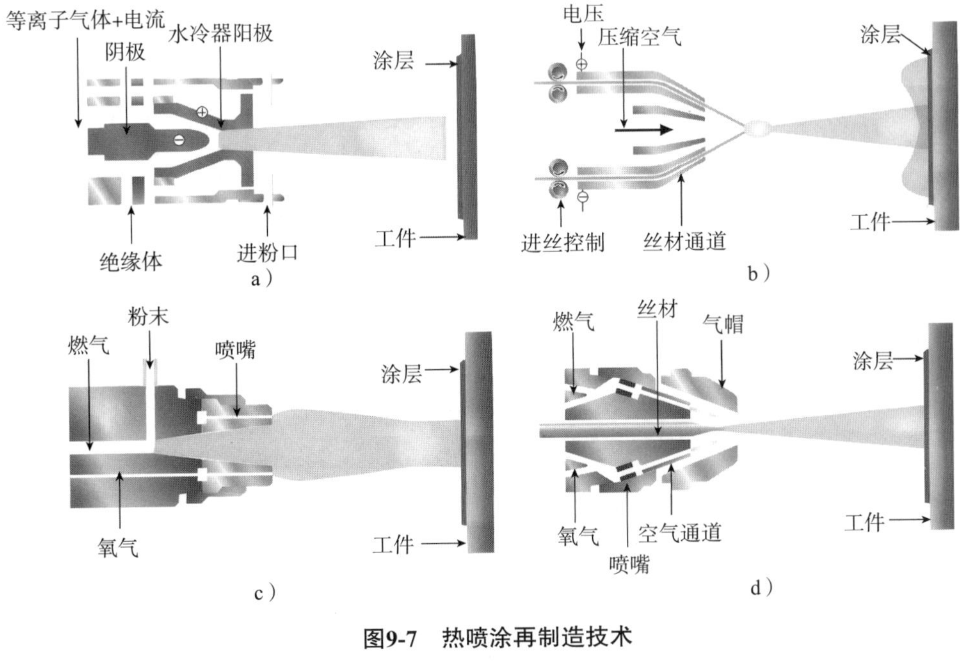

图9-7　热喷涂再制造技术

a）等离子喷涂　b）电弧喷涂　c）火焰喷涂　d）丝材火焰喷涂

喷熔涂覆常用的材料是自熔性合金粉末，主要有镍基、钴基、铁基等合金。在镍基、钴基、铁基的金属中加入硼、硅、铬，能形成低熔点、共晶合金的元素及抗氧化元素的自熔合金。

（3）镀覆成形材料。镀覆成形材料体系主要包括用于电镀、电刷镀、特种电镀、化学镀、阳极氧化、化学转化膜处理等的再制造技术，电镀成形材料主要可分为常用镀种和合金电镀。汽车内部的紧固件、发动机周边的支撑、结构件和油管大多使用锌镍合金或锌铁合金，通过钝化处理，可得到黑色或彩色的外观，其耐蚀性、耐温性均很优良。

（4）气相沉积成形材料。气相沉积成形材料体系主要包括物理气相沉积、化学气相沉积等再制造。物理气相沉积一般分为真空蒸发镀膜、真空溅射镀膜、离子镀膜和分子束外延等，常见的设备如图 9-8 所示。薄膜材料也越来越丰富：早期的材料为 TiC 和 TN 类型，如 AlN、TiN、CrN、（TiAl）N 膜等，后来逐渐转向立方氮化硼和金刚石、类金刚石膜。同时，还出现了一些功能薄膜，例如具有光催化作用的 TiO_2 膜、具有良好的可见光透过率和红外光反射率的 ZnS/MgF_2 薄膜及 TiO_2/SiO_2 薄膜等。

图9-8　物理气相沉积设备

化学气相沉积是利用气态或蒸汽态的物质在气相或气固界面上反应生成固态沉积物的技术，常见的设备如图 9-9 所示。该技术是以挥发性的金属卤化物、氢化物或有机金属化合物等物质的蒸气为原料，可以是单一化合物的热分解，也可以是两种或两种以上物质之间的气相反应。

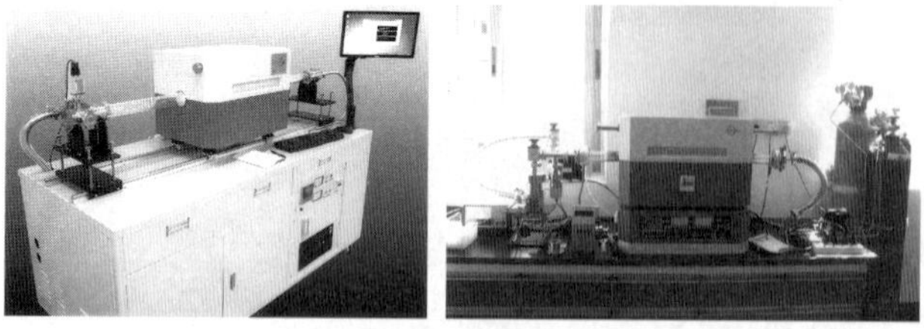

图9-9　化学气相沉积设备

6．现场应急再制造成形技术

现场应急是再制造技术一大应用领域，该技术是针对出现损伤的在役设备进行技术性修复，通常工业领域中使用的大型设备在出现损伤时需进行现场再制造技术处理，例如船舶、石油化工、矿业以及航空航天、风力发电等领域的大型装备。现场应急再制造通常具有紧迫性和突发性，是再制造领域必须重视和发展的领域。现场应急再制造成形技术的主要目标是以最集约和高效的方式实现现场再制造成形修复。图 9-10 为使用现场应急再制造成形技术时需要考虑的各个环节。

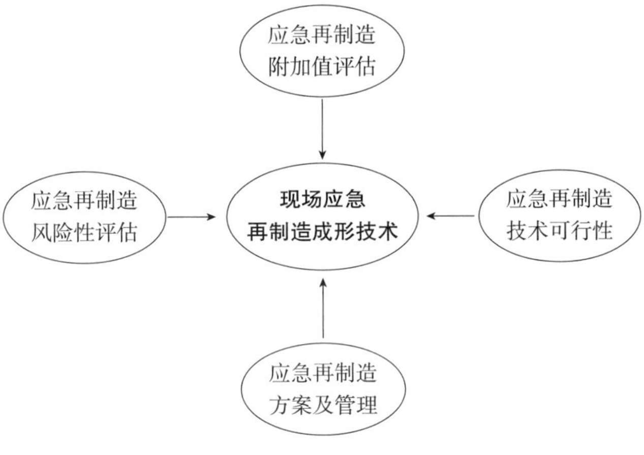

图9-10　现场应急再制造技术系统

三、再制造未来重点发展技术

在功能个性化、产品定制化发展的背景下，新兴电子产品、航空航天产品、大型医疗产品等为代表的再制造具有多品种、小批量定制的特点，迫使再制造领域提供更多的技术方法来提高再制造效益并适应未来市场需求。

再制造技术发展应重点满足以下几方面要求：一是开发高效的表面工程技术，提高废旧产品再制造率；二是开发自动化、智能化再制造技术，适应再制造的批量化、定制化要求；三是发展柔性化再制造技术，提高再制造产品多型号、多样化要求；四是发展绿色化再制造技术，减少再制造生产的污染物排放；五是发展多生命循环再制造技术，显著降低产品成本和碳排放。

再制造技术重点研究：多生命周期低碳再制造评估、设计、检测与评价等创新技术；结合物联网、大数据等信息技术，研究再制造产品全生命周期数据溯源与管理，再制造产品质量监控、故障诊断与自我防护技术；针对未来发展新业态，探索再制造供应链、价值链、数据库、标准、商业模式、策略等创新模式。

（一）未来再制造清洗技术的发展

未来再制造清洗技术，如离子液体清洗技术、微乳液清洗技术、微生物清洗技术等，向着绿色、环保、无污染的方向发展。未来再制造清洗技术需进一步开发新型清洗材料与装备，优化清洗工艺，提高清洗效率，降低清洗成本。

1. 离子液体清洗技术

该技术是指将室温条件下保持离子状态的离子液体作为清洗介质的清洗技术，主要用于航空装备、生物医学、半导体等领域零件的清洗。不锈钢、钛合金、铝合金、镍钴合金等多数金属及其合金都可以使用离子液进行电化学抛光清洗。图 9-11 为离子液体抛光清洗前后获得的钛合金零件表面形貌。离子液体的低成本和无毒化是实现其未来大规模应用的重要前提。

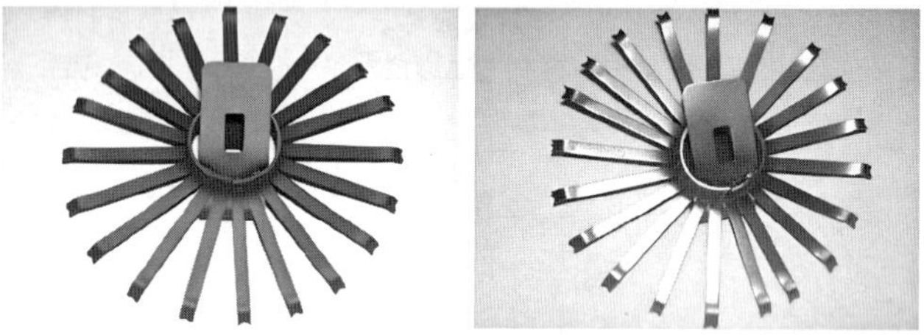

a) b)

图9-11 钛合金零件表面使用离子液体抛光清洗前后对比

a）清洗前 b）清洗后

2. 微乳液清洗技术

由水、油、表面活性剂构成的微乳液是高效的清洗材料。图 9-12 显示的是钻井设备在使用微乳液清洗前后表面重度油污的去除效果。微乳液具有自然形成、吸收 / 溶解水和油量大、可以改变油污表面润湿性、清洗过程需要机械能小等突出优点，在石油、天然气和化工领域工业装备的表面清洗方面有巨大潜力。

a) b)

图9-12 钻井设备表面使用微乳液清洗前后对比

a）清洗前 b）清洗后

3．微生物清洗技术

微生物清洗技术也称为生物酶清洗技术，是指利用微生物活动将烃类污染物还原为水和二氧化碳。清洗过程中，微生物不断释放脂肪酶、蛋白酶、淀粉酶等多种生物酶，打断油脂类污染物的烃类分子链，将烃类分子分解，并释放碳源作为微生物的营养物质，从而刺激微生物进一步消化吸收油脂，最终污染物被溶液带走并经过过滤装置将大尺寸固体污染物过滤。由于微生物的繁殖速度快，微生物清洗过程可以实现清洗液的循环使用。微生物清洗过程无毒，产生的废水无须特别处理。图 9-13 为微生物清洗过程。

图9-13 使用微生物清洗液手工清洗金属零件

微生物清洗适用的污染物类型包括原油、切割液、机油、润滑油、液压传动液、有机溶剂、润滑脂等，适用的清洗表面材质包括碳钢、不锈钢、镀锌钢、铜、铝、钛、镍、塑料、陶瓷、玻璃等。

4．双流体喷雾清洗技术

图 9-14a 为双流体喷雾清洗过程。其原理是分别通入气体和液体，并在喷嘴内部进行混合、雾化、加速，再将形成的雾化液体喷射到待清洗的表面，去除半导体材料表面附着的微量纳米级颗粒污染物，同时避免对待清洗表面的损伤。双流体喷雾清洗技术适用于半导体行业，对电子产品再制造清洗具有潜在应用前景。

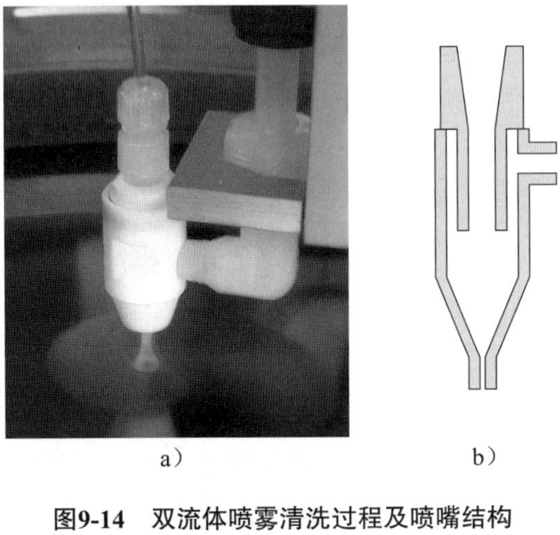

a）　　　　b）

图9-14 双流体喷雾清洗过程及喷嘴结构

a）实物图 b）结构示意图

5．冰射流清洗技术

冰射流清洗是指以冰颗粒为磨料的喷射清洗，可有效去除塑料、金属和半导体材料表面的各类污染物，如图 9-15 所示。

图9-15　使用冰射流清洗技术清洗不同材质表面的效果对比

6．快速高效、绿色环保清洗技术

快速高效、绿色环保清洗技术主要是指以提高清洗效率，降低清洗成本，减少对人员、环境和待清洗零件表面的负面影响，实现再制造清洗过程的绿色、高效和自动化为目的的技术。例如绿色清洗材料与物理清洗和化学清洗相融合的复合清洗技术，可以实现再制造零部件的高效绿色清洗。

（二）未来再制造损伤评价与寿命评估技术的发展

损伤评价与寿命评价技术将向智能化、专业化、绿色化方向发展。损伤评价技术将迎来物质流、能量流和数据流融合的智能化时代，检测结果将更加简单、准确和精确；基于个性化的再制造产品需求，通用的仪器将难以满足再制造不同检测对象的专业化要求；无污染、低功耗的损伤评价设备势在必行。

微小损伤及隐性损伤将是再制造毛坯损伤评价与寿命评估的方向。未来市场需要无损可靠的，同时结合强度、应力状态、裂纹萌生位置及扩展方式的评价设备。针对冶金结合的再制造涂覆层，未来也需无损的涂覆层残余应力测试设备。

在线实时健康监测产品是未来评估技术的重点。这需要研制新型传感器，使这些器件更加小型化、智能化和多功能化。同时，需集成新材料、新工艺，传感元件具有更高灵敏度、更强抗干扰能力。这类传感器系统将是未来健康监测需求的主导产品。

（三）未来再制造成形与加工技术的发展

未来再制造成形与加工技术的发展可归纳为三个主要方面：一是由纯机械零部件的再制造向机械 / 电子复合、机械 / 功能复合方向发展；二是由宏观向微纳观发展；三是由零部件再制造成形与加工技术向装备系统再制造技术方向发展。

由单一向复合方向发展。随着再制造技术应用领域的不断拓宽，再制造产品对象将由机械零部件逐步演变为以机械为载体的机电一体化系统及其具备电、磁、声、光等特殊功能的器件。未来将再制造成形技术与光电技术相结合，实现电、磁、声、光等特殊功能的器件的再制造，从而为实现光电器件的绿色再制造提供技术保障。

由宏观向微纳观方向发展。设备的小型化、集成化、智能化是当前的产品发展主题，随着微机电产品和集成电器的不断问世，微纳再制造成形技术的需求日渐凸显。利用微纳再制造成形技术对微纳系统或微纳结构部件进行再制造成形处理，可以实现微传感器、微陀螺仪、微光学镜片的再制造，降低微纳器件成本。

由零部件向装备系统再制造方向发展。随着装备机电一体化零部件再制造技术的发展，整机装备系统升级再制造将日益迫切。结合对机械零部件和功能器件的升级改造，开展装备整机系统的升级改造、再制造，将实现装备升级，创造更大的经济效益和社会效益。

参考文献

[1] 徐滨士. 装备再制造工程的理论与技术[M]. 北京：国防工业出版社，2013.

[2] BRAS B, MCINTOSH M W. Product, process, and organizational design for remanufacture: an overview of research[J]. Robotics and Computer Integrated Manufacturing, 1999(15):167-178.

[3] 全国绿色制造技术标准化委员会. 再制造 机械产品拆解技术规范：GB/T 32810—2016[S]. 北京：中国标准出版社，2016.

[4] 全国绿色制造技术标准化委员会. 再制造 机械产品清洗技术规范：GB/T 32809—2016[S]. 北京：中国标准出版社，2016.

[5] KANE D. Laser cleaning II [M]. Sydney: World Scientific Publishing Co. Pte. Ltd, 2006.

[6] 张曙. 增材与切削混合五轴加工机床技术[J]. 金属加工（冷加工），2016，5：2-4.

[7] PRATT H D, ROSE A J, STAIGER C L, et al. Synthesis and characterization of ionic liquids containing copper, manganese, or zinc coordination cations[J]. Dalton Transactions, 2011, 40 (43): 11396.

[8] STARKEY P. IONMET–new ionic liquid solvent technology to transform metal finishing[J]. Soldering & Surface Mount Technology, 2017, 19(3).

[9] MITTAL K. Surface contamination and cleaning, volume 1 [M]. Zeist:VSP BV, 2003.

[10] KOHLI R. Applications of ionic liquids in removal of surface contaminants[M]. Amsterdam: Elsevier, 2019.

| 第三篇 |

企业篇

第 10 章　源泰伟业汽车零部件有限公司

赵金社[1]

一、企业基本情况

（一）基本信息

源泰伟业汽车零部件有限公司成立于 2013 年，位于湖北省襄阳市日产工业园天籁大道 32 号，注册资金 5 000 万元，占地面积 60 亩[2]（见图 10-1）。公司以“保护环境、节约资源、循环利用、绿色制造”为使命，以“打造国内一流的再制造集团”为愿景。公司着力于汽车零部件再制造项目的研发，依托湖北襄阳汽车产业庞大的产业集群和配套基地，经过多年经验积累创立了“中源泰”柴油发动机再制造自主品牌，目前已为东风康明斯、东风雷诺、广西柳工等多个大型汽车公司整车厂提供再制造产品。

图10-1　公司远景

（二）再制造总体介绍

公司的主要再制造产品包括康明斯系列、MTU 系列、卡特彼勒系列、三菱系列、广西康明斯系列、再制造柴油发动机系列、柴油发电机组系列和柴油水泵机组系列。

---

[1] 赵金社，源泰伟业汽车零部件有限公司总经理。

[2] 1 亩≈666.67m²。

公司拥有一支勇于创新、顽强拼搏、团结奋进、充满活力的百人优秀团队，目前拥有技术研发类人员 15 人，专业管理类人员 10 人，各专业类生产人员近百人。

公司严格依托国家法律法规允许的进货渠道，从有资质的报废旧机企业和国家公示的相关平台进行旧机规范回收。再制造产业链有完善的旧机制造体系，通过拆解、清洗、检测、检验、修复、装配、测试等环节生产再制造件或再制造整机。

湖北省襄阳市是国内重要的汽车生产加工产业集群大基地，公司利用襄阳汽车产业完善的配套设施和加工基础，通过和国内大型的汽车零部件拆解企业合作，建立起集汽车零部件的拆解、利用、高端加工制造为一体，贯穿全产业链的经营模式，引进国内的各类技术、管理、营销专家级人才来提升企业的全面经营管理能力。经过多年的摸索和实践，利用不断扩大的市场网络，通过互联网 +、开发用户需求 app、逐步建立用户需求大数据系统，实现对用户的需求精准化服务。“中源泰”再制造产品包括发动机及其相关配套产品、发电机组、水泵机组等（见图 10-2）。公司具有每年 4 000 台的再制造整机生产能力和 15 万件的汽车零部件再制造生产加工能力。公司 2020 年、2022 年、2023 年分别实现营收 4 000 余万元、6 000 余万元和 8 000 余万元。

RY4.1再制造发动机　RY6.1再制造发动机　RY8.1再制造发动机A

RY8.1再制造发动机B　RY9.1再制造发动机A　RY9.1再制造发动机B

RY9.7再制造发动机A　RY9.7再制造发动机B　RY13.1再制造发动机

图10-2　公司再制造发动机产品展示

（三）企业荣誉资质

公司视质量为企业生命，于 2017 年通过 IATF16949 的质量认证，受邀参与起草和讨论《可再制造汽车零部件旧件回收分级分类标准》，并于 2021 年 5 月通过了中国汽车工业协会再制造管理体系认证（证书见图 10-3）。公司是中国物资再生协会再制造分会理事、中国内燃机工业协会再制造联盟理事、美国汽车零部件会员单位，荣获全国企业征信系统信用评价 3A 级企业。2020 年，公司被认定为湖北省高新技术企业，在汽车零部件再制造设备和技术研发上获得 11 项国家实用新型专利，通过了多项认证，是国内民营汽车零部件再制造领域的龙头企业（公司再制造车间见图 10-4）。

图10-3　公司荣誉资质

图10-4　公司再制造车间

二、企业创新发展做法

（一）提升技术装备水平

成立十多年以来，公司始终按照国家发展改革委、工业和信息化部对于循环经济试点工作和汽车零部件再制造工作的要求，着力突破制约发动机再制造产能扩大、质量提高的技术和设备瓶颈，完善和提高废旧发动机再制造加工体系（见图 10-5）。公司引进国内外大型装备，旧件无损检测与寿命评估、高效环保拆解清洗、纳米颗粒复合电刷镀、高速电弧喷涂、等离子熔覆等关键技术得到大幅提升；充分挖掘废旧发动机中蕴含的资源、材料和劳动价值等附加值，创造出明显的经济效益、资源效益和环境效益。

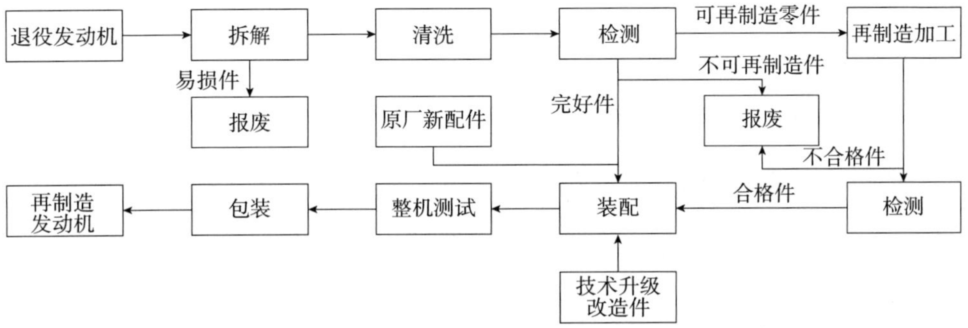

图10-5　发动机再制造工艺流程

（二）加强企业内部管理

公司在企业内部管理上注重对环保和安全生产的投入和建设，通过技术改造和创新，引进了干冰清洗技术和设备，实现了无污染化清洗和加工，公司加大对员工安全生产意识的培训力度、定期开展安全生产技能比武、改进设备的安全防护措施。

（三）拓展国内外销售渠道

在国内销售渠道及销售模式上，公司采用经销商渠道和服务商渠道，建立销售网点，目前已在江苏南通、福建福州、贵州贵阳、山东济南、广东广州等地建立多家合作子公司并展开二级网点销售，并与十堰汽配城、广州汽配城、中南汽配城建立了长期的客户关系。在外贸渠道上，通过国外参展（法兰克福国际汽配展、拉斯维加斯国际汽配展、德国汉诺威国际商用车汽配展等）、阿里巴巴国际站网络平台销售渠道、海外汽配专业市场（马来西亚巴生港汽配城、迪拜汽配城、新加坡国际汽配城）等销售渠道，目前公司已和印度尼西亚、马来西亚、德国、马尔代夫、巴西建立了长期的销售往来。

三、主要经验总结

公司通过产学研结合和探索创新，将自主研发的先进表面工程、无损检测和剩余寿命评估等先进的再制造关键技术应用于再制造生产，大大提升了再制造产品的品质，产品整体性能不低于原型新品的要求。汽车零部件再制造是指批量化使用旧汽车零部件，进行专业改造修复，使其拥有甚至超过新品的规格和品质。

（一）拥有完善的再制造生产工艺流程

再制造柴油发动机具有一套标准化的工艺流程，具体包括旧发动机整机回收（汽车拆解公司、保险公司)、验收与入库、发动机整机拆解、零部件分类与外观检测、发动机拆解和零件清洗、零部件修复和性能检测、零件检验、合格品入库、总装、成品检验与入库、包装出库与成品销售（再制造展示见图 10-6）。

图10-6 再制造展示

此外，对于不合格零部件，则有两套流程模式：一是维修、二次功能与性能检测、合格、清洗、入库、总装模式，二是维修、二次功能与性能检测、不合格、报废处理模式。

（二）严格执行相关标准把好产品质量关口

公司始终把保证再制造产品质量作为第一要务，严格执行相关产品质量标准，包括但不限于《非道路移动机械用柴油机排气污染物排放限值及测量方法（中国第三、四阶段）》（GB 20891—2014）、《机械产品再制造 通用技术要求》（GB/T 28618—2012）、《再制造 机械产品拆解技术规范》（GB/T 32810—2016）和《再制造 机械产品检验技术导则》（GB/T 35978—2018）等。在质量管理体系建设方面，公司同时通过了质量管理体系认证和汽车零部件再制造管理体系认证，强化了企业品质管理水平。

四、本领域行业产业展望

（一）提出"一三一"发展战略

公司专注于再制造领域的深耕细作，将再制造产业做强做大。经过近几年的发展，公司深扎再制造行业内部，决策层提出了"一个产业、三个板块、一个生态圈"的发展战略。一个产业，是指扎根于再制造产业，把再制造做精、做实、做透。三个板块，是指可再生资源回收板块、柴油机发动机再制造板块、机组类（发电机组 / 水泵机组）装备板块。一个生态圈，是指三个板块相互联动、相辅相成，完成“资源回收—市场使用—再回收—再制造”的闭环，完成从产业链到产业生态圈的转变。

（二）制定“三步走”的发展步骤

再制造行业是具有产业生态圈建设特征的行业，公司立足在行业的战略制高点来制定未来发展战略，整体发展方向定为“立足于当前、着眼于将来”，公司在制定发展大计的同时，也为实现公司战略目标制定了“三步走”的发展步骤。

第一步，三年内完成打造再制造中心的目标，即：完善可再生资源回收板块、柴油机发动机零部件再制造板块、机组类（发电机组 / 水泵机组）装备板块，实现平台化经营，牵住两头（前端回收、后端市场），整合资本，结合互联网建立大数据综合性、良性发展平台。

第二步，预计未来五年内积累产业经验，打造核心竞争力，如：打造国家级的再制造技术与检测中心，整合国内外高端技术，提升自身研发能力，从再制造技术和装备的研发到新材料技术的利用，不断创新，做精做深。与国外企业竞争，将企业做大。

第三步，对接资本市场，实现产业链优化，具体表现为：制造运营平台化，客户服务个性化，市场定位精准化，高效管理创客化，综合良性发展产业链。

五、政策诉求和建议

（一）建议加强对再制造领域的法律法规监管力度

发动机及零部件应用领域非常广泛，规范企业进入汽车拆解行业并建立成熟和标准的拆解技术体系并不难，但需要国家通过法律法规监管后端市场需求大数据库，建立市场平台，才能真正对行业走向起到至关重要的作用，或者起到引领作用。国家法规对再制造件的权威质量认证、管控，对再制造件利用的宣传以及再制造件价格的巨大优势会让零配件市场的认知变得更为理性。

（二）建议加大对再制造进口业务板块的支持力度

公司响应原国家质检总局《关于推进维修 / 再制造用途入境机电料件质量安全管理的指导意见》等政策，落实进口发动机等高技术含量、高附加值、低环境污染的行业拓展维修 / 再制造业务。公司再制造进口业务完善后，能满足国内对进口发动机的需求，同时将激活依托进口发动机延伸市场的配套需求，形成良性发展产业链。受国外资源及政策影响，国内进口大马力发动机资源少、价格昂贵，外在综合因素制约了企业的良性发展。因此，行业的发展需要当地政府与相关部门的大力支持，对再制造大市场优化培育进行强有力的保障，需要企业发挥自身优势，共同探索，建立再制造全产业链的良性发展平台。

（三）建议强化对再制造市场的规范力度

再制造行业在摸索中需逐渐建立并完善规范、通用的再生利用市场体系，再生利用市场并非单一的从拆解者到使用者的概念，而是需要建立完善的对从拆解者到质量保证者再到使用者最后到对整个市场链条的全面监管和保障系统。因此，需要再制造领域相关政府部门加大对再制造大市场的优化规范力度，在各环节给予强有力的保障和市场导向引导。企业则应发挥自身行业优势，不断自我完善，形成标准化的再制造运作流程体系，共建规范的再制造生态产业链。

第 11 章　广西大舜汽车零部件再制造有限公司

杨顺道[㊀]

一、企业基本情况

（一）基础情况

广西大舜汽车零部件再制造有限公司（简称大舜再制造）成立于 2019 年，总部和运营中心位于广州。公司在广州和广西梧州建有大型再制造工厂，主要从事高端品牌汽车前照灯、车身钣金件、保险杠、倒车镜等汽车零部件再制造，在广东、河北、四川、浙江、广西等设置有大型中心仓库，在全国大部分地区实现供货时效在 48 小时内。大舜再制造与关联企业广州舜民再生资源回收有限公司互为伙伴关系，实现了“回收—再制造”一体化发展。

（二）再制造能力

大舜再制造拥有庞大且技术成熟的再制造生产团队，自主研发了从旧件到再制造件的生产过程、销售等环节的完整追溯溯源管理系统，真正做到质量可控。目前，公司

㊀ 杨顺道，广西大舜汽车零部件再制造有限公司总经理，与研发团队成功完成了 12 项研发项目立项，成功实现了 11 项产品成果转化，产品已达到批量生产阶段，并产生经济效益；2022 年，参与了高新技术企业的申报工作，主要负责项目执行过程中的机电部分的管理工作以及图纸设计，配合项目负责人共同推进项目。2022 年 10 月，在由中国旧货业协会举办的绿色共享与循环利用活动中，杨顺道的双碳目标下的汽车零部件再制造技术和标准应用项目，荣获绿色共享与循环利用贡献奖二等奖。

（见图 11-1）产品型号达 9 000 余种，覆盖了奔驰、宝马、奥迪、凯迪拉克、捷豹、雷克萨斯、保时捷、沃尔沃、路虎等国内外知名品牌，公司已经成为国内外观覆盖件再制造最全面的厂商之一，和法雷奥、红旗等品牌的汽车外观覆盖件厂商开展了零部件再制造合作。

图11-1　企业环境

（三）对外合作

大舜再制造与平安产险、太平洋产险等多家保险公司进行深度合作，是国内头部保险公司的再制造汽车零部件直供商。2021 年，公司就通过了平安保险与恩凯福安的保险渠道再制造产品质量审核，成为平安产险总部试点阶段南区严选的供应商，是平安产险的再制造汽车零部件直供试点单位，供需匹配率达到 90% 以上。2023 年，公司在平安全国 41 个分公司对再制造件直供商的公开招标当中，中标 32 个分公司，提供再制造件供应服务。目前公司已经跟太平洋产险多个分公司合作，供应再制造件。继和平安产险、太平洋产险合作后，公司陆续跟国寿、阳光、紫金、中华联合、太平、北部湾等产险公司签约合作。

（四）相关荣誉资质

大舜再制造自成立以来，坚持以产品质量为导向，获得了上级主管部门和市场的广泛认可。公司现已被列入工业和信息化部公布的《再制造产品目录（第九批）》，公司自主研发的再制造设备入选《国家工业资源综合利用先进适用工艺技术设备目录》，并通过了再制造管理体系认证（见图 11-2），八大类产品取得国检集团检测报告。同时，公司牵头参与了汽车零部件再制造产品多项行业标准编制，拥有发明专利和实用新型专利多项。

中华人民共和国工业和信息化部

中华人民共和国工业和信息化部公告2022年第19号

为加强再制造行业管理，规范再制造产品生产，根据《再制造产品认定管理暂行办法》(工信部节〔2010〕303号)及《再制造产品认定实施指南》(工信厅节〔2010〕129号)，经现场审核、专家评审、公示等程序，33家企业5大类2325个型号(系列)产品入选《再制造产品目录(第九批)》，现予以公告。

附件:再制造产品目录(第九批).wps

四、汽车产品及其零部件		
制造商	产品名称	产品型号
广西大舜汽车零部件再制造有限公司	汽车车身覆盖件	汽车左前门壳:DS-CMLF,汽车右前门壳:DS-CMRF 汽车左后门壳:DS-CMLR,汽车右后门壳:DS-CMRR 汽车引擎盖壳体:DS-YQGF,汽车后备箱门壳:DS-HBXR 汽车左前翼子板壳体:DS-YZBL,汽车右前翼子板壳体:DS-YZBR 汽车前保险杠蒙皮:DS-BXGF,汽车后保险杠蒙皮:DS-BXGR
	汽车大灯	汽车左前大灯:DS-QDDL、汽车右前大灯:DS-QDDR

工业和信息化部
2022年9月13日

上海赛威认证有限公司

质量管理体系认证证书

兹证明

广西大舜汽车零部件再制造有限公司

质量管理体系符合标准:

GB/T19001-2016/ISO9001:2015

管理体系认证范围:

汽车车身覆盖件（保险杠蒙皮、车门壳、发动机（引擎）盖壳、后备箱盖壳、翼子板壳）、前照灯的再制造和销售

（签发人）

图11-2　《再制造产品目录（第九批）》和再制造管理体系认证证书

二、企业创新发展做法

（一）重视工艺研发

大舜再制造一向重视技术工艺的研发，持续投入了大量资金和精力。公司参与编制了汽车零部件再制造产品技术相关规范，包括“LED 前照灯”“车身铝钣金”和“保险杠”等产品（见图 11-3）的行业标准、团体标准，申请了发明专利 4 项和实用新型专利 48 项，并与梧州职业学院机械与电气工程学院达成合作以推进产教研项目。

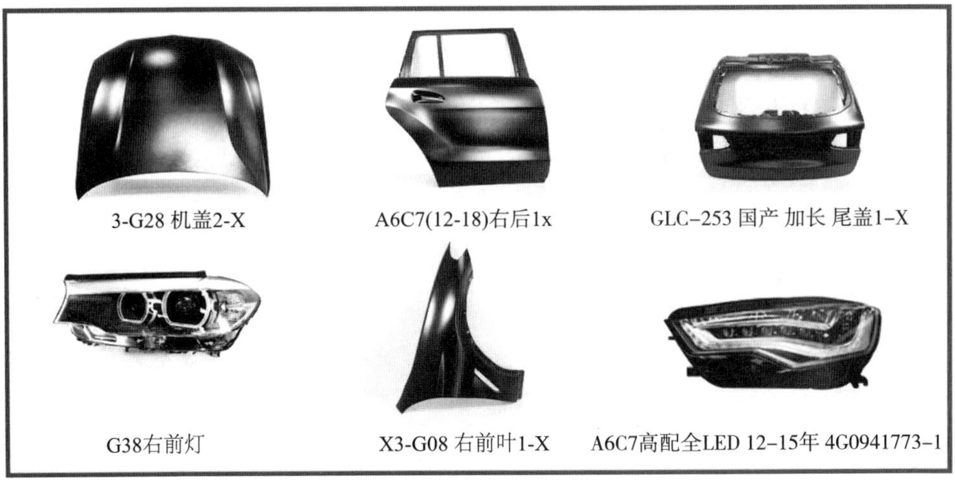

图11-3　公司部分产品

（二）执行与新品一致的技术标准

大舜再制造有科学先进的加工工艺和质量技术标准。在生产加工的过程中，公司采用 3D 扫描技术和大数据库模型等技术手段对再制造产品进行数据修复和产品数据检测以确保产品质量；大舜再制造的产品严格执行与新品一致的技术标准、生产质量标准、出厂检验标准以及售后服务标准。

（三）产品质量全程追踪

大舜再制造所有产品由工厂团队自产，采用产品全生命周期溯源追踪管理技术，对单件产品赋予唯一的二维码，实现“一物一码”，然后可对产品的生产、仓储、分销、物流运输、销售终端等各个环节追踪并采集数据，从而实现对产品全生命周期的管理，公司产品质保 2 年。

三、主要经验总结

（一）广泛开展合作

大舜再制造是平安产险总部试点阶段南区严选的供应商，公司与太平洋产险大部分分公司合作供应再制造零配件，同时跟全国其他保险公司陆续签约合作，为再制造产品保驾护航。

（二）创新合作模式

大舜再制造在积极响应国家低碳号召、发展循环经济的同时，实现了“保险 + 再制造”新模式，保险公司在理赔当中使用再制造件，达成了降损减赔的目的，为双碳助力。

（三）重视技术研发

大舜再制造以提供使再制造件恢复原厂质量与性能的低碳修复技术为经营使命，通过坚持不懈的技术突破，以严谨细致负责任的心态，为汽车零部件再制造大批量规模化生产提供技术方案。经过 3 年多的技术研究以及市场培育，目前公司已经在外观件再制造领域获得很高的市场认可度。

四、企业未来展望

（一）保险业的作用日益突出

发展成为国内各保险公司售后理赔战略合作伙伴，将再制造汽车零部件应用到售后理赔中，降赔减损，创造“保险＋再制造”新模式。

（二）持续加大与主机厂的合作力度

发展成为国内汽车外观件再制造头部企业，成为主机厂再制造供应商、合作商，回收售后质保更换的旧件，通过将再制造产品应用到售后维修当中，助力主机厂履行生产者责任延伸制度，同时降低售后成本。

（三）提升工艺技术水平

发展汽车零部件外观件再制造新创新工艺，实现自动化、规模化生产，降低再制造制造成本，增强市场竞争力。

（四）规范回收渠道

通过回收和再制造一体化发展，解决再制造企业旧件来源难、不稳定、质量差的难题，让再生资源能通过正规、合格的途径被再次利用。

五、政策诉求和建议

（一）拓展再制造件应用空间

建议出台政策指引主机厂将再制造汽车零部件应用到4S店销售和售后维修体系中，该方面政策的缺失导致目前再制造汽车零部件和原厂件是对立的，主机厂要求使用原厂件，且4S店为了利益最大化排斥使用再制造件，再制造汽车零部件市场空间小。

（二）提供多样化、差异化保险服务

建议指引、促进保险公司提供差异化保险服务，车主可以自主选择购买赔付原厂新件的保险产品，或赔付再制造配件的优惠保险产品，保险费用不同，做到保险费用公开透明。因为保险公司是汽车后市场最大的客户，该举措有利于再制造行业发展。

第 12 章　广州全速汽车科技发展有限公司

刘宇丹[⊖]

一、企业基本情况

（一）基本信息

广州全速汽车科技发展有限公司（简称广州全速）成立于 2009 年 1 月，是一家专业从事自动变速箱再制造（东风日产、比亚迪和奇瑞再制造自动变速箱核心供应商）及自动变速箱核心部件变扭器、阀体、控制电脑和双离合器再制造的企业，同时也进行再制造产线设备的研究开发、生产销售。公司内部设立技术研发中心和生产车间（见图 12-1），配置 36 台套精密先进仪器和多款试验车辆，为技术团队在变速箱再制造方面不断精进奠定了坚实的物质基础。

图12-1　生产车间

2022 年末，公司总职工人数为 130 人，大专及以上学历人员有 22 人，其中高级管理人员 5 人，占公司全体员工的 3.8%，均具备扎实的理论基础和丰富的经营、服务、营销、财务等管理经验。目前，公司主营的产品有自动变速箱机电单元（控制阀体）、双离合器、混合动力变速箱，开展了无级变速箱再制造生产工艺（拆解、清洗、装配、检测）技术研发、设备工具研究开发创新

⊖ 刘宇丹，广州全速汽车科技发展有限公司总经理。

及产品制造，具备电磁阀油压性能检测及维修、阀体检测及维修、双离合器 / 变扭器检测及维修、轴承异响测试、TCU 性能测试及烧录编程等技术。

（二）再制造能力

广州全速是汽车零部件再制造行业知名度很高的企业，产品供应国内外主流汽车生产厂家和变速箱生产厂家，共 40 多种型号；主营的再制造自动变速箱机电单元（控制阀体）年产销 15 万台，国内市场占有率排名第一。公司是东风日产 CVT 再制造服务唯一供应商，也是国内目前为数不多的双离合器专业再制造厂，能对大众和福特的 7 速干式双离合器进行专业再制造。目前，广州全速已在主营阀体、TCU、双离合器及变速箱总成再制造等领域取得丰硕成果（见图 12-2），并靠良好的产品质量及售后服务赢得国内外同行的美誉。

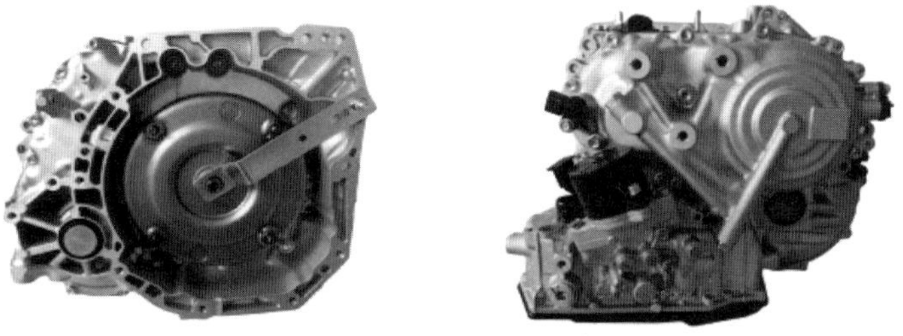

图12-2　公司部分再制造产品

广州全速由一群致力于汽车设计与制造技术、汽车检测与维修的工程师和行业精英组建，技术功底深厚，有丰富的汽车再制造从业经历和科技成果转化能力。其中，专职研发人员 16 人，占职工总数的 12.3%。目前，公司拥有自主研发的 1 项发明专利、13 项实用新型专利和 6 项软件著作权，另有进入实质审查阶段的发明专利 4 项。

（三）相关荣誉资质

广州全速于 2022 年被认定为高新技术企业，并荣获广东省“专精特新”企业称号（见图 12-3），现为广东省循环经济和资源综合利用协会常务理事单位、广东省再制造

图12-3　高新技术企业和广东省“专精特新”企业证书

产业联盟常务理事单位，还曾获得“2020年度再制造行业创新企业”的称号。公司自动变速箱一体化清洗及回转式装配输送系统工艺集成技术装备成功入选工业和信息化部等四部委发布的《国家工业资源综合利用先进适用技术装备目录（2023年版）》，是唯一有技术入选的自动变速箱再制造企业。

广州全速通过了IATF16949汽车行业质量管理体系、ISO14000环境管理体系和广东省再制造能力甲级认证（见图12-4），获得了比亚迪、东风日产、奇瑞、大众等主机厂的认可，公司以优良品质为客户提供了更好的体验。广州全速开发的自动变速箱再制造设备不仅在国内畅销，也逐步进入北美、欧洲、中东、南美等地区的35个国家，进一步扩大了企业的影响力。

图12-4　质量管理体系、环境管理体系和再制造能力甲级认证证书

二、企业创新发展做法

（一）重视再制造基础装备硬件的建设

广州全速拥有技术领先的拆解、清洗、打砂、机加工修复、装配、测试等全套生产设备。在旧件拆解方面，公司现有拆解台38台、离合器拆解数控加工中心1台和专利机电单元拆解装置3套。在清洗方面，公司现有超声波清洗机8台、人工清洗机12台和一体化自动化流水清洗线4套。在打砂方面，公司现有手动打砂机8台、自动打砂机2台和自动打砂线1套。在机加工修复能力方面，公司现有万能铰孔装置5台、电磁阀阀芯数控加工中心2台、阀体修复数控加工中心3台、数控机加工修复中心5台、台式钻床2台、普通车床3台、焊接机3台和工业机器人3套。在装配方面，公司现有自动上螺丝机6台、自动打螺丝胶机2台、离合器铆钉压装机8台、装配工作台41台和回转式装配输送系统1套。在测试方面，公司现有电磁阀测试机16台、阀体（机电单元）测试机21台、气密检测仪5台、油压试漏机5台、轴承异响检测仪2台、齿轮磨损检测仪1台、离合器滑磨测试机2台、离合器动平衡机1台、双离合器总成磨合台架5台、CVT变速箱总成测试机4台，公司单班阀体产能为1万台/月，变速箱总成产能为 2 000 ～ 3 000 台 / 月。广州全速拥有多名从业超过 20 年的变速箱零部件、总成研发和生产工程师，无尘恒温生产车间，优良的工艺过程能力和精准的产品检测能力，各工序生产和检测设备齐全，备件库存充足，能迅捷响应客户需求。

（二）重视再制造工艺技术研究开发

广州全速不断投入巨量的资源（包括 10 余台研发车辆）建立和完善汽车零部件再制造技术研发中心。公司拥有数十台研发设备，包括精密气压试漏仪、拉力实验仪、图像尺寸测量仪、平面度测量仪、数显显微硬度计、影像测量仪、表面粗糙度仪、同心度仪、洛氏硬度计、线圈圈数测试仪等各类测试、检测仪器，再制造的自动变速箱总成全部经过台架测试，必须满足一百多项检测项目全部通过的要求才能下线。

（三）研发了全系列的零部件再制造检测技术工艺及设备

自动变速箱再制造使用的原材料是旧件，对于单个零件的检测，可以借助一些诊断检测仪器对零件形位公差及损伤情况进行判断，而对于一些由多个零件组成的部件，则需要做进一步的测试才能判断，广州全速自主研发的检测设备可很好地诊断零部件性能。电磁阀测试机可同时测试和用超声波清洗电磁阀，包括线性电磁阀和开关电磁阀。油压试漏机是检测自动变速箱离合器、制动器、制动带伺服器等元件的密封性是否良好的专用仪器，可快速简捷地检测各执行元件的油压及渗漏情况，判断各个密封圈的工作状态。阀体测试机通过换挡油压变化曲线了解阀体油压的变化，从而判断阀体是正常的还是存在冲击和打滑。总成测试机控制系统可同时输出 12 路 0 ～ 2 000Hz 的控制频率，每一路都可以进行 0 ～ 100% 的占空比控制，升降挡过程平稳柔顺，换挡过程控制可以精确到 0.1 秒，测试结果更精准可靠，可以和 CAN-BUS 控制系统以及 CVT 控制系统联机自动控制。

三、主要经验总结及取得的成效

（一）研发行业领先的高效再制造工艺技术

时间就是金钱，效率就是生命，公司开发了一些独创的提高效率的技术，在保障品质的前提下，单位时间能够生产更多的产品，公司竞争力得到大幅提升。此类技术包括高效无损拆卸阀体档位推杆装置、壳体流水线兼自动化喷砂处理设备、一体化自动清洗设备、总成测试快速装夹装置和高效回转式装配输送系统，公司还创造性地将多台工业机器人运用到阀体再制造过程中，保障了品质，提高了效率。

（二）重视国际市场的开拓

广州全速成立之初就是以研发、生产、销售自动变速箱维修与再制造全流程关键设备起步的，而自动变速箱直至目前基本上仍是由外资占据技术垄断地位的汽车核心零部件行业。自 2009 年成立后，在国内维修企业及高职院校自动变速箱维修检测教学设备的需求大潮中，公司设备的市场占有率一度达到 60% 以上。优良的品质为客户提供了更好的体验，广州全速的产品不仅在国内畅销，还逐步进入北美、欧洲、中东、南美等地的 35 个国家（见图 12-5），即便是在全世界汽车变速箱再制造行业最繁荣、最成熟的市场——美国，广州全速也已经有了客户。

图12-5　展览现场

（三）优异的品质能力

自设立以来，广州全速高度重视产品的质量控制，按照“管理职责到位—资源运用合理—产品监督强化—问题发现、分析、改进”的质量控制规程不断加强从产品设计和研发、采购和生产到售后服务等各个环节的质量管理工作。在产品的设计和开发阶段，公司严格履行 IATF16949 国际汽车行业质量体系标准的要求，遵循 APQP（产品质量先期策划）的原则和流程，最大限度地减小了开发中出现缺陷的概率。在采购和生产环节，公司持续改进质量控制流程，建立了高效的质量管理团队，将质量控制贯穿于整个采购和生产流程的始终，从原材料采购入库开始，利用生产管理系统和扫码技术，各道工序完善自检和他检，各个环节设置严格和完善的质量控制标准和检验体系，保证出厂产品品质优良、性能稳定。在产品售出后，公司通过及时有效的客户回访机制对产品质量进行售后监督并及时了解客户的后续改进需求。严格的质量管理带来了良好的市场反响，为公司的持续健康发展奠定了基础。

（四）优异的成本控制能力

广州全速自设立伊始就严格进行成本管理，在不断的积累和发展中形成了一套高效严格的成本控制体系，对研发设计、询价采购、生产、质量检测的各个环节严格把关，通过责任到岗、责任到人的成本考核机制不断降低原材料耗用和生产环节损耗，从而实现了有效的成本控制。在研发设计环节，公司鼓励研发人员不断优化、创新，并组织专门力量阶段性对生产工艺进行改进和提升。在产品设计和原材料选型等环节，公司坚持持续优化的理念，不断推动产品质量的提高和成本的优化。在原材料采购环节，公司针对各生产车间分散采购的模式，建立了完整的采购信息库系统，实现了对供应商及原材料采购价格的快速检索、选择和实时更新；同时，公司设立专职岗位对采购询价进行复核，有效实现对采购环节的成本控制。在生产环节，公司通过规模化和标准化生产逐步提升加工效率、降低单位成本，同时不断更新产品设计和工艺流程，实时对各生产环节的非优生产流程进行改进和提升，大大节约了生产环节的人工耗用和材料成本。

第13章　重庆雨翔示辉变速箱有限公司

陈宾杨[1]

一、企业基本情况

（一）基本信息

重庆雨翔示辉变速箱有限公司（简称重庆雨翔）成立于2005年，是一家专注于高端智能汽车零部件再制造产品研究、开发、生产及销售的高科技企业，总部及研发基地设立于重庆北部新区翠渝路2号汽二区，并在广州、重庆万州区、贵阳、昆明及空港保税区（主营业务为“两头在外”的汽车变速箱等产品的再制造业务）等地设有分支机构。目前，公司厂房面积10 000平方米，拥有300名员工，技术及管理人员35名，其中技术人员（含高级工程师、工程师、助理工程师）共计17名，管理团队中本科学历人员共计24名。

（二）再制造能力

目前，重庆雨翔再制造生产车间（见图13-1）面积8 000多平方米，再制造年产量达到7万～10万多台次，年产值可达到1.2亿～1.8亿元，主要的再制造产品种类包括福特、通用、大众、日产以及宝马、奔驰、奥迪等豪华车型的变速箱总成、阀体总成、变扭器总成、机电控制单元、控制模块（TCM）总成、干式双离合器总成、湿式双离合器总成、拨叉总成、转向机总成等汽车零部件（见图13-2）。

[1] 陈宾杨，重庆雨翔示辉变速箱有限公司总经理。

图13-1　公司生产现场

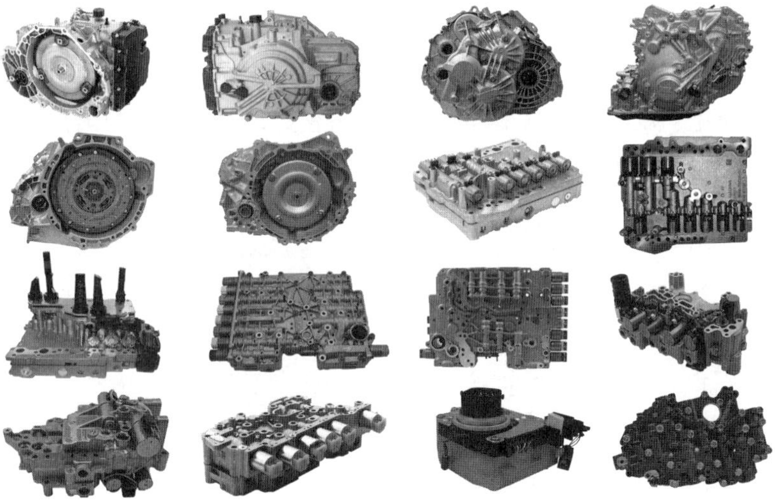

图13-2　公司部分产品

重庆雨翔拥有专业的实验设备、再制造生产设备及下线检测设备，构建了一条完整的汽车零部件旧件回收—再制造—产品销售的产业链。公司再制造设备包括抛丸机、TCM 性能测试平台、多功能总成测试平台等 100 多台先进生产设备。同时，公司技术和研发实力雄厚，已取得 5 项软件著作专利、30 多项实用新型专利。

（三）相关荣誉资质

重庆雨翔入选了工业和信息化部发布的《汽车产品生产者责任延伸试点企业名单》《再制造产品目录（第六批）》和《再制造产品目录（第九批）》，同时是中国物资再生协会再制造分会理事单位和美国汽车零部件再制造协会会员单位。此外，公司先后获批重庆市高新技术企业和重庆市“专精特新”企业（见图 13-3），通过了长安福特汽车零部件再制造供应商认证，在保税港区引入为主机厂服务的变速箱模块再制造生产线，成为全国首家试点项目。

图13-3　高新技术企业和重庆市“专精特新”企业证书

重庆雨翔目前是国内规模最大、技术最全面的开展“两头在外”的再制造企业之一，其再制造的自动变速箱先后通过了知识产权管理体系认证和 IATF16949 质量管理体系认证（见图 13-4）。公司的再制造产品品质优良、性能稳定，已经获得广大客户包括主机厂、4S 店、保险公司、维修企业和直接用户的好评，公司的宗旨是努力成为一家专业化、产业化、规模化的汽车零部件再制造企业，努力成为中国汽车零部件再制造行业知名和最值得信赖的品牌。

图13-4　知识产权管理体系认证证书和质量管理体系认证证书

二、企业创新发展做法

（一）不断创新管理方式

在管理方式方面，为保证核心再制造技术的应用，重庆雨翔多次组织相关管理和技术人员、生产骨干学习参观国内、国外先进再制造企业，并定期对从事再制造的员工进行技术培训，多次邀请再制造专家教授来公司授课、培训指导、交流心得。

（二）持续优化管理模式

在管理模式上，为加快对再制造核心技术的消化吸收和对管理要素的理解掌握，重庆雨翔引入先进的 ERP 管理系统，对变速箱再制造全过程实施科学的、规范化的组织和管理。

（三）严格把控质量关

重庆雨翔以技术为核心竞争力，十分重视技术创新和应用。目前公司已取得 5 项软件著作专利、31 项实用新型专利（另有 4 项申请中的发明专利），是新能源汽车动力电池再制造相关政策及标准法规制定的参与单位。根据公司对长安福特变速箱再制造的供货历史统计，再制造产品合格率在 98% 以上。

三、未来发展展望

（一）符合国家政策导向

2022 年 5 月，《国务院办公厅关于推动外贸保稳提质的意见》提到“支持企业在综合保税区内开展‘两头在外’的保税维修”和“探索在综合保税区内开展汽车发动机、变速箱等产品保税再制造试点”。再制造产业符合世界和国家的产业链升级要求，是制造业链条的延伸，是绿色制造、高端制造、智能制造的高级阶段，经济效益、社会效益和生态效益显著。企业在保税港区开展汽车零部件保税再制造是可行可控的，符合国家政策发展方向。

（二）未来发展潜力很大

重庆雨翔先把最为成熟的福特变速箱模块再制造生产线引入综合保税区作为试点，后期会根据试点运营情况、国家政策支持力度以及国际市场的开拓程度，再拟定新增再制造产品种类，不断扩大规模，甚至自建专业的汽车零部件再制造生产和研发基地，成为中国乃至全球汽车零部件再制造的知名企业。

（三）生态环境效益明显

重庆雨翔通过应用汽车零部件关键技术，对进入大修期的汽车零部件通过拆解、清洗、再加工、装配等环节进行再制造使其达到新品质量标准，避免了回炉、冶炼、扎制等高耗能、耗材环节，可使零部件的资源利用率提高到90%左右，不仅获得了可观的经济效益，还节约了大量的能源和金属资源，为保护环境做出了积极贡献。

第 14 章　永鸿工程机械再制造（湖北）有限公司

张泽明㊀

一、企业基本情况

（一）成立背景

宜昌永鸿工程建设公司成立于 2016 年，公司拥有市政建筑三级资质，自有 60 多台设备，开展矿山、市政、房建等多领域项目。2019 年，公司以设备差异化、精细化管理、专业团队取得竞争优势，设备达 200 多台。2020 年，为应对市场挑战，公司融合维修保养和再制造业务。2021 年，公司积极响应国内再制造行业发展，参与标准设立，为实体经济发展贡献力量。2022 年，永鸿工程机械再制造（湖北）有限公司成立（见图 14-1）。

图14-1　公司鸟瞰图

（二）基本信息

永鸿工程机械再制造园区位于湖北省宜昌市宜都市 S254 省道 168 号，新园区投资 3 亿元，正在建设当中，计划年总营业额超过 2 亿元，拟邀入驻企业类型主要涵盖维修、配件改装、再制造、租赁及设备销售等领域，将提供就业岗位 200 多个。园区

㊀　张泽明，永鸿工程机械再制造（湖北）有限公司总经理。

主营 50 吨以上工程机械设备、矿山工程机械设备的维修、保养、改装、再制造，提供再制造方案、解决方法和工程机械设备交易等服务。园区目标是建设成为国内一流的工程机械零部件及高端进口大型工程机械再制造产业集聚区，涉及领域包括工程机械发动机等关键零部件再制造，工程机械、精密机床再制造，高端破碎锤改装、岩石臂改装等。

多年来，公司始终不忘初心，砥砺前行，不断学习和改进，持续提供高质量的设备和服务，逐渐成长为一家经验丰富、实战务实的工程机械维修、租赁和再制造企业。未来，企业将坚持“绿色、智能、创新”的发展理念，加大研发投入，推进绿色制造，降低能耗和排放，适应市场需求的变化，为客户创造更大的价值。

（三）再制造设备

公司拥有多种工程机械再制造设备（见图 14-2），具体包括拆解设备（用于拆解原始设备）、检测设备（用于对原始设备进行检测和评估）、加工设备（用于对原始设备进行加工和改造）、组装设备（用于将再制造后的零部件组装成新设备）、涂装设备（用于对再制造后的设备进行表面涂装和处理以增加耐用性和美观性）、测试设备（用于对再制造后的设备进行各项性能测试以确保质量和可靠性）、治具和模具（用于辅助加工和组装以提高效率和精度），以及特殊设备（根据具体再制造需求而定，可能包括特种加工设备和激光切割设备等）。

图14-2 再制造现场

二、企业再制造工作的创新做法及经验总结

工程机械再制造行业近年来呈现强劲发展态势，为了向企业注入新活力、提高设备价值并降低运营成本，公司采取了一系列举措来提高企业竞争力和可持续发展能力。

（一）提高再制造技术水平

工程机械再制造企业应不断引进并采用先进的再制造技术和设备，以提高再制造产品的性能和质量。公司持续加强研发和创新能力，不断探索新的再制造技术和方法，通过技术创新降低再制造成本，提高产品的市场竞争力，推动行业的技术进步和发展。通过努力，在有效提高企业竞争力的同时，为客户提供更优质的再制造产品和服务。

（二）加强产业链协同发展

工程机械再制造企业应加强与上游零部件供应商、下游用户以及相关服务机构的合作，形成产业链协同发展的格局。公司通过与供应商、合作伙伴和客户的紧密合作，实现产业链的优化和整合，提高资源利用效率，降低运营成本。同时，公司联合链上企业共同研发创新产品和技术，提供更全面的解决方案，提高产业整体的竞争力。通过这种产业链协同发展的模式，链上企业实现互利共赢，共同推动工程机械再制造行业的发展。

（三）拓展再制造业务领域

根据市场需求的变化，公司积极拓展再制造业务领域，灵活调整产品结构和业务模式，再制造范围包括工程机械整机、零部件、配套设备等，以更好地满足客户的需求。公司通过多元化发展，降低公司的经营风险，提高公司的抗风险能力。在多元化发展的过程中，公司加强与供应商和客户的合作，共同推动再制造产业的发展，实现持续稳定的经营增长。

（四）建立绿色再制造体系

为积极响应国家节能减排政策，致力于建立绿色再制造体系，公司采用环保材料、应用节能技术等手段，旨在减少再制造过程中的环境污染，并提高资源的利用率。同时，公司主动推动环保设备和技术的发展，引入环保设备和技术，以减少能源消耗和废弃物的产生。通过这些举措，公司积极履行社会责任，推动可持续发展，为保护环境做出积极的贡献。

（五）通过品牌建设提升服务质量

公司积极加强品牌建设和服务质量，提升再制造产品的知名度、声誉以及客户满意度。公司通过市场推广的方式，扩大再制造产品在市场上的份额，从而提升企业的盈利能力。同时，公司也注重提升产品质量和服务水平，包括提供全面的售后服务和技术支持等，提高客户对再制造产品的信任，打造一个具有影响力和竞争力的品牌，为企业的长期发展和市场份额的增长奠定坚实基础。

（六）积极参与行业交流和标准制定

公司一直积极参与相关行业协会组织的各类会议和论坛，深入研究行业动态、交流先进技术和管理经验。公司积极参与了中国工程机械工业协会团体标准《履带式液压挖掘机维修工时定额》（T/CCMA 0163—2023）的制定，并参与了工程机械再制造工资标准的起草工作。公司深知标准对于规范行业发展、提高产品质量和企业竞争力的重要性，因此，公司积极与行业内的专家、企业和政府部门密切合作，共同推动行业标准的发展与完善。

三、企业再制造工作流程

公司具有一整套标准的再制造工作流程，具体包括以下 9 个步骤。一是收集旧工程机械，从客户那里收集需要再制造的旧工程机械。二是检查和评估，对收集到的旧工程机械进行检查和评估，确定哪些部件可以再利用，哪些部件需要更换或修复。三是拆卸和分类，将旧工程机械进行拆卸，并将各个部件按照类型和状态进行分类。四是清洗和修复，对分类后的部件进行清洗和修复，确保其能够正常使用。五是更新和改进，根据客户的需求和市场的需求，对一些部件进行更新和改进，以提高机械的性能和效率。六是组装和测试，将修复和更新后的部件重新组装成新的工程机械，并进行测试，确保其正常运行。七是质量控制，对新组装的工程机械进行质量控制，包括外观检查、性能测试等。八是销售和交付，销售通过质量控制的工程机械，并按照约定的时间和地点将工程机械交付给客户。九是提供再制造产品的售后服务（见图 14-3），包括维修、保养、技术支持等，以确保客户的满意度。

图14-3　再制造产品的售后服务

四、企业未来展望

未来，公司将继续坚持“绿色、智能、创新”的发展理念，不断提升自身技术水平和管理水平，积极响应国家绿色循环低碳发展政策，为工程机械再制造行业的健康可持续发展做出贡献。

（一）将加大研发投入，提升技术创新能力

公司将通过与学校、主机厂家、国内大型维修厂家等合作，引进国际先进技术，不断优化再制造技术和改装工艺，提高产品质量和性能。同时，公司将加强知识产权保护，鼓励员工进行技术创新，为企业的长远发展奠定坚实基础。

（二）将积极推进绿色制造，降低能耗和排放

公司将继续通过采用环保材料、节能技术，再利用等，降低生产过程中的能源消耗和污染物排放，实现绿色生产。公司还将加强废旧设备的回收利用，推广循环经济模式，为建设资源节约型、环境友好型社会做出贡献。

（三）将优化供应链管理，降低成本

公司通过与供应商建立长期稳定的合作关系，实现资源共享和风险共担。同时，公司将加强公司与供应商沟通协作的能力，提高供应商的服务水平和产品质量，确保供应链的稳定运行。最后，公司将加强品牌建设和市场拓展，通过加强广告投放力度、网站宣传、新媒体宣传、参加行业展会等方式，提高企业知名度和美誉度。同时，公司将积极开拓国内外市场，向国际知名企业学习，与国际知名企业合作，提升产品的国际竞争力。

五、企业诉求和建议

随着工程机械再制造产业的蓬勃发展，政府部门对该领域的支持力度也日益加大。为了进一步推动工程机械再制造产业的发展，建议政府出台更多优惠政策和支持措施，帮助降低企业的生产成本，提升企业的竞争力。

（一）建议政府提供财税金融等优惠政策，减轻企业负担

首先，针对从事工程机械再制造的企业，建议政府提供一定的税收减免优惠政策，旨在鼓励企业增加技术研发和市场拓展投入。其次，建议政府对再制造产品的出口给予税收优惠，以促进企业拓展国际市场。再次，建议政府提供资金支持，如设立专项资金，助力企业发展，以支持工程机械再制造产业在技术创新、人才培养和市场推广等方面的工作。最后，建议政府引导金融机构加大对工程机械再制造产业的信贷支持力度，降低企业的融资成本。

（二）建议政府出台措施支持工程机械再制造技术水平提升

建议政府相关部门加大对工程机械再制造产业技术研发的支持力度，以提升产业的技术水平。建议政府相关部门制定相关政策，鼓励企业积极推动技术创新和成果转化。同时，建议政府相关部门推动企业与高校、科研院所等进行合作，共同攻关关键技术难题，提升整个产业的技术水平。

（三）建议政府优化工程机械再制造产业生态

建议政府相关部门协调推动工程机械再制造产业链的协同发展，优化产业生态，加强对工程机械再制造产业的规划指导，推动产业链上下游企业加强合作，形成良好的产业集群效应。同时，建议政府相关部门积极支持企业加强与国际同行的交流与合作，引进国外先进技术和管理经验，提升我国工程机械再制造产业的国际竞争力。

在此背景下，公司期待政府进一步加大对工程机械再制造行业的关注和支持力度。政府的优惠政策和技术研发支持将为工程机械再制造产业的发展提供有力保障，推动行业健康、可持续发展。公司将紧密关注政策动态，充分利用各类政策资源，加快自身发展步伐，为推动工程机械再制造产业的繁荣做出积极贡献。

第 15 章　中国石油管道局工程有限公司设备租赁分公司

杜思远　曹旭[1]

一、企业基本情况

（一）基本信息

中国石油管道局工程有限公司设备租赁分公司（简称设备租赁公司）成立于 2017 年，前身为中国石油管道局工程有限公司设备管理中心，主要职能是承担国内外油气田的地面建设、长输管道、储库工程服务保障任务。为进一步发挥专业化管理优势，2022 年 7 月，中油工程将设备租赁公司升级为中油工程设备共享运营中心（简称共享中心）。共享中心承担施工设备共享管理、内部盘活、集中租赁和技术服务职责，同时负责运营施工设备共享平台（简称共享平台）。

公司拥有管道大型施工装备 608 台套，原值 13.81 亿元，统筹配置全局设备资源 4 045 台套，原值 46.37 亿元，年租赁大型施工设备超 1.3 万台次，总装备功率 8.4 万 kW。分别在廊坊、哈密、迪拜常设办公室、设备存放场地和共享库房。仅廊坊总部占地 173 亩，再制造维修车间及厂房占地 10 000m^2。

2023 年，公司牵头成立中国设备管理协会工程机械再制造委员会，并与卡特彼勒、

[1] 杜思远，中国石油管道局工程有限公司设备租赁分公司副总经理。曹旭，中国石油管道局工程有限公司设备租赁分公司设备维修中心主管。

小松、徐工、三一、沃尔沃、康明斯、中联重科、柳工、泰安岱峰、天津派浦澜、隆通等单位签署了工程机械再制造产业园战略合作框架，共同推动再制造产业的发展。2024年8月，公司荣获中国工程机械工业协会再制造与循环利用分会轮值会长单位称号。公司通过两个平台的协同互补，更好地整合工程机械行业主机厂和使用单位的资源，使资源双向流动，构建更加强大的再制造与循环利用生态，作为工程机械整机再制造的先行者，公司在推动行业标准化建设方面贡献突出，为行业规范化发展提供了有力支持。

（二）再制造能力

公司目前已取得了卡特彼勒、小松、徐工、康明斯等7家国内外工程机械厂商的维修再制造授权，同时取得了包括以上厂商及唐纳森、德莱塞塔等10家能源行业企业的配件代理授权。公司具备年再制造吊管机30台、液压挖掘机50台、移动电站50台的再制造能力。

（三）相关荣誉资质

设备租赁公司2013年先后加入中国设备管理协会、中国工程机械工业协会，有着丰富的设备管理和设备维修服务经验，处于国内领先水平，并在管道施工设备领域处于主导地位；曾连续两届获得“全国设备管理优秀单位”殊荣，多次荣获“河北省设备管理优秀单位”“设备管理信息化建设先进单位”“资产管理先进单位”“中国石油集团装备管理先进集体”等荣誉称号。2024年，荣获中国工程机械工业协会常务理事单位、2024～2029年度中国工程机械工业协会再制造与循环利用分会轮值会长单位、中国设备管理协会绿色低碳标杆单位荣誉称号。

二、企业创新发展做法

（一）成立工程机械再制造委员会

目前，设备租赁公司是工程机械整机再制造的先行者。为促进该领域的发展，公司与中国设备管理协会共同成立了工程机械再制造委员会，旨在利用设备租赁公司的经验和优势，推动整机再制造行业的发展，引领未来发展方向。同时，再制造委员会将致力于政策研究、标准制定、科技研发等，并与大型企业合作建设工程机械再制造产业园，推动行业的规模化和产业化发展。

（二）与上下游企业战略合作

设备租赁公司已联合卡特彼勒、小松、徐工、三一、沃尔沃、康明斯、中联重科、柳工、泰安岱峰、天津派浦澜、隆通分别开展了挖掘机、吊管机、移动电站、发动机等设备再制造。截至 2024 年底，公司已完成再制造相关设备六类 155 台套，以不超原值 50% 的投入将设备恢复至新机出厂性能，减少设备更新投资超 1.8 亿元。公司与卡特彼勒、沃尔沃、小松、康明斯、柳工等再制造厂商达成战略合作，设备再造、改造品类持续优化，高附加值再制造规模逐步扩大，终端客户黏性不断增强。

（三）牵头制定相关标准

设备租赁公司通过与中国工程机械工业协会联合，已完成《履带式吊管机维修工时定额》《履带式液压挖掘机维修工时定额》和《钢制管道内、外自动焊机维修工时定额》三项团体标准的制定与发布，并参与了《工程机械维修企业能力评价指南》《机械二手设备检测评估通用技术规范》《再制造机械产品碳排放核算技术规范》等团体标准的编制与审查。此外，公司正组织审核移动电站、垂直液压冷弯管机维修工程定额的团体标准，并推进《履带式液压挖掘机整机再制造技术规范》行业标准的立项，同时正在试行《二手履带式液压挖掘机评估指南》。

最终公司将建立管道施工设备和主要通用施工设备系列化维修定额标准体系，规范了行业的技术标准和操作流程，促进了行业内部的标准化和再制造产业的发展。

（四）打造再制造生态圈

自开展再制造业务以来，设备租赁公司不断整合设备再制造和维修资源，建立了维修生态圈，带动自有设备出租率从不足 50% 跃升至 72.3%，租赁业务收入每年以 20% 的速度增长，也为各施工项目节约近 1/5 的设备使用成本，同时创造了高于设备再制造成本三倍的经营效益。同时公司正在打造基于工程机械维修和再制造业务的社会化平台“中油 e 修”，旨在充分发挥共享经济、规模经济和平台经济的优势，推动维修和再制造产业化发展。

三、企业典型再制造产品

（一）挖掘机再制造（恢复性再制造）

公司通过认真分析进口和国产挖掘机性能指标，结合以往节能改造项目中积累的经验，选用设备原值高、市场认可度高的成熟产品 PC360 挖掘机进行分解，对发动机、液压泵、管路、全车线束、四轮一带、工作装置（轴套）、钣金喷漆等九大部分进行技术评估，如图 15-1 所示。比如，发动机气缸缸套下部腐蚀相对较重，点蚀坑直径小，深度较浅，未形成穿孔，对缸套内壁磨损表面制备涂覆层，不仅能使缸套达到新品的性能和使用要求，而且有利于实现发动机缸套的轻量化，最大限度地利用和开发二手机的经济附加值。公司通过全面系统整修，以提高设备技术性能为目标，以节约资源能源、保护环境为特色，以综合利用信息技术、纳米技术、生物技术等高科技为核心，高度契合构建循环经济、实施节能减排的战略需求。

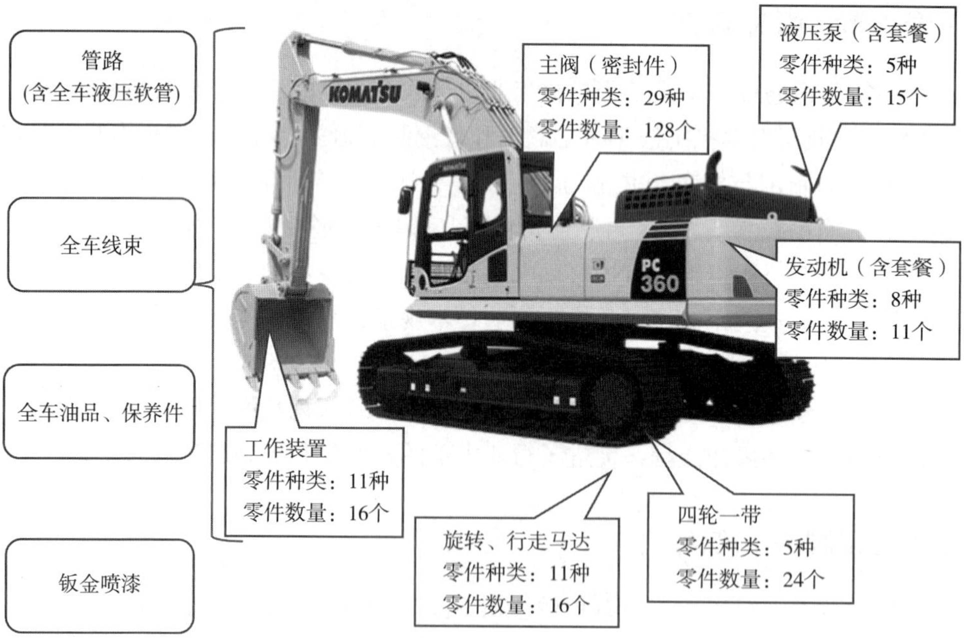

图15-1　挖掘机再制造示意

（二）弯管机再制造（恢复性再制造）

弯管机是油气管道施工中重要的设备之一，主要用于管道铺设及修造。针对当前施工需要，结合管道局提质增效的方针，本着修旧利废的原则，设备租赁公司对废旧弯管机设备进行了改造，实现了旧设备的再利用，同时开辟了进口弯管机主机架国产化改造的新途径。比如，2006 年购置的 SPB 48-60 垂直液压弯管机，原值 1 057 万元，因主机架严重开裂，无法继续使用。公司通过国产化改造实现延长设备使用周期，对进口美国寰球 60 英寸垂直液压冷弯管机主机架进行国产化改造，将原一体式结构改为分体式，通过有限元分析，确保在钢管长度为 60 英寸[⊖]，口径与壁厚相同情况下，弯管机的钢管

⊖　1 英寸 =0.0254m。

弯制能力由材质 API-5LX70 提升至 X80，如图 15-2 所示。

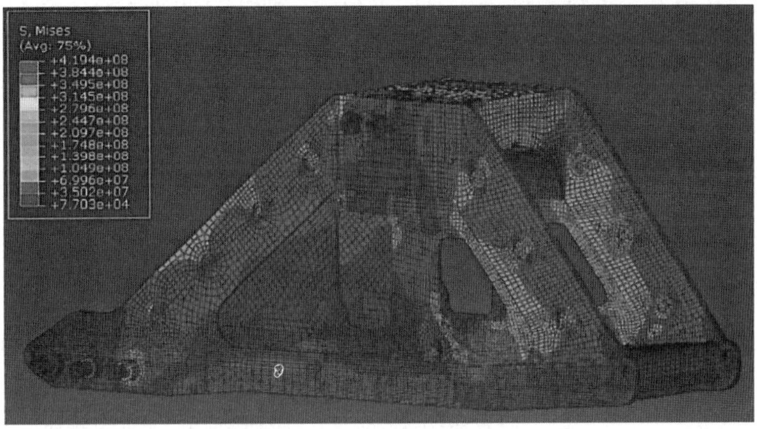

图15-2　受力情况有限元分析

（三）70T 吊管机再制造（升级性再制造）

设备租赁公司原有的 10 多台吊管机，因属厂家 2002 年的早期产品，设计结构、技术性能已不能适应多台吊管机联合施工作业，在中石油资产轻量化的背景下，设备未能及时更新。为满足管道施工需求，设备租赁公司成立了吊管机再制造工作小组，制定相应的吊管机再制造技术方案，多次反复完善，形成了最终方案，并委托设备原厂进行整机升级性再制造，整个再制造过程严格遵循目前新型产品的技术要求和标准。吊管机再制造前后如图 15-3 和图 15-4 所示。

图15-3　再制造前

图15-4　再制造后

通过再制造，公司重新优化了全车布局。上车刚性连接架采用了新的结构形式，为避免互相干涉，对操纵部分进行了重新设计优化，与原厂家同吨位吊管机参数、性能及配件通用率相同。公司利用专业化的技术和工艺，对原吊管机进行了检测、鉴定、再制造；采用 CAE 技术对关键零件进行有限元分析，使设计更加合理、零件更可靠耐用，对结构件采用了自动化焊接和抛丸处理，对关键件进行了超声波检测。所有零部件在装配前都进行了自检、互检和专检，检测结果按照相关管理规定，记录在“产品装配检验卡”上，便于产品追溯。

（四）移动电站再制造（创新性再制造）

管道局作为长输管道主力军，多年来长输管道焊接一直采用移动电站作为焊接电源，随着焊接技术的发展，焊接工艺已从手工焊、半自动焊转为效率和质量更高的全自动焊接技术，对焊接供电系统的稳定性提出了更高的要求。为降低设备购置成本，积极响应国家低碳环保、节能减排、清洁生产的要求，达成管道局提质增效、节制降耗的工作目标，亟须对传统移动电站进行相应的技术升级。目前管道局有 900 台移动电站，绝大部分于 2005 ～ 2008 年购置。通过对老旧移动电站进行混合动力改造（见图 15-5），选用载货汽车配置的、成熟的混动技术，采用双电机功率分流混动策略，实现了混合动力 + 电驱传动，通过功率分流机构，实现了发动机与电机携手，动力智能按需分配，性能满足要求的同时，提升了设备排放标准（符合国Ⅳ标准），大大降低了燃油消耗。

图15-5　对老旧移动电站进行混合动力改造

四、主要经验和总结

（一）强化企业市场核心竞争能力

深入分析市场需求是确保企业成功的基石。设备租赁公司在过去几年中对市场进行了深度研究，不仅仔细审视了工程机械再制造的实际需求，还深入了解了市场的发展趋势。通过细致入微的数据分析和市场调研，设备租赁公司准确捕捉潜在机会，为企业提供了有利的经营方向。这种深度市场洞察使公司能够在竞争激烈的行业中脱颖而出，满足客户不断变化的需求。

技术实力是企业核心竞争力不可或缺的组成部分。设备租赁公司积极投入培养和吸引高素质的技术团队，包括经验丰富的工程师和熟练的技术人员，深入、全面地研究工程机械再制造的各个环节。特别是对于拆解和清洗阶段，注重精细操作，确保零部件的完整性，通过彻底清洗为后续的加工工作奠定坚实的基础。这种精湛的技术操作不仅确保了再制造产品的质量和可靠性，也为设备租赁公司在市场上赢得了良好的声誉。

（二）优化再制造产品质量管控

品质控制是再制造过程中不可或缺的关键环节。为确保产品质量，企业需要建立完善的质量控制体系。通过从零部件的选材、加工、组装到成品检测的全过程监控，确保每一种材料的质量符合相应的标准。在加工和组装阶段，企业需要严格控制每一个环节，以确保产品各项性能指标的稳定性和一致性。同时，通过成品检测，确保每一道工序都符合高标准的质量要求，从而为客户提供高质量的再制造产品。

成本控制也是企业成功的重要因素。通过精确的成本估算和控制，企业能够确保产品的价格具有竞争力，从而在市场竞争中立于不败之地。这需要公司在制订再制造计划时考虑各个环节的成本，包括材料采购、工艺加工、人工成本等。通过有效的成本控制，企业不仅能够提高自身的盈利能力，还能够提供更有吸引力的价格，吸引更多客户选择其再制造产品。

（三）全方位提高客户满意度

企业在再制造过程中应当积极遵守相关法规和环保要求，同时关注环保责任，致力于降低对环境的不良影响，树立良好的企业形象。环保责任的履行需要公司在再制造过程中采取一系列环保措施，包括推行绿色再制造理念、使用环保友好的材料和工艺、废弃物的合理处理、能源的有效利用等，最大限度地减少资源浪费，达到循环利用的目的。

与此同时，提供优质的售后服务是赢得客户信任和口碑的关键。企业可通过建立持续的沟通机制、及时了解客户的反馈和需求、提供技术支持、迅速地备件供应等方式，为客户提供更个性化、专业的服务，全面解决客户在使用过程中遇到的问题，进一步提升客户满意度。

五、本领域行业产业展望

（一）未来市场发展空间巨大

截至2022年底，中国工程机械主要产品保有量比上年底增长3.11%，达856万～927万台，已经从增长市场转变为稳定市场，从增量时代向存量时代转变，这就为再制造创造了巨大的市场潜力。工程机械再制造是一种可持续的生产活动，选择再制造产品是一种绿色消费模式，能够推动工程机械再制造产业发展，实现经济效益与环保效益的双赢，为行业提供更多发展空间，为经济高质量发展提供支撑。

（二）国内外市场份额都将扩大

近年来受新冠疫情、国内基建速度放缓及通往海外市场受阻等因素影响，主机企业旧机积压严重。当前中国工程机械二手设备后市场规模约 5 200 亿元，国内行业营业利润约 36% 来自后市场业务，而欧美地区这一比例高达 67%。推动工程机械设备再制造出口将充分挖掘后市场业务、培育制造业新增长点。未来五年内，国内工程机械再制造市场规模预计将持续扩大，据行业测算，再制造出口带动新机销售的比例达 1 ：3，可有效加速国内库存流通、释放新机消费需求。

（三）全面积极的影响力和贡献

工程机械再制造可降低资源能源消耗，减少废弃物排放，促进节能减排，助力“双碳”目标实现。有资料显示，工程机械再制造产品与原机新品相比，可减排 80%，节材 70%，节能 60%，节约生产成本 50%，具有良好的经济和资源环境效益。废旧产品零件经过再制造循环利用可以减少二氧化碳的排放，可以节约资源、保护环境。同时，再制造企业的平均利润水平将保持在 10% 以上，该领域每年税收贡献额预计将超过 100 亿元。这一系列的具体量化预测表明，工程机械再制造不仅满足了市场需求，还有助于资源节约和环境保护，为工程机械产业注入了新的活力，有望为可持续性发展、经济增长和就业市场的繁荣做出积极贡献。

六、政策诉求和建议

工程机械再制造属于高端循环再生经济，行业在可持续发展和资源利用效率方面具有巨大潜力，但需要政策支持和上下游产业链协同，才可实现规模化、产业化和效益最大化。

（一）建议政府出台各项财税支持政策

一是建议国家出台鼓励再制造的税收政策和财政激励措施，包括减税、补贴、贷款支持和碳交易落地，以帮助企业降低成本、增加收入以及鼓励研发和技术创新投资。二是规范再制造行业良性发展，引导再制造认证，提升行业、社会对再制造的接受度和认可度。三是建议国家鼓励建立再制造研发中心和实验室，以推动技术创新，提高再制造流程的效率和质量。

（二）建议政府加大环保相关监管力度

建议国家制定与工程机械再制造标准、过程控制、检验检测、再制造合格证明等相关的法规。这包括限制有害物质的使用、鼓励废弃设备的回收和处理，以及监督再制造企业的环保实践。建议国家鼓励工程机械再制造企业采取清洁生产措施，减少能源消耗和废弃物的产生。

（三）建议政府推动加强再制造国际合作

工程机械再制造领域不仅在国内市场迎来巨大发展机遇，也面临着全球化竞争与合作的新阶段。政府在推动再制造产业国际化方面扮演着关键角色，促进跨国合作和贸易，有助于进一步扩大中国再制造市场份额。为此，建立国际标准和认证体系是至关重要的一步，能有效提升中国再制造产品在国际市场上的竞争力，进而加速中国再制造产业在全球市场的布局。

第 16 章　天津百诚阀门制造股份有限公司

刘新红[㊀]

一、企业基本情况

（一）基本信息

天津百诚阀门制造股份有限公司（简称天津百诚）成立于 2006 年，成立之初就确定了在中国推广阀门再制造工艺的企业使命。经过 18 年的发展，天津百诚不仅把阀门再制造的工艺推广到中国的每一个省份，市场规模在业内遥遥领先，还参与了阀门再制造行业标准的制定工作，获批为国家级高新技术企业。

天津百诚占地 67 000m^2，建有 8 000m^2 的综合行政楼 1 座，车间分为 A 座、B 座和 C 座，总面积 35 500m^2。截至 2022 年末，有职工 400 人，其中具有中高级职称的技术人员共计 60 人。公司快速发展的同时注重阀门行业人才培养，与多家大中专职业学校开展校企合作，并通过委托培养和订单班招录的形式来联合办学，以解决制造企业技师后备力量不足与当前技术型学生就业困难的双重问题。在教学环节，双方共同制订教学计划；在社会实践环节，由天津百诚提供实习和就业岗位。这种创新型校企合作模式为学生提供了就业机会，满足了企业梯队人才建设需求，促进了产教融合，成功搭建起了职业教育与产业发展的桥梁，为培养高素质技术人才做出了较大贡献，实现了企业与学校的双赢。

㊀ 刘新红，天津百诚阀门制造股份有限公司总经理。

（二）再制造能力

天津百诚阀门再制造实践接近20年，除了在天津设有本部，还在兰州设有维修基地（见图16-1），不仅将阀门再制造始终坚守为核心主业，还逐步建立了完整的阀门再制造体系。公司的再制造范围涵盖了全部阀门种类，包括高温、低温、高压、耐磨、临氢、临氧等各种严苛工况的切断阀和调节阀。在再制造产能方面，天津百诚单月阀门再制造能力超过5 000台。

图16-1　天津百诚兰州维修基地

（三）服务对象

天津百诚的市场遍布全国各地，客户以中石油、中石化、中海油、中国化工、中国兵工等超大型企业为主。近几年，公司积极开拓了众多具备实力的民营企业市场，为公司业务的持续发展提供了较好的保障。

二、天津百诚的创新探索

（一）对国内新发展环境下阀门再制造的认识

阀门再制造是国内推广时间不长的新型产业，开创企业群体需要做很多的探索和实践，立足中国特色国情，才能走出一条正确的道路。中国作为世界最大的工业化国家，工业规模在世界首屈一指，而且工业实力越来越强，逐步成为一个工业强国。因此，包括阀门在内的机械产品，在国内的竞争是非常激烈的，市场对产品质量、产品价格非常敏感。再制造阀门作为新生事物，如果不能在保证阀门质量稳定的同时让产品价格也足够低，就无法在阀门新品的红海市场成功立足。

（二）走“标准化、流程化、规模化”的产业化之路

天津百诚面对严酷的市场现实，选择了走“标准化、流程化、规模化”的产业化之

路。在标准化方面，在阀门再制造缺少国家和行业标准的时候，公司首先建立了自己的企业标准，包括阀门再制造通用流程，不同结构、工况的细分阀门再制造工艺和检验标准等，并适时加以更新。有了全面科学的标准后，天津百诚开始建立阀门再制造工艺的流程化制度，并不断优化，让再制造也能像新阀门制造一样具有流水作业的特征，从而将再制造效率和质量保持在一个较高的水准。结合公司相当的市场规模，流程化和规模化能够互相良性推进，凸显再制造阀门的性价比优势，使其成功占领一方市场。

（三）成功探索和实践了现场“轻再造”

除了再制造过程中“标准化、流程化、规模化”的策略选择，天津百诚还成功探索和实践了阀门现场“轻再造”（见图 16-2）。现场轻再造是指将再造技术工艺融入阀门线上维修或现场维修的服务中，通过引进部分便于移动的阀门再制造设备和便于现场展开的工艺方法，将再造技术工艺融入阀门零部件现场加工作业，提高阀门现场维修的质量，同时，在现场维修过程中，采纳再制造的部分标准直接用于现场检验。通过提高阀门现场维修检验标准，天津百诚突破了“维修只需单纯消除阀门显性故障”的习惯做法，全力消除重大隐形故障，最大延长阀门的寿命，以适应客户生产装置长周期运转的需求。这样，能帮客户进一步降低设备维护的直接成本，缩短停产检修时间，也间接降低了生产成本。

图16-2 ORBIT进口阀门现场轻再造

三、天津百诚阀门再制造的经验总结

天津百诚经过十几年的再制造实践，发现中国阀门再制造行业的需求主要集中于工业领域，尤其是在石化、化工、热电、钢铁等行业。这些行业往往规模庞大，停工检修时间有限，而阀门的数量庞大且种类繁多，因此再制造服务企业需要在硬件设施、人才储备和组织管理等方面具备较高的水平，才能建立起自己的行业优势。

（一）好的硬件条件有助于提高再制造效率

阀门再制造涉及多个工序，需要充足的空间和设备来进行拆解、清洗、修复、组装等操作，企业必须具备足够大的规模和宽敞的车间（见图16-3），以便按照客户规定的时间要求完成再制造订单。规模足够大的企业可以同时处理多个订单，提高工作效率，确保按时交付。比如，同样是年产能10 000台以上的工厂，一般的阀门制造企业出厂产品的类别及型号非常分散，而其数量和阀门再制造企业相比，又往往要低一个数量级，甚至更多，因此阀门再制造企业流水线作业的调度难度更大，规模化效应的发挥也受到更大的限制，客观上就需要更好的硬件条件才能支持。

图16-3　再制造车间现场

（二）提升软件水平有利于确保产品的质量和性能

除了硬件条件，阀门再制造企业在软件方面要求也很高。它必须具备良好的技术储备和人才储备，以应对各种技术和工艺难题。在再制造过程中，可能需要进行拆解（见图16-4）、焊接、磨削、喷涂等工艺操作，而这些都需要专业技术人员的支持。同时，对于一些结构或故障复杂的阀门，丰富的经验和科学的解决方案才能确保再制造的质量。

图16-4　闸阀拆解工段

（三）良好的团队和管理能力也至关重要

阀门再制造不同于一般的阀门制造，更像一个运作的项目，因此，项目的管理者需要具备严格而灵活的管理方式，能够统筹安排各个工序的进展，确保按时完成任务。同时，参与者也需要严谨且善于团队协作，保证各个环节的协调与配合。只有通过良好的项目管理和团队合作，才能够高效地完成阀门再制造任务。2023 年 6 月，天津百诚承接了兰州石化 960 台调节阀的现场维修服务，检修周期为 25 天，项目体量比较大，下线时间交叠、分布不均，限时检修、限时上线，有国产的、欧系的、日系的和美系的产品，结构和技术体系繁杂，极其考验项目管理团队及其组织能力。但是公司凭借丰富的经验和拼搏精神，圆满完成了任务，并获得了客户颁发的年度“精益化大检修优秀服务单位”。

四、本领域行业展望

未来，在阀门再制造行业发展方面，建立标准体系和提升严苛工况阀门的再制造能力是行业发展的两个方向。

（一）相关标准体系将逐步得以建立、完善

随着阀门再制造市场的细分越来越明晰，每个细分市场的规模也越来越大，阀门再制造的标准体系必然会逐渐建立起来。每种类型的阀门都有其原始的制造标准，而在再制造过程中找到可参照的新标准成了行业发展的迫切需求。建立统一的阀门再制造标准体系，可以规范再制造过程中的操作方法、技术要求和质量控制，提高再制造产品的一致性和可靠性。

标准体系的建立需要立足于不同类型的阀门再制造需求，并参考国内外相关标准和技术规范。通过制定明确的规范和流程，可以确保再制造产品的质量和性能满足客户的要求。例如，针对不同种类的阀门，制定相应的检测和测试标准，确保再制造后的阀门能够正常运行并具备理想的性能特点。此外，标准体系的建立还可以促进企业之间的协作与资源共享，加强行业内部的交流与合作，推动整个行业的健康发展。

（二）严苛工况阀门再制造能力亟须提升

严苛工况阀门再制造的需求越来越迫切，提升严苛工况阀门的再制造能力仍然是企业发展绕不过去的关口。虽然严苛工况阀门在工业阀门中占比不是很大，但其在生产装置中的地位极为重要。严苛工况阀门往往属于高新技术阀门，其价值在全部阀门中占比较高。目前，该市场大部分被国外品牌垄断，国内企业在这方面仍需更多的技术和工艺

探索积累，才能够担负起严苛工况阀门的再制造重任。

为满足国内市场对严苛工况阀门再制造的需求，国内企业应加大技术研发投入和人才培养力度，引进先进的制造设备和技术，通过技术创新和工艺探索，不断提高自身的竞争力，满足国内市场对严苛工况阀门再制造的需求。例如，研发高温、高压等特殊工况下适用的材料和涂层技术，提升阀门的耐腐蚀和耐磨损性能，同时，培养具备高技术水平和工艺能力的专业人才队伍，提升企业的研发和生产能力。

（三）市场前景广阔

展望未来，随着工业发展的不断进步和环保意识的增强，阀门再制造行业将迎来更加广阔的发展前景。国内企业可以通过加强技术研发和创新，提高再制造产品的质量和性能，满足国内市场对高品质阀门的需求。同时，国内企业应注重绿色发展，推动阀门再制造行业向着可持续发展的方向迈进。

五、政策诉求和建议

泵阀等通用机械在石化、化工、能源、环保等不同生产领域都发挥着不可替代的作用，然而，设备更新成本高、周期长，给企业生存发展带来巨大的压力。为了抑制企业生产成本上涨，建议国家对泵阀等主要通用机械的再制造活动给予更多的政策支持。

（一）适时制定阀门再制造标准

国家标准是产业发展的基石，对于阀门再制造产业来说，适时制定国家标准对于规范产业行为、提升产品质量、促进技术交流具有关键性作用。天津百诚建议，由国家主管部门牵头，组织业内有实力、有经验的企业共同商定，制定阀门再制造的国家标准。这将有助于推动产业规范化发展，促进企业间的技术交流与资源共享，加速技术创新。

（二）加大税收优惠与融资支持政策

税收优惠和融资支持政策对再制造企业的发展具有重要影响。对于阀门再制造企业，建议国家给予适当的增值税、所得税等税收优惠政策，以减轻企业的经营负担，让企业有余力提升再制造能力，增加再制造产业作为“绿色制造”先进产业的竞争优势。同时，建议国家提供多元化的融资支持，如贷款、融资租赁等，帮助企业解决资金链紧张的问题，降低融资成本，提升市场竞争力。

（三）鼓励技术创新与产品升级

技术创新与产品升级是再制造产业发展的不竭动力。建议国家建立健全鼓励企业加大再制造研发投入的机制，促使企业提升自主创新能力，开发具有革命性的、迭代的再制造技术工艺，占领世界再制造技术工艺发展的制高点。

（四）建立国际合作与交流平台

在全球化的背景下，加强国际合作与交流对于提升再制造产业的竞争力具有积极意义。与国际先进企业合作，引进先进技术和管理经验，可以加速国内再制造的技术和商业模式升级。同时，应鼓励企业“走出去”，参与国际竞争，拓展海外市场（见图 16-5），提升我国阀门等通用机械再制造产业的全球影响力。

图16-5　阿达姆斯阀门再制造

（五）强化专业人才培养

人才是推动产业发展的核心力量。建议国家引导相关大专院校独立或联合国内相关企业，设立面向再制造领域的专业，使相应的毕业生成为不仅具备再制造的理念，还具备从事再制造商业推广、技术开发、质量检验等相应知识、素养和技能的实用性人才。建议开展校企合作，通过设立专业课程、提供实习机会（见图 16-6）等方式，让人才培养的方向更贴近企业需求。

图16-6　天津百诚首届订单班实习总结会

（六）优化产业发展环境

良好的产业发展环境对于再制造产业健康发展至关重要。建议国家加大对产业的宣传力度，提高全行业和公众对再制造产业的认知度和接受度，同时，建立健全市场机制，规范市场竞争行为，营造公平、公正的市场环境。此外，建议加大对环保、资源循环利用等领域的支持力度，推动全社会形成节约资源、保护环境的生产生活方式。

第 17 章　中国铁建重工集团股份有限公司

周洋　王宇飞　张社军㊀

一、企业基本情况

（一）再制造开展的背景

目前，中国掘进机处于技术发展的跨越期，随着“一带一路”倡议的稳步推进，以掘进机为主的全断面隧道掘进机市场迎来重要发展机遇，掘进机再制造产业将逐步成为掘进机行业发展的重要组成部分。据北京盾构工程协会估算，2022 年底国内掘进机保有量近 5 000 台，其中 30% 已进入大修及报废阶段，掘进机庞大的保有量刺激了再制造需求激增。

（二）企业基本信息

中国铁建重工集团股份有限公司（简称铁建重工）创立于 2007 年（见图 17-1），隶属于中国铁建股份有限公司，是全球领先的地下工程装备和轨道交通装备大规模定制化企业、工程机械行业首家科创板上市企业（股票代码：688425）。企业产品覆盖掘进机、隧道装备、轨道系统、煤矿装备、绿色建材装备、新型交通装备、高端农机、新型工程材料等。2022 年铁建重工位列全球工程机械制造商 50 强第 30 位、全球全断面隧道掘进装备制造商第 1 位、中国工程机械专业化制造商第 1 位。

㊀ 周洋，中国铁建重工集团股份有限公司智能制造研究设计院工程师。王宇飞，中国铁建重工集团股份有限公司掘进机研究设计院副所长。张社军，中国铁建重工集团股份有限公司掘进机研究设计院副院长。

图17-1　铁建重工园区

铁建重工致力于系统性、颠覆性的自主创新，掌握核心关键技术，打造国之重器，走出了一条从“跟跑”到“领跑”的自主创新之路。铁建重工聚焦差异化、定制化的高端装备研发制造，致力于解决世界级地下施工难题，提供整体解决方案，先后荣获“国家火炬计划重点高新技术企业”“国家技术创新示范企业”“国家级两化深度融合示范企业”“全国质量标杆企业”“国家知识产权示范企业”“中国全断面隧道掘进机首家特级生产资质企业”、国家“制造业单项冠军产品”等荣誉。

（三）企业再制造总体介绍

铁建重工从 2011 年率先行业进行掘进机再制造，从刀盘等关键部件的再制造开始，到 2014 年整机再制造出厂交付，目前已经建成含长沙、江门、厦门等在内的 10 余个再制造基地，年产量从 10 多台发展到 2022 年的 90 多台，累计掘进里程超过 320km，再制造产品成功应用于北京冬奥会延庆管廊、广州地铁、乐西高速等重大工程，并向俄罗斯、印度等国家和地区出口。

铁建重工掘进机市场占有率高，生产制造的掘进机被广泛应用于国内 30 多个省市的地铁、铁路、煤矿和水利等重点工程，铁建重工拥有丰富的掘进机研发设计、生产制造及使用施工经验。

二、再制造创新经验

（一）多方位开展推进再制造相关工作

针对掘进机特点的再制造成形修复、构件清理、评估检测、油液回收等关键技术难点，铁建重工重点开展了激光熔覆等关键部件成形修复技术、激光清洗等高效绿色清洗技术、液压油高效净化处理等先进技术的研究与应用，建设掘进机再制造标准体系，形成系统性、产业化的掘进机绿色再制造集成方案，打造行业领先的掘进机再制造产业示范基地，提升掘进机产业再制造技术水平，拟通过一个产品带动实现装备领域再制造技术在我国的生根、发展和壮大。

要实现掘进机零部件再制造，首先要清除再制造零部件表面的旧漆膜、泥渣、油污等附着的异物，让零部件回归毛坯的原本状态，以便零部件的检测、修复，评估零部件再制造利用价值并制订后续的修复或再制造加工方案。零部件拆解、清洗后，必须依赖可靠的检测手段按照弃用、可重用、再制造、再生利用等类别对零部件进行分类。零部件组装完成后，检验与验收应以相关产品标准为基础，并满足合同规定的要求。掘进机服役环境复杂，零部件会以磨损、擦伤、裂纹、点蚀等形式损伤甚至失效，成形修复技术按产品类型主要分为刀盘再制造成形、盾体修复成形、螺旋机耐磨层成形以及主驱动环件增材制造成形等。

铁建重工针对掘进机再制造特点，借鉴通用性的再制造标准体系框架思维，遵循科学性、系统性、协调性、先进性、可操作性、可预见性和可扩充性原则，开展基于掘进机再制造全寿命周期、多层面、全流程的标准体系设计，构建了以通用标准为基础、以管控标准为抓手、以专业标准为重点的掘进机再制造标准体系（见图 17-2）。该标准体系由若干个相互联系的分体系组成，子系统有各自的范围，系统之间相互作用、相互补充和相互依赖，并能根据技术发展和市场需求不断发展新的标准。

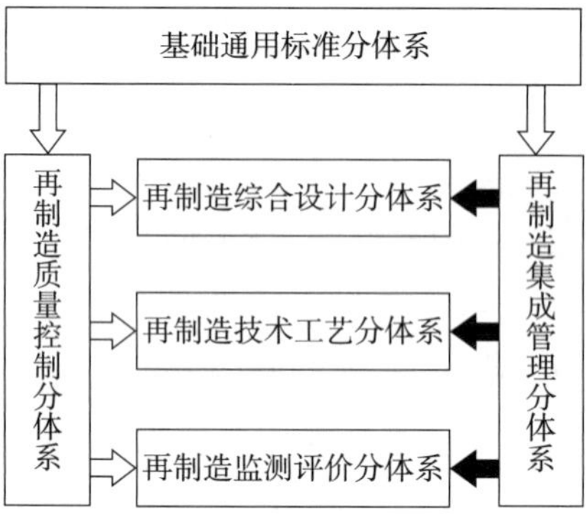

图17-2 掘进机再制造标准体系框架

铁建重工以《全断面隧道掘进机再制造》（GB/T 37432—2019）为基础，以《全断面隧道掘进机再制造 通用技术要求》（T/DGGC 001—2020）和《全断面隧道掘进机再制造 企业技术要求》（T/DGGC 002—2020）为基本，以《全断面隧道掘进机再制造 质量控制要求》（T/DGGC 004—2020）和《全断面隧道掘进机再制造 企业管理要求》（T/DGGC 003—2020）为抓手，结合《全断面隧道掘进机再制造 刀盘》（T/DGGC 006—2020）、《全断面隧道掘进机再制造 主轴承》（T/DGGC 007—2020）、《全断面隧道掘进机再制造 减速机》（T/DGGC 009—2020）、《全断面隧道掘进机再

制造 螺旋输送机》（T/DGGC 008—2020）等标准，构建了全面的掘进机绿色再制造技术的标准体系。

（二）重视再制造工艺、技术创新

铁建重工针对传统掘进机产品未形成全生命周期闭环的问题，革新产品设计流程，闭合掘进机产品的全生命周期链条，实现掘进机绿色化再制造、再应用，详情参看如图 17-3 所示的掘进机绿色再制造技术路线。铁建重工面向零部件高回收率、高可再制造性，优化掘进机整机产品设计，全面恢复甚至增强原有掘进机接口系统的功能；基于数字技术与标准化工艺，快速规划整机及各级部件的拆解 - 清洗 - 检测 - 修复系统方案，明确各环节各关键节点的动作标准、质量标准、技术标准；研究应用自动喷砂、激光清洗、干冰清洗、饱和蒸汽清洗等先进技术，对拆解零部件进行高效绿色清洗；突破激光熔覆、深熔焊、窄间隙焊接等成形修复技术，成功实现刀盘、盾体、主驱动等大型结构件的再利用；参照新机标准严控再制造产品检测，依托试验台进行零部件及系统性能测试；构建掘进机施工状态监测大数据平台系统，实现对再制造掘进机工程项目云管理，实施设备远程监测和施工风险管控。

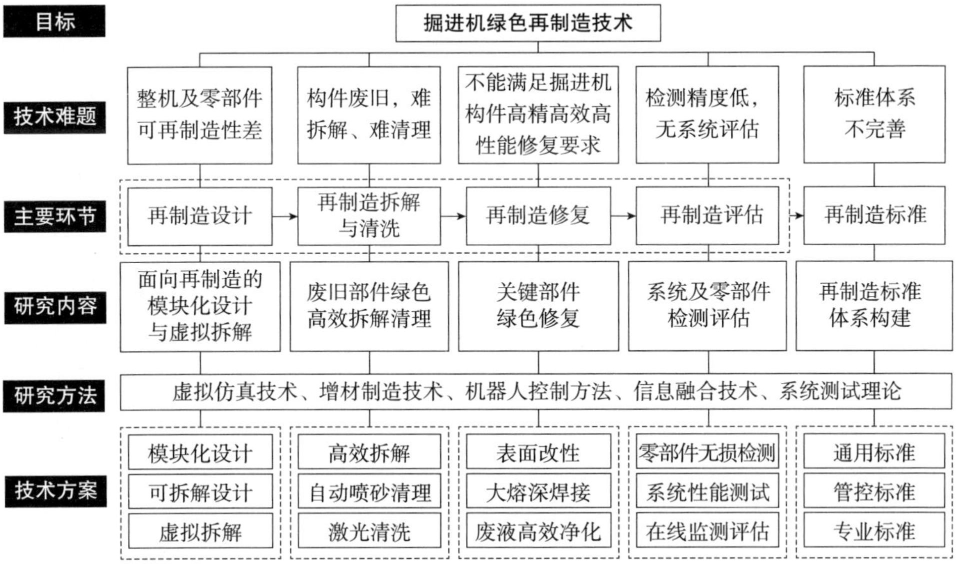

图17-3 掘进机绿色再制造技术路线

铁建重工提出一种基于谱聚类算法的产品模块划分理论（见图 17-4），分析模块固化的原理和流程，实现刀盘、主驱动等高频重用部件和组件的模块拆分，优化掘进机产品设计，提高回收率。针对掘进机零部件拆解效率低、频发零件损伤的问题，铁建重工根据高频重用部件模块拆分结果，建立一种可拆卸度设计与可再制造度评价模型，优化拆卸粒度、接口型式等参数，降低零件损伤，更改再制造机型信息赋值，实现模型的动态更新。针对整机及零部件拆解效率低的问题，铁建重工提出基于工艺仿真研发平台（见图 17-5）的虚拟拆解技术，分析待拆解部件的工作原理和结构特点，研究考虑单元节点功能属性和性能状态的虚拟化拆解工艺，实现拆解方案和工艺的快速规划。

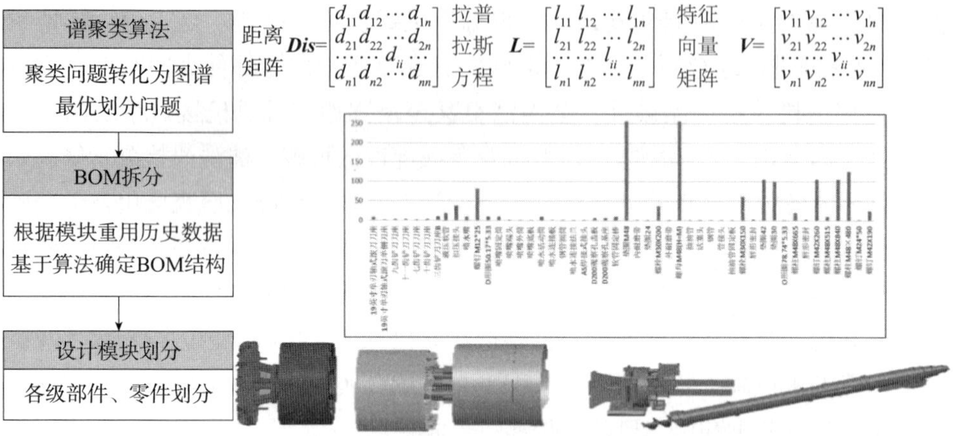

图17-4　谱聚类算法的产品模块划分

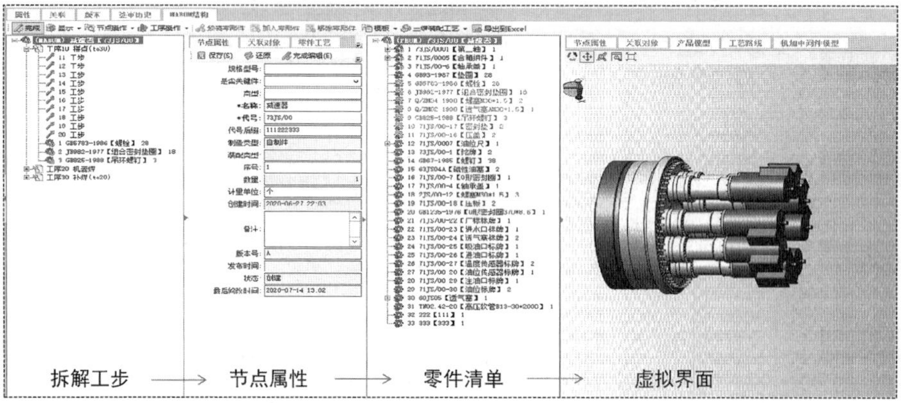

图17-5　工艺仿真研发平台

精密构件激光熔覆再制造技术。密封环是掘进机“心脏”——主驱动的主要密封组件，在主驱动长时间运行后滑道面被挤压、切削发生磨损甚至出现沟槽，采用传统修复手段再制造易开裂、易变形，无法实现精密修复。铁建重工提出一种高硬表面激光熔覆修复工艺（见图 17-6），研制高耐磨抗裂金属 / 陶瓷复合粉末和全方位高稳定性同轴送粉装置，形成掘进机精密构件激光熔覆修复技术，解决了常规修复方法易开裂、变形大的难题，实现了掘进机精密构件的再制造。

耐磨环件表面磨损、待修复

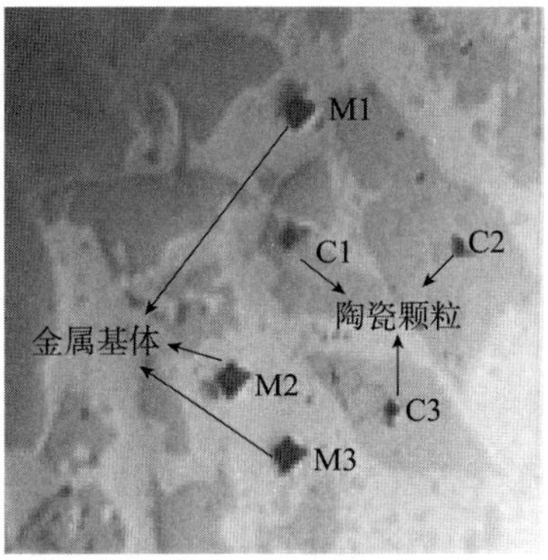

金属/陶瓷粉末微观组织

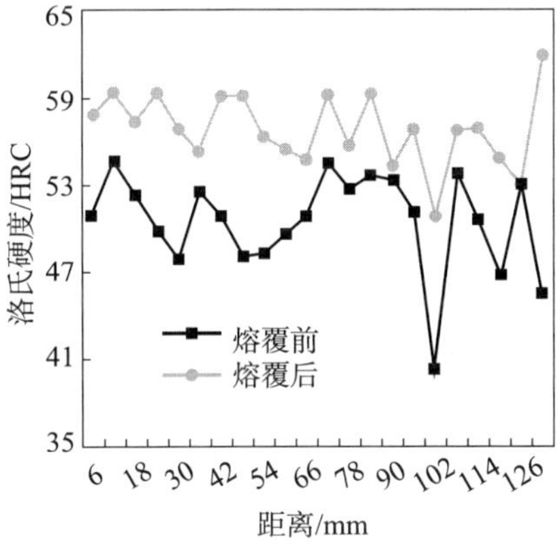

熔覆前后的硬度对比

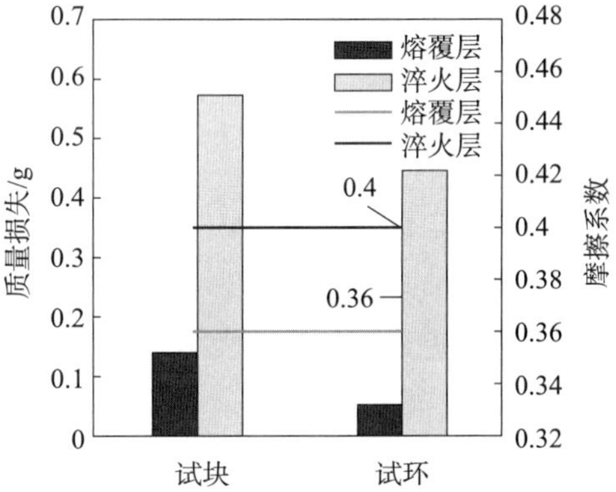

熔覆层耐磨试验结果
(相对原淬硬表面磨损性能提高超过50%)

图17-6　激光熔覆的表面增材修复技术研究

厚板大熔深焊接再制造技术。掘进机关键部件再制造时焊接性差、焊缝空间受限，无法实现全熔透焊接，且焊缝经过多次热循环，内部组织晶粒粗大，更容易产生裂纹等，结构可修复性降低。铁建重工提出了一种掘进机厚板高强喷射 MAG 电弧大熔深焊接技术，形成了基于高储能电感的焊接电弧控制方法，创新采用高速收缩的喷射电弧熔深技术实现厚板大钝边的全熔透焊接，钝边熔深≥ 5mm。铁建重工研制了专用喷嘴（见图 17-7），设计了大钝边、低填充坡口，开发了大熔深焊接工艺，解决了再制造构件焊接性能差、熔深浅的难题，一次焊接合格率超过 99%，实现了掘进机厚板再制造的可靠性焊接。

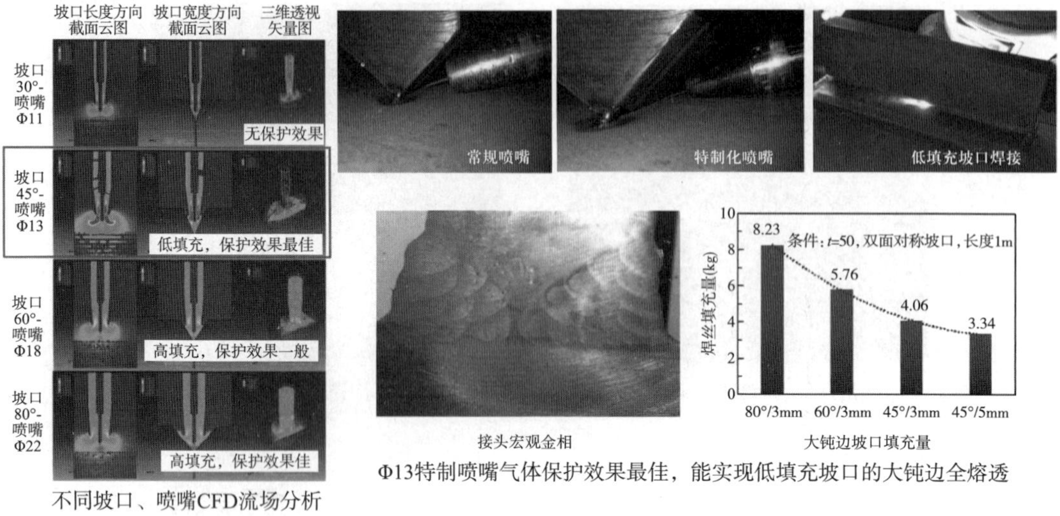

图17-7　大熔深CFD分析以及特制喷嘴

超大结构件自动喷砂技术。掘进机超大结构件受制于非标、小批量、多品种、多规格特点，再制造清理以手工喷砂为主，复杂表面清理效率低、清理质量差，复合污渍难清理。铁建重工提出了一种大型构件自动喷砂清理技术，研制了多自由度长跨度自动喷砂系统（见图17-8），设计了运行自清理机构、大跨度高承载桁架、超大跨度双桁架，优化了机器人伸缩臂结构，开发了超长管路伸缩装置以及喷砂模式切换及位姿控制系统，满足多工况下复合污渍的清理需求，喷砂覆盖率超过85%，清理等级均在Sa2.5级以上，解决了再制造大构件表面清理效率低、复合污渍难清理的问题，实现了再制造掘进机非标大构件高效清理。

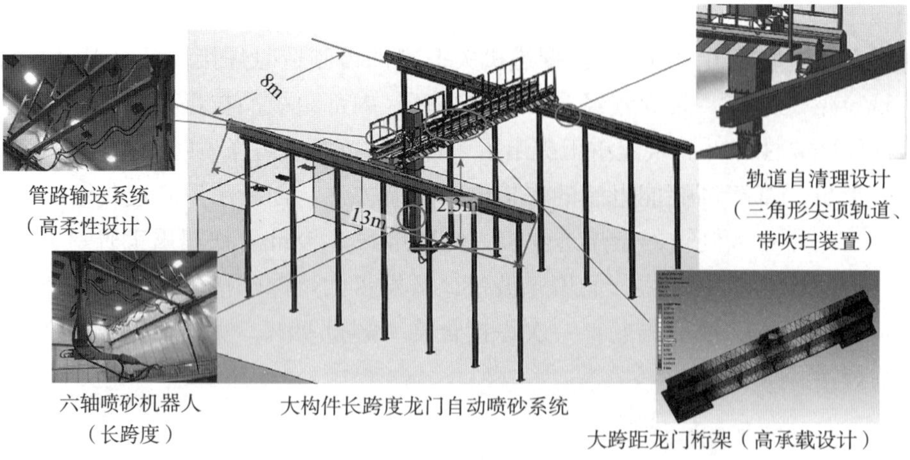

图17-8　多自由度长跨度自动喷砂系统

液压油高效循环再利用技术。单台掘进机液压油用量超过5 000L，污染以乳化为主，若回收利用不仅节约资源，而且直接减少有害物质排放，减少环境污染。目前国内外没有能够满足掘进机乳化液压油大批量高效净化的需求的可靠过滤设备。铁建重工提出了一种污染液压油高效净化循环利用技术（见图 17-9），铁建重工研制了基于温度－真空度－液位自动匹配控制的油液自动脱水系统，开发了集成自检测、自反馈功能的高效过滤模块，形成了掘进机污染液压油高效净化再循环成套设备，实现了掘进机污染液压油的高效净化处理与再循环利用。

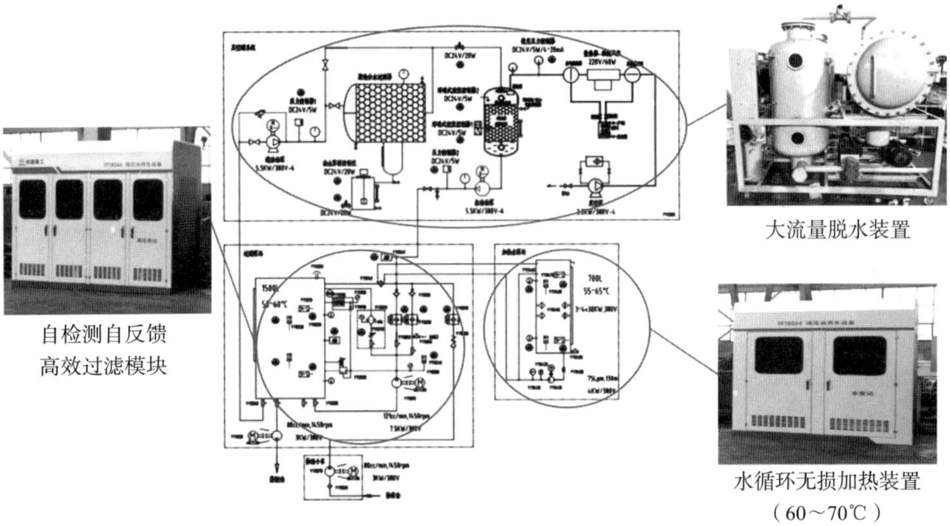

图17-9　高效油液净化系统原理图

（三）采用产学研用协同创新

在技术创新的基础上，铁建重工采用产学研用协同创新模式，在长沙、杭州、洛阳、武汉建立了 4 个再制造基地，打造示范项目、亮点工程，推动再制造掘进机的产业化应用。其中长沙及武汉再制造基地主要负责掘进机再制造主体建设，包括整机拆解、清洗，关键部件再制造成形及后期装配调试等；杭州再制造基地主要负责液压系统的再制造，包括液压系统的拆解、清洗、成形以及部件调试等；洛阳再制造基地主要负责主驱动的再制造，包括环件、主轴承及小齿轮等相关零部件的再制造。

三、工程应用实例

（一）广州再制造示范工程

盾构机原厂商为罗宾斯，通过铁建重工的整机再制造和针对性优化改造后，应用到广州地铁 18 号线和 22 号线（见图 17-10），助力广州市南沙区深化面向世界的粤港澳全面合作，促进大湾区珠江口西岸融合发展。该项目聚焦盾构机绿色关键工艺研究、开发、实施、推广，应用无损检测和拆解、绿色清洗、再制造成形技术等绿色制造关键工艺技术开展盾构机再制造，成为工业和信息化部绿色制造系统集成项目成果。

图17-10　广州地铁18号线和22号线示范工程

（二）深大城际 1 标示范工程

该设备曾用于莞惠城际项目，经过整机再制造后用于深大城际 1 标（见图 17-11）工程，设备主要穿越砾质黏性土、全－强－中－微风化花岗岩，最大单轴饱和抗压强度为 128MPa，里程约为 2.2km，最大埋深为 36m。本项目主驱动密封环磨损严重，通过再制造技术修复重新利用，整机目前已验收下线，在工地组装中，后续将助力深港和大湾区城际发展，改善大鹏、大亚湾的旅游交通，打造方便游客出行的旅游快线。

图17-11　深大城际1标示范工程

（三）昌九高铁天祥大道隧道“英雄号”示范工程

昌九高铁天祥大道隧道主要穿越地层为中密细砂、砾砂、细圆砾土、全－强－中风化泥质粉砂岩，盾构段全长为 4 404m，最大埋深为 40.5m，最大水土压力为 5.5bar⊖。

⊖　1 bar=10^5 Pa。

由铁建重工联合中铁十四局共同打造的昌九高铁天祥大道隧道“英雄号”（见图 17-12）通过整机再制造和针对性优化改造后应用于本工程，助力长江经济带发展战略实施，推动沿线经济社会高质量发展。

（四）乐西高速公路示范工程

铁建重工和中铁十八局联合研制的国产首台大直径敞开式再制造 TBM 用于乐西高速大凉山 1 号隧道建设，为助力西部发展、扶贫攻坚贡献力量。该设备曾用于吉林中部引松供水工程，通过整机再制造和针对性优化改造后，应用于乐西高速 K2 标段（见图 17-13），被重新命名为“月城凉山号”，TBM 掘进施工期间先后创造了国内 TBM 独头日掘进 49.12m、月掘进 723.82m、6 个月连续掘进 3 680m、12 个月连续掘进 6 387m、18 个月连续掘进 8 825m 等多项全国纪录，并多次刷新全国高速公路 TBM 最快掘进施工纪录，提前 2 个月实现平导全隧道贯通。

图17-12　昌九高铁天祥大道隧道示范工程

图17-13　乐西高速公路示范工程

四、发展展望

（一）再制造将成为企业降本增效的重要方式

再制造盾构机在隧道成形质量、施工成本、施工安全、绿色施工技术应用、盾构机整机无故障运行时间、盾构机剩余寿命利用率等各类指标上达到同类型掘进机新产品的标准，不仅节约了社会资源，为企业降低制造成本，带来可观的利润空间，也为上游配套企业带来商机，为下游企业节省成本，为客户提供增值服务，实现了全社会共赢。同时，掘进机绿色再制造为企业树立“绿色环保”的良好社会形象，带来经济效益的同时，增强了企业品牌效益，提升了客户对产品的信任感与荣誉感。

（二）未来再制造市场潜力巨大

盾构机产品昂贵，单台掘进机平均价值超过 2 000 万元，包含零部件至少上万个，而整机设计寿命一般为 10km 的掘进长度，达到设计寿命后，盾构机进入大修或报废阶段，再制造成为盘活掘进机存量的最佳途径。同时，为了适应不同工况的隧道工程施工，对已有掘进机进行改造是一种经济适用的有效方法，以产品检修、维护保养及改造为主要任务的掘进机再制造产业将逐步迎来发展高峰期，市场需求旺盛。

（三）充分开发再制造设备的潜力性能

当掘进机达到设计寿命后，一般有两种再利用的途径，一种是进行修复性改造，改造后掘进机的结构、性能和旧机相同；另一种是根据新的工程要求进行技术指标的更改，以适应新的项目要求，实现一机适用多种工程地质。无论哪种途径，企业都期望对掘进机整机及零部件的潜力性能进行 100% 的开发，实现产品的循环式利用，最大限度利用设备效能和保护环境。

（四）再制造技术研发是核心关键

展望未来，互联开放的大数据平台搭建和绿色高效、高度智能的再制造修复技术研发势在必行。通过发展智能互联技术，组建覆盖全行业的大数据云平台，建立基于地域特征与产品特点的掘进机产业信息数据库。研发新型绿色高效修复设备、高熵合金等新型材料，探索绿色再制造新技术、新工艺，提高再制造整机及零部件的修复精度和综合性能。将智能化、大数据与再制造技术相结合，实现再制造掘进机长寿命、高可靠性运行与关键零部件的高效在役再制造。

五、政策诉求和建议

（一）进一步提高再制造盾构机的市场认可程度

部分地区、部分领域、部分工程安全认证准入门槛高，限制了再制造掘进机的应用。建议政府进一步提高对再制造装备企业和用户的政策支持力度，以税收优惠等政策支持引导市场，提高再制造掘进机的市场认可度。

（二）推进再制造标准制定与发布，以标准规范市场

目前各个维修厂家的标准不统一，且与业主的标准也不统一，导致掘进机再制造实施较困难，也无法满足不同业主的需求。建议研究、建立再制造标准体系，制定再制造技术标准和规范，包括再制造技术通则、旧件检测与评价技术标准、再制造工艺技术规范和再制造管理标准等。

（三）加强检测、监测等技术的研究及应用

建议加强装备无损检测、寿命评估、风险预警等技术的研究及应用集成，实现损伤可视化、剩余寿命可量化、施工风险可控化。再制造掘进机是指对部分磨损、损坏部件进行专业化修复的掘进机，目前对掘进机部件的检测手段较少，同时在掘进机运行中对各部件的监测手段单一，无法量化，应积极开发检测技术、智能化监测技术，应用大数据平台实时监控掘进机状态，对关键部件重点监测。

第 18 章　中铁工程装备集团（天津）有限公司

蔡辉　任敬羽　王龙[⊖]

一、企业基本情况

（一）开展盾构机再制造的背景

盾构机产品，作为大体量、多系统、高附加值的重型机械设备，投资大，在完成标段的推进后报废，对于购买方来说成本高，且不符合发展“循环经济”的方向。通过再制造，可以降低成本 50%，节能 60%，节材 70%，减少污染物排放 80% 以上，为了资源的重复利用，盾构机的再制造势在必行。

现阶段，我国盾构机再制造领域技术及产业基础薄弱，而盾构机再制造旧件充裕，市场需求也巨大。以再制造 100 台盾构机 /TBM 计算（其中盾构机 90 台、TBM 10 台），以制造新机 30% 的原材料、40% 的能耗再制造出适合我国地质条件、性能先进的盾构设备，其经济效益、社会效益十分明显。基于 2018 ～ 2023 年的数据及增长比例，预计“十五五”期间盾构机再制造数量将增长 30% 以上，减碳效果可提高 70% 以上。

（二）产业布局

中铁工程装备集团（天津）有限公司为中铁工程装备集团有限公司（简称中铁装

⊖ 蔡辉，中铁工程装备集团（天津）有限公司党委书记、执行董事。任敬羽，中铁工程装备集团（天津）有限公司总经理。王龙，中铁工程装备集团（天津）有限公司副总经理、总工程师。

备）旗下全资子公司，于 2016 年 1 月 6 日在天津滨海新区东疆港区注册成立。公司投资 4.1 亿元，占地 150 亩，一期建成后办公楼及厂区如图 18-1 所示，成立以来凭借中铁装备强大的研发制造实力以及天津东疆港优越的区域优势，迅速实现产学研用协同发展，现已发展为中国北部大型隧道掘进机制造及再制造基地，以及相关零部件仓储中心、交易中心。

图18-1　公司全景

（三）再制造能力

公司深入学习贯彻习近平新时代中国特色社会主义思想和党的二十大精神，积极践行“三个转变”重要指示，全面开启公司高质量发展新征程，打造好盾构机 /TBM 再制造专业化公司和支柱产业，当好中铁号盾构机出口海外的桥头堡。公司持续完善装备制造核心能力，形成了从商务前勘、优化设计、组装调试到掘进服务等全产业链服务体系，平均年产隧道掘进机、再制造整机 50 余台套，能够独立设计、制造、再制造土压平衡盾构机、复合式盾构机、泥水盾构机、TBM 等全断面隧道掘进机产品。

（四）荣誉和资质

近年来，公司获得“高新技术企业”“天津市‘杀手锏’产品”“2019 年绿色制造系统解决方案供应商”“天津市科技领军培育企业”“国家级绿色工厂”“工业产品绿色设计示范企业”“第三批市级制造业单项冠军企业”“天津市滨海新区质量奖”“天津市创新型中小企业”“天津市企业技术中心”“天津市专精特新中小企业”等荣誉（见图 18-2）。

图18-2　公司主要荣誉（部分）

公司成功取得在天津自贸区开展“隧道掘进机保税维修和再制造”业务的资质，通过中国合格评定国家认可委员会（CNAS）实验室认可，成为天津轨道交通产业技术创新联盟理事单位、天津市博士后科研工作站分站，公司盾构机再制造业务入选2022年度中欧碳中和创新合作示范项目（行业应用）。

二、主要创新做法

（一）面向产业发展前沿，打造原创技术策源地

公司成立以来，始终坚持“自主创新、绿色制造、支撑发展、引领未来”的科技工作方针，建立“企业为主体、市场为导向、产学研用深度融合”的技术创新体系。与公司研发战略相结合，公司对核心技术领域进行专利布局，防止他人侵权。累计授权实用新型专利34项、发明专利2项、软著12项。通过自主创新和协同创新，公司掌握了盾构机设计集成开发技术，盾构机扩径/缩径改造技术，盾构机动力系统能力提升改进技术，废旧盾构机评估、检测和维修等一体化再制造技术。

基于上述不断创新的再制造技术，公司完成了国内首台大断面（高7.27m×宽10.12m）矩形盾构机再制造（中铁224号，见图18-3）、国内首台小直径（3.5m）硬岩掘进机再制造（中铁1004号，见图18-4）、国内首台出口欧洲超大直径（12.14m）土压平衡盾构机再制造（中铁R303号，见图18-5）、国内首台大直径（11.70m）泥水平衡盾构机再制造（中铁R148号，见图18-6）等一系列重大产品再制造，填补各类型全断面隧道

图18-3　中铁224号

图18-4　中铁1004号

图18-5　中铁R303号

图18-6　中铁R148号

掘进机制造和再制造领域的空白。随着公司技术的不断发展，部分技术达到国内领先水平，为国内外重大工程提供技术支持。近年来产品远销意大利、葡萄牙、土耳其、菲律宾、阿尔及利亚等国家。

（二）构建精准化研发平台，提升产品创新综合能力

公司拥有专业的科技研发团队，成立了“一院一部二中心”的技术保障体系，即通过天津设计研究院、技术管理部、隧道掘进机检测中心、经营服务中心四位一体，对公司经营前勘及技术支持、产品设计与技术开发、配套工艺研究、故障诊断、售后服务等技术系统工作进行统筹协调，为相关板块业务提供了有力的技术保障。

（三）基于创新驱动战略，构建内联外畅新格局

技术引进、消化吸收与自主开发是相辅相成、相互促进的。为适应盾构机再制造业务转型的需要，公司在实施天津市重大科技计划项目、自主技术开发项目和促进创新成果产业化的过程中，采取了牵头成立产业创新战略联盟、组建联合攻关组等方式，与天津大学、天津中德应用技术大学、石家庄铁道大学、郑州轻工业学院、中国电子科技集团第 22 研究所等国内知名专业优势院所合作，共同承担天津市重大科技专项及公司科研项目，实现优势互补，强强联合。

三、经验总结或取得的成效

（一）减少环境污染，降低碳排放

一是推广盾构机再制造技术，通过使用经过再制造的旧部件，提高设备性能并减少废弃物产生。二是在整机再制造过程中，注重采用环保材料和清洁能源。三是加强对盾构机踏勘评估，最大化利用原机结构和部件，通过提升旧件利用率，降低设备制造产生的碳排放。四是在设备再制造时，选择拆换方便的设计理念，为盾构设备的下一次再制造提供方便。

（二）扩大绿色技术应用，实现可持续增长

积极参与隧道建设项目，推进盾构机再制造项目的普及，并将绿色低碳理念融入设计和施工。不断创新技术和产品，提高竞争力，寻找新的市场机会。同时加强与相关行业合作，共同推动盾构机再制造技术在全国范围内的应用。

（三）积极参与再制造标准编制

目前盾构机再制造相关国家或者行业标准较少，缺乏统一的检测验收标准和方法，从而难以规范盾构机再制造产品质量。公司作为行业标准的倡导者，始终致力于完善再制造标准体系，目前共参与编制 1 项国家标准和 9 项团体标准。

四、发展展望

（一）重要性日益凸显

隧道掘进机装备再制造作为对国民经济高质量发展有重要意义的产业，具有产业链长、关联度大、辐射范围广等特点，大力发展作为绿色循环经济重要内容的掘进机装备再制造产业，开展全链条绿色转型升级，对于实现碳达峰、碳中和，提升我国高端装备再制造产品质量，增强我国高端装备再制造产品的影响力，消除绿色贸易壁垒具有重要意义。

（二）需求量将大幅增加

随着全国各大城市轨道交通、城际铁路、水利工程、过江隧道等的建设规模不断加大，盾构机作为隧道掘进的专用大型工程机械，其市场需求也呈倍数增长。截至 2020 年末，全国有 61 个城市在实施城轨交通线网建设规划，规划线路总长 7 085.5km（不含已开通运营线路），国家发展改革委批复的 44 个城市建设规划项目可研批复总投资高达 41 614.5 亿元。再制造盾构机因为节约资源、保护环境、价格低、工期短等特点，在市场竞争中具备明显优势，市场前景喜人。

（三）应用场景丰富

未来，我国城轨交通建设规模和投资还将维持在较高水平，多种资本参与也将为城轨交通的持续快速发展带来新的助力。随着城市化的推进，地下空间的开发利用成为城市空间拓展的重要方向，特别是在改善基础设施、提升空间容量、缓解交通压力等方面，更是发挥着不可替代的作用。作为地下空间开发不可或缺的专用设备，再制造盾构机也将得到更广泛的应用。

五、政策诉求和建议

目前，盾构机再制造市场巨大，再制造企业众多，但因行业没有对全部企业进行资质审查和考核，企业间再制造设计能力及制造能力差别较大，良莠不齐。同时，盾构机再制造市场时而会发生价格战，低价中标必然会埋下再制造产品质量缺陷的隐患，进而带来隧道施工风险和不良的社会影响。因此，提出以下几点建议。

（一）完善政策法规，建立准入制度

建议对盾构机再制造生产型企业、服务型企业和购买盾构机再制造产品的单位给予政策鼓励，推动将盾构机再制造产品列入《国家工业固体废物资源综合利用产品目录》，逐步对盾构机再制造产品实行减征或免征增值税。加快推进盾构机再制造企业资质认证和再制造产品信息备案制度，推动建立盾构机再制造市场准入机制，促进再制造产业健康发展。

（二）上下游联动，推进核心部件国产化

盾构机再制造是延续盾构机使用寿命、提升盾构机性能的重要手段，为此应逐步实现盾构机零部件的国产化。目前机械、部分低端的电气产品国产化较好，对于液压、高端电气产品和核心部件等应继续推进国产化进程。建议由政府引导，盾构机制造单位积极尝试，与国内相关制造业共同推进盾构机零部件的国产化。

（三）深化宣传引导，提升对盾构机再制造的认知度

由于我国再制造产业发展仍处于起步阶段，再制造作为新的理念还没有被相关行业及客户正确认知，要继续加大再制造宣传力度。在销售网络和终端用户范围内推广普及再制造产品的知识，结合再制造盾构机的具体实例，宣传再制造在我国实现“双碳”目标中的地位和作用，正确引导社会各界尤其是政府部门、新闻媒体对再制造的认识，提升公众对盾构机再制造的认知度，推进形成盾构机再制造产业发展的整体合力。

第 19 章　广东欣龙隧道装备股份有限公司

陈国昌　郑杨锐　刘志诚[㊀]

一、企业基本情况

（一）企业再制造相关资质和能力

广东欣龙隧道装备股份有限公司（简称欣龙）成立于 2015 年（见图 19-1），位于广东江门鹤山中欧工业城 C 区，是一家集盾构物资和盾构装备研发、设计与制造及再制造等核心资源优势于一体，以专业化、规模化发展隧道掘进装备的高新技术公司。公司在盾构机行业拥有雄厚的技术经验，注重产品质量和技术创新，盾构机再制造产品被列入工业和信息化部《再制造产品目录（第九批）》，成立的隧道掘进机检验中心获得中国合

图19-1　公司外景

㊀ 陈国昌，副高级工程师、广东省技术能手。郑杨锐，中级工程师。刘志诚，中级工程师。

格评定国家认可委员会（CNAS）认可，同时拥有 50 多项专利，参与编制了多项标准。欣龙始终坚持“质量第一、客户至上”的原则，以优质的产品和优质的服务赢得客户的信赖和支持，并不断创新和提升自身竞争力，致力于成为盾构机领域的领先企业。

（二）企业再制造现状

欣龙近年来一直致力于提升企业产能和产品质量，以适应不断变化的市场需求。通过在盾构市场多年的深耕积累，公司厂区的生产能力逐渐增强，具备年再制造 50 多台盾构机的能力，已为多个城市的轨道交通建设提供了盾构机再制造服务。图 19-2 展示了盾构机再制造前和再制造后的外观。

图19-2　盾构机再制造前（左）和盾构机再制造后（右）的外观

欣龙的再制造产品涵盖了盾构机的各种类型，如全断面土压平衡盾构机、全断面泥水平衡盾构机、敞开式岩石隧道掘进机和顶管机等。其中，全断面土压平衡盾构机占比约 65%，全断面泥水平衡盾构机占比约 10%，敞开式岩石隧道掘进机占比约 15%，双模式、顶管机及其他隧道掘进设备占比约 10%。

技术人才的数量和质量是企业发展的关键因素之一，欣龙拥有一支经验丰富、技术精湛的技术团队，其中包括机械工程师、电气工程师、液压工程师等专业人才，技术人才占公司成员的 60%，团队成员具备丰富的盾构机维修、改造和再制造经验，能够为客户提供专业化的技术支持和解决方案。

欣龙始终秉承着科技创新、绿色发展的理念，致力于为客户提供高质量的盾构机再制造产品和服务。采用线上线下相结合的方式为客户提供全方位的售后服务，线上售后服务包括在线咨询、远程技术支持等；线下售后服务包括现场检修、设备安装调试等。盾构机再制造工艺循环流程图详见图 19-3。

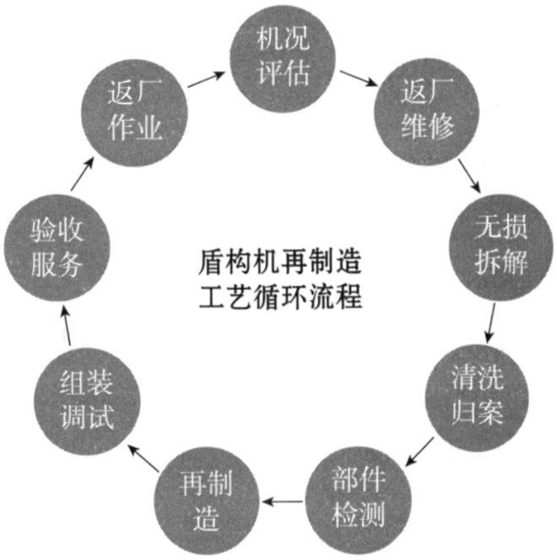

图19-3　盾构机再制造工艺循环流程图

（三）盾构机再制造的背景和意义

目前，中国是全球最大的盾构机生产国，不但具有全球最大的盾构机市场，而且生产的盾构机已经输出到全球，占全球市场份额的70%以上。截至2022年底，国内盾构机市场总存量约4 000台，且新增市场规模保持在300～400台/年。地铁建设作为盾构机的主要使用场景，直接影响了盾构机的整体需求。目前，我国盾构机再制造仍处于初期发展阶段，主要的盾构设备厂家仍以销售新机为主。随着盾构技术的成熟和市场的饱和，大量的闲置或报废盾构机将造成资源浪费，盾构机再制造成为重要的解决方案。

盾构机再制造的优势在于资源再利用和降低成本。再制造可以充分利用旧机器的结构和部件，延长设备寿命，并减少资源消耗，同时还有助于实现绿色低碳转型，符合国家的可持续发展目标。因此，盾构机再制造具有重要的意义，既能解决闲置或报废盾构机的问题，又能推动我国盾构机行业向绿色低碳方向发展。

二、主要创新做法

欣龙盾构机再制造的主要创新做法是基于技术升级、工艺改进和材料创新的综合应用，具体包括以下三个方面。

（一）智能化控制系统升级

利用先进的控制技术和自动化系统，对盾构机的控制系统进行升级。通过引入智能传感器、数据采集和分析技术，实现更精确、更灵活的控制，提高盾构机的运行效率和安全性。通过安装各种传感器，如应力传感器、位移传感器和温度传感器等，可以实时监测盾构机的工作状态和环境参数。这些传感器收集到的数据可以用于盾构机性能分析和故障诊断，为运行员和工程师提供准确的数据支持。在盾构机掘进的安全检测过程中，欣龙利用计算机技术和传感器技术实现排土量测量和动态监控的智能化，解决了目前排土量测量精度低而影响盾构机掘进安全的问题。利用排土量测量系统（见图19-4），通过排土量扫描仪，结合测温仪对排土的温度测量数据，对不同地质排土的密度和温度的变化，采用相应的补偿计算，更加准确地对排土量进行连续不间断的实时监控，并对土方量超欠挖监控报警，保证了盾构机掘进的安全。

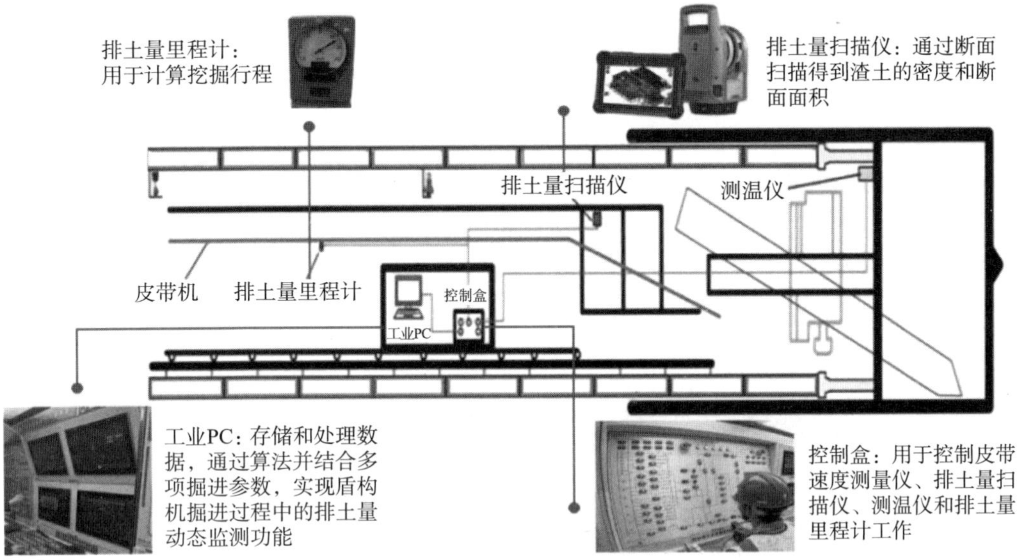

图19-4　盾构机排土量测量系统组成图

（二）盾构机刀盘扩径技术

盾构机刀盘扩径是指在隧道施工过程中，将刀盘的直径逐步扩大，以适应隧道施工的需要。盾构机刀盘扩径是隧道掘进中的一项重要工程技术，能够实现更大直径的隧道掘进，从而满足交通、水利等工程对更大尺寸隧道直径的需求。欣龙将既有盾构机刀盘切割为中部核心装置和外圈刀盘两部分；切割后，保留中部核心装置并检查刀盘状态，按照分块位置切割原外圈刀盘；将改变环宽的外圈环形装置（新的外圈刀盘）焊接到中部核心装置上，可得新制盾构机刀盘；最后安装新制盾构机刀盘上的刀具，形成完整的刀盘系统，从而满足新设计隧道的施工要求。盾构机刀盘扩径技术可以将旧刀盘升级到新的技术标准，对其进行更新和改进，提高其性能、可靠性和安全性。重新利用旧刀盘的核心部分，减少了材料采购和制造的费用，显著降低盾构工程的成本。盾构机刀盘扩径（见图 19-5）再制造比新制可以更快地完成，有助于加快工程进度，减少施工时间和费用。

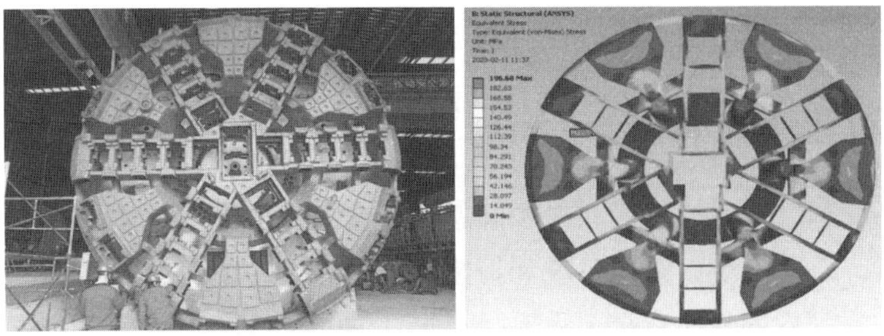

图19-5　盾构机刀盘扩径再制造后照片和盾构机扩径后受力分析图

（三）盾构机主轴承再制造技术

盾构机主轴承（见图19-6）是主驱动系统的核心部件，其寿命通常决定了整台盾构机的寿命，主轴承失效形式有密封滑道、滚动体、滚子跑道磨损，O形密封失效等。主轴承大齿圈与小齿轮相互啮合带动刀盘转动，操作或维护不当会出现圈磨损、崩裂等失效形式，使主轴承稳定性变差。再制造修复方法主要根据主轴承的失效形式和损伤程度而定，针对损伤较轻的主轴承密封滑道、滚动体、滚子跑道等零部件，一般采用修理尺寸法或堆焊法进行修复；针对损伤严重的、不可修复的支撑架、主密封等零部件，一般会新制或采购新的零部件。

图19-6　主轴承再制造

欣龙通过盾构机再制造技术改进，提升盾构机的性能、可靠性和持久性。这些创新使得再制造后的盾构机能够更好地适应不同地质条件，提高隧道挖掘效率，并且在环保、节约能源方面表现更佳，为城市基础设施建设提供更可持续的解决方案。

三、盾构机再制造经验总结

（一）深入了解盾构机的结构和工作原理

在盾构机再制造之前，对其结构和工作原理进行深入了解是必要的。深入了解盾构机的结构和工作原理，一是能更好地评估其性能和潜在的问题，并采取合适的措施进行再制造；二是能为确定再制造需求和目标、指导再制造过程、技术优化和降低潜在风险提供重要的指导与依据，也可以确保再制造工作的有效性、质量和安全性。

（二）充分评估盾构机的状态和问题

在再制造之前，对盾构机的状态和问题进行全面、彻底的评估是必不可少的。这包括对机械部件、电气系统、液压系统和控制系统等方面的全面检查，对于确保再制造工作顺利进行、提高效率和质量至关重要。通过评估，可以确定再制造的需求和目标，合理规划和管理资源，制定合适的策略和措施，确保再制造过程的质量和安全。

（三）制订详细的再制造计划和流程

在盾构机再制造过程中，制订详细的再制造计划和流程是非常重要的。这包括确定再制造的具体目标、优先级和时间表，以及明确再制造步骤和质量控制标准。详细的再制造计划和流程提供了清晰的指导，能够优化资源分配，确保质量控制，提高工作效率和加强风险管理。通过制订再制造计划和流程，可以确保再制造工作的顺利进行，并达到预期的质量和效果。

（四）加强对技术团队的培训

拥有一支技术娴熟的团队可以提高再制造的效率和质量。通过培训技术人员，使他们熟悉盾构机再制造的工艺和流程，并确保他们跟上最新技术和标准的发展。在盾构机再制造过程中可能会遇到各种技术问题和挑战，技术团队需要具备解决问题的能力和经验，能够迅速识别问题，并采取适当的措施予以解决。

（五）严格遵循质量控制和安全规范

在盾构机再制造过程中，严格遵循质量控制和安全规范是确保再制造质量和工作安全的关键。要采用严格的检验和测试措施，确保再制造后的盾构机符合相应的标准和要求。遵循质量控制规范可以提高再制造后盾构机的可靠性。要严格按照规范进行测试，确保每个部件都经过适当的验证和评估，降低再制造后出现故障或失效的风险。遵循安全规范可以降低再制造过程中的安全风险，通过使用符合标准的工具和装备、遵循安全操作规程等安全措施，可以降低人员伤害和事故发生的可能性。

（六）持续改进和创新

盾构机再制造需要持续改进和创新以适应市场需求，提高效率和质量，降低成本和资源消耗，增强企业竞争力，推动行业发展。只有不断进行改进和创新，才能满足不断变化的需求，并不断提升再制造工作的水平和质量。

四、发展展望

（一）市场前景广阔

随着城市化进程的加速推进，对地下隧道建设的需求持续增长，推动了盾构机再制造市场的扩展。技术创新、质量提升和环保理念的更新将推动再制造行业的发展，再制造市场将迎来更多机遇。再制造可减少资源消耗、降低环境污染和减少碳排放，符合可持续发展的理念，因而受到政府的支持。总的来说，盾构机再制造前景广阔，随着技术的不断创新和市场需求的增长，再制造行业将持续发展。

（二）细分领域需要深耕细挖

盾构机再制造市场的细分领域也有望迎来突破和创新，如再制造高效土压平衡系统、智能化控制系统和新型材料应用等。随着技术的不断进步、市场需求的扩大和支持政策的出台，盾构机再制造市场将迎来更广阔的发展前景，更多种类的盾构机、更广泛的关键零部件将进入再制造范围，需要行业不断挖掘潜在产品与服务，欣龙也将扎根盾构机行业，深耕再制造领域，为我国工业资源综合利用产业贡献一份力量。

（三）对可持续发展的作用日益突出

盾构机再制造是在旧机基础上进行修复与升级，节省了原材料，减少了能源消耗与污染物排放，也大幅减少碳排放，既是典型的工业资源综合利用，也是制造业先进生产力的表现，对国家绿色产业与可持续发展意义重大。

五、诉求和建议

（一）采取多种激励措施

盾构机再制造政策的主要诉求是推动资源的有效利用和减少废弃物产生。建议主管部门提供经济激励措施，如奖励、税收减免或补贴，以鼓励企业通过盾构机再制造来延长设备的使用寿命，减少新设备的制造和废弃设备的处理。同时盾构机再制造政策还应着重于推动盾构机的技术升级和创新，通过提供资金支持、技术咨询和培训等方面的政策支持，鼓励企业采用先进的技术和工艺来改造与提升盾构机的性能和功能，提高其工作效率和质量。

（二）完善再制造标准和规范

建议主管部门进一步完善再制造标准和规范，以确保再制造的质量、安全和可靠，包括制定再制造技术标准，加强监管和执法力度。主管部门还可以提供技术指导和培训，帮助企业理解和满足相关的再制造要求；引导和鼓励国内盾构机再制造企业积极参与国内外市场竞争，提升市场竞争力和国际影响力；提供市场准入机会、国内外合作交流平台和项目合作的支持，以促进盾构机再制造行业的发展。

（三）强化知识产权保护和信息共享平台建设

建议主管部门提供知识产权保护和信息共享等方面的措施，为盾构机再制造企业营造良好的创新环境和营商环境。通过在再制造全链条上提供高质量的知识产权公共服务，严厉查处侵权行为，助力提高企业的创造力和市场的活力，将再制造盾构机的价值最大化，将废旧设备转化为可再利用的资源，促进循环经济的发展和实施。

第 20 章　中铁十一局武汉重型装备有限公司

张昆峰　乔晓亮　李磊[⊖]

一、企业基本情况

（一）企业基本信息

中铁十一局武汉重型装备有限公司的前身是中铁十一局集团城市轨道工程有限公司 2015 年成立的盾构分公司，随着分公司高速发展，施工规模迅速扩大，为抢抓盾构机再制造市场，进一步做大规模、做高平台、做强专业，分公司于 2020 年在武汉市黄陂区建设盾构机制造基地，并改制成立中铁十一局武汉重型装备有限公司。

（二）全链条服务实力

公司以“做最高品质的盾构施工服务商”为发展愿景，有效整合盾构设备维修再制造、轨道交通技术研发等产业，拥有华中地区规模最大的盾构施工综合服务基地，以及华东、华南 2 个盾构机制造基地，现有各类规格掘进机 50 余台套，业务涵盖盾构工程施工、装备维修制造、盾构设备租赁、盾构检验检测、盾构材料销售、职业技能鉴定等，可提供一站式盾构综合服务。

⊖ 张昆峰，中铁十一局武汉重型装备有限公司总经理。乔晓亮，中铁十一局武汉重型装备有限公司总机械师。李磊，中铁十一局集团城市轨道工程有限公司盾构工程研究院院长。

（三）相关荣誉和资质

公司针对盾构装备再制造等方面开展重点技术研究，先后参与省部级科研课题和研发计划3项，基于大数据的盾构数字化施工和盾构机再制造创新应用入选工业和信息化部2022年大数据产业发展试点示范项目。截至2024年7月，获得国家专利126项，其中获评国家发明专利银奖1项（“一种盾构到达洞门密封装置及密封施工方法”）。主编/参编《全断面隧道掘进机 岩石隧道掘进机安全要求》（GB/T 41051—2021）等国家标准4项。获得国家“百项新技术”2项、省部级科技进步一等奖2项（“软弱破碎围岩全断面隧道掘进机施工及故障诊断技术”等）、股份公司科技进步一等奖1项（“掘进机绿色再制造技术研究及应用”）、河南省工程建设科学成果特等奖1项（“盾构掘进数字仿真及风险防控技术”）。通过盾构机制造二级资质评审，并荣获全国工人先锋号、湖北五一劳动奖状、湖北省工人先锋号、盾构机再制造达标认证企业、设备检维修金牌班组、设备管理与技术创新标杆单位等多项荣誉，为实现“十一局制造、城轨出品”打下了坚实的基础。

二、主要创新做法

（一）建立标准体系，提升再制造水平

公司建立了标准化维修流程、验收标准，根据不同品牌、不同机型，“量体裁衣”制订设备维修方案，确保盾构机维修快速实施、高质量交付。退场盾构机由专业技术人员进行动、静态勘验，出具详细勘验报告，制订专项维修再制造方案，对盾构机的零部件、整机油缸、液压系统、泡沫系统、电气系统、外观、钢结构等进行维修再制造，过程中实行“一项一记录，一项一质检，一项一验收”的质量监管，使得出厂后的盾构机恢复其原有的技术性能。

（二）自研维修再制造工装，解决技术难题

公司自主研发的“散热器除垢装置”可实现在不拆解散热器的情况下对整套散热系统进行全面清洗，时间由原来的拆解法需耗时3天，缩减为3小时，大大提高了盾构设备冷却系统的清洗效率，不仅节约人工，而且安全高效。另外公司自创“主驱动密封安装，盾体、盾尾矫正，自动控制门吊挡泥卷帘，自动控制皮带刮泥装置，盾构机土仓可视化的简易观察孔，长距离过站轮式托架，盾构机维修支撑”等装置，在维修再制造和施工应用上均取得较好的成效。

（三）锻造专业技术，掌握核心科技

公司依托自主研发的智慧盾构系统采集盾构机关键部件的运行数据，建立再制造部件的性能评估体系，制定再制造全过程工艺标准，形成盾构机再制造关键技术并进行产业化示范。

关键技术一：依托智慧盾构系统的再制造基础数据采集和整合技术

针对盾构数据的格式、存储差异化问题，研发具有多功能、兼容性的数据管理硬件，构建盾构机刀盘、主轴承、主驱动、液压系统等关键部件运行状态的数据采集和传输系统（见图 20-1），以实现再制造基础数据高效调用。

图20-1　数据采集与传输系统（示意）

关键技术二：基于数据驱动的盾构机再制造关键部件性能评估体系

采用无损检测、数值仿真和基础数据相结合的方法评估预测关键部件的可靠性和寿命（见图 20-2），开发盾构机关键部件的最优匹配算法，为再制造整机组装决策提供参考。依据关键部件的寿命评估结果，按照继续使用、修复使用、完全更换 3 种类别，建

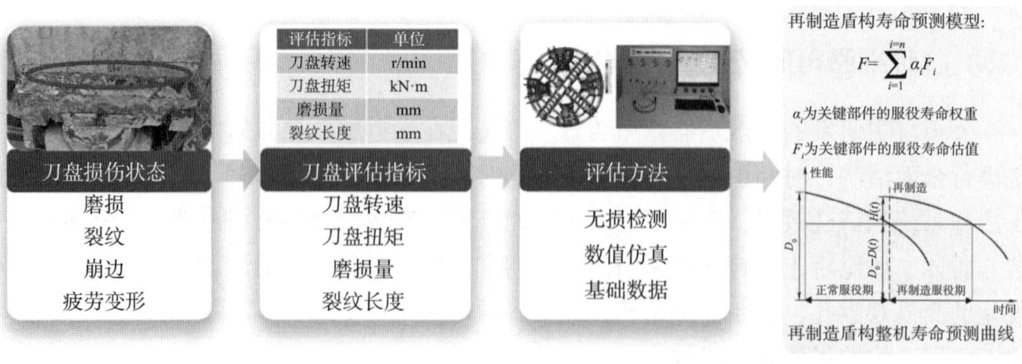

图20-2　盾构机再制造关键部件（刀盘）可靠性和寿命预测流程

立关键部件再制造设计理论（见图 20-3），估算对应的再制造成本。综合考量经济性、通用性等因素，制定关键部件再制造全过程（拆解、分类、清洗、检测、修复、装配、试验）的标准化工艺规程（焊接、探伤、形位公差），明确采用的设备、仪器、工装、工艺参数、检测和试验要求等内容，保证再制造产品的质量。

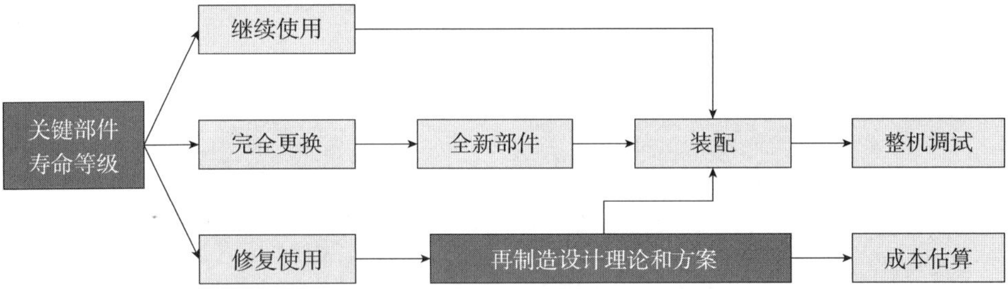

图20-3 盾构机再制造分类设计流程图

关键技术三：盾构机再制造技术应用及产业化示范

采用纳米热喷涂、金属材料表面自身纳米化、电液混合驱动、辅助换刀机械手、控制系统升级等新技术、新材料、新工艺改进提升再制造盾构机整体性能，基于盾构机制造基地优势打造再制造生产线，完成盾构机关键部件的再制造、整机组装和性能提升的产业化示范（见图 20-4）。

图20-4 盾构机再制造的产业化示范

三、取得的成效

（一）盾构机再制造工艺及产能取得突破

截至 2023 年，公司累计完成 125 台套盾构机的维修、再制造。其中联合制造 6.9m × 4.2m 矩形顶管机 1 台、7.2m 土压盾构机 1 台，自主再制造 12m 级泥水大盾构机 1 台、8.8m 盾构机 2 台、8.5m 盾构机 2 台，扩径改造 9.1m 盾构机 1 台、8.5m 盾构机 2 台、6.6m 盾构机 4 台、6.4m 盾构机 2 台、6.2m 盾构机 3 台。这些盾构机成功应用于杭州、武汉、长沙、广州、厦门、沈阳、太原等地的地铁工程（见图 20-5），各项性能均满足要求，部分性能达到了新机标准。盾构机刀盘实现自主设计制造，已完成 6m 级软土刀盘设计制造、9m 级复合刀盘设计制造。刀具装配车间建成投产，为穗莞深项目生产各型号滚刀共计 55 把。公司业务范围不断拓展，装备制造能力显著提升。

图20-5　再制造12m级DZ588大直径泥水盾构机用于长株潭折返线（左）、公司首台自主设计制造刀盘下线并应用于太原项目（右）

（二）科技研发创新能力进一步凸显

公司深化科技创新发展，与盾构及掘进技术国家重点实验室、中国工程机械学会、北京盾构工程协会等行业平台，武汉大学、华中科技大学、湖北工业大学等高校，以及铁建重工、洛阳轴承等企业密切合作，在盾构装备再制造、盾构机设计、智慧盾构机管控、施工技术研发等领域开展前沿性技术研究，现已实现自主开发上位机系统、自主设计制造刀盘、盾体改扩径、智慧盾构系统开发应用等。以盾构施工及维修再制造为主题，承担省部级科研课题 3 项，入选工业和信息化部、湖北省经济和信息化厅及武汉市科学技术局试点示范应用项目各 1 项。

（三）再制造品牌得到社会认可

截至 2023 年，公司成功与铁建重工、浙江物产、杭州中诚、洛阳特重等 30 余家实力雄厚的单位达成合作，同时做好在建项目运营，二次合作单位多达 10 家，展现了公司强大的服务实力。与铁建重工联合再制造的 8.8m 直径盾构机，在广州 18 号和 22 号地铁线施工中创造了单月施工 603m 的纪录。凭借过硬的设备质量、优质的售后服务、专业的制造理念，公司盾构机再制造质量取得了用户的广泛信赖，实现了良好的滚动发展，提高了企业外部知名度和市场影响力。

四、发展展望

（一）提升企业平台影响力

下一步，公司将依托盾构机全产业链优势，按照“做大规模、做高平台、做强专业”的总要求，提升盾构施工管理及创效能力、装备研发能力，提升公司作为“盾构机租赁平台”的影响力，将公司打造为市场占有率高、美誉度高、竞争力强的高品质盾构施工服务商，推动盾构机再制造行业高质量发展。

（二）提升企业数字化水平

持续推动技术创新，坚持重点突破，提升盾构机制造水平，推动产业升级。以装备制造为核心，对现有盾构机制造管理进行持续改进和升级，引进新工艺和新技术，以提高制造效率和产品质量，推动产业数字化转型，提升企业数字化能力。以市场为导向，推动技术、产品、服务和管理创新，提升发展质量和效益，扩大优质产品和服务供给，打造盾构机新机组装、再制造、系统升级、维修保养及盾构机钢构件生产制造的一体化平台。

（三）夯实企业绿色发展之路

坚定不移地走盾构机再制造专业化发展道路，推动盾构机制造产业绿色发展。通过推广节能环保技术、减少环境污染、改善生产工艺、提高资源循环利用水平等措施，推进绿色制造，打造可持续发展道路。

（四）打造品牌，形成特色优势

提高企业专业检测及创新能力，获得由中国合格评定国家认可委员会（CNAS）颁发的“检验机构认可证书”“实验室认可证书”。在设计研发上，研发刀盘及钢结构加工制造工艺，设计和制作大盾构机配套工装，并结合施工现场，优化、升级设计产品和配套工装，叠加形成核心优势，创造特色品牌，打开市场空间。

五、诉求和建议

（一）建议加大对厂房建设用地等的支持力度

部分再制造基地因为土地问题，再制造盾构机的产能难以提高。盾构机是一种特大型工程机械，每台长度为 100 ～ 200m，重量从数百吨到数千吨，厂房占地面积较大。随着公司业务量的不断增加，现有的盾构机再制造基地需要扩建，需要一定数量的建厂用地。建议政府对再制造企业在税收、贷款，尤其是厂房建设用地等方面给予优惠或政策倾斜，使企业无后顾之忧。

（二）建议升级盾构机再制造标准，加大行业约束

进一步发挥行业协会在再制造行业标准和规范制定及再制造产品质量监管方面的作用。北京盾构工程协会组织制定的盾构机再制造方面的 9 项团体标准对企业的约束较小，建议部分重要的团体标准（如再制造盾构机验收认定标准）由有关主管部门组织专家进行修订，并升级为行业标准甚至国家标准。

（三）建议授权第三方机构加强质量监管

建议政府相关部门授权行业协会组织相关专家成立对盾构机再制造质量进行监控的第三方权威机构，负责对再制造盾构机质量的检查和监控。同时，支持制定盾构机再制造产品设计标准、再制造零部件质量标准、再制造技术工艺标准等，充分发挥标准对产业发展的规范引领作用。

（四）建议加大资金投入和人才培养力度

进一步加强再制造技术的研究和创新力度，同时加快再制造技术人才的培养。建议一是从政府层面加大对再制造技术研究创新的资金投入，例如设置再制造技术创新专项基金。建议二是国家教育部门鼓励有条件的高校设置装备再制造专业或学科，着力培养具备系统再制造理论知识和设计制造能力的人才。

第 21 章　中铁隧道局集团有限公司

蒙先君　马龙飞㊀

一、企业基本情况

（一）基本信息

中铁隧道局集团有限公司（简称中铁隧道局，见图 21-1）是隧道和地下工程领域的专业工程承包商，隶属于“世界 500 强”中国中铁股份有限公司，集“勘测设计、建筑施工、科研开发、机械修造”四大功能于一体，业务涵盖铁路、公路、市政、房建、水利水电、机电安装工程施工总承包和隧道、桥梁、公路路基、铁路铺架等专业承包，以及设计、机械制造、科研咨询等领域。公司具有铁路工程、公路工程、市政公用工程施工总承包特级资质，铁道行业甲Ⅱ级、公路行业甲级、市政行业甲级设计资质。

图21-1　中铁隧道局集团有限公司

企业注册资本 29.98 亿元，所有者权益 59.33 亿元，资产总额 296.29 亿元。在建项目 300 多个，员工总数达到 14 889 人，拥有管理、专业技术人员 8 274 人，国家级有突出贡献专家 2 人，有 9 人享受国务院政府特殊津贴。保有机械设备 19 923

㊀ 蒙先君，中铁隧道局集团有限公司设备分公司总经理。马龙飞，中铁隧道局集团有限公司设备分公司，研究领域为盾构机管理与再制造。

台套，隧道掘进机［盾构机、硬岩掘进机（TBM）］保有量为 90 台套，是国内拥有盾构机、TBM 门类最齐全、数量最多的施工企业。先后参与 70 多条国家重点铁路线路关键长大隧道项目建设，参与国内 37 个城市的轨道交通建设，年隧道施工能力在 500km 以上。

（二）再制造现状及能力

公司再制造主要产品类型为盾构机（包括土压平衡盾构机和泥水平衡盾构机）和 TBM，产品品种基本覆盖了市场上所有主流款型。2017 年中铁隧道局的土压平衡盾构机（6m ≤ Ø < 7m）被列入工业和信息化部《再制造产品目录（第七批）》，2022 年硬岩掘进机（Ø6.39m）被列入工业和信息化部《再制造产品目录（第九批）》。再制造产品现有生产能力为 18 台套 / 年，2021 ～ 2023 年再制造隧道掘进机（盾构机 /TBM）产量为 21 台套。2020 年被北京盾构工程协会评为“盾构机再制造企业认定达标单位”（见图 21-2）；2023 年通过中国工程机械工业协会全断面隧道掘进机企业生产与服务水平贰级资质评审（见图 21-3）。

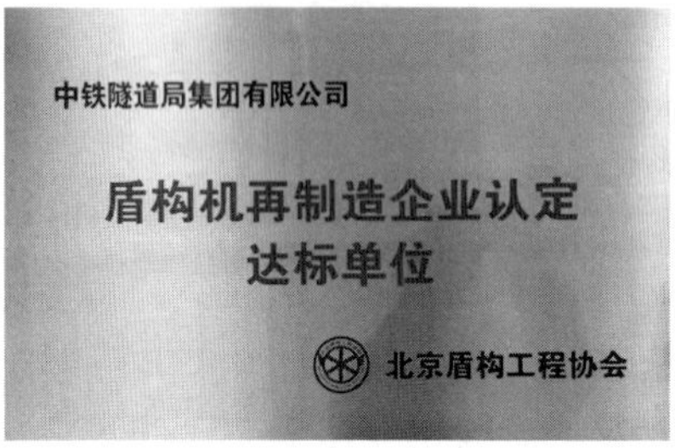

图21-2　盾构机再制造企业认定达标单位牌匾

图21-3　全断面隧道掘进机企业生产与服务水平等级证书

截至 2024 年，公司拥有国家级企业技术中心 1 个，盾构及掘进技术国家重点实验室 1 个。获国家科技进步奖 17 项、鲁班奖 27 项、詹天佑大奖 46 项、国家优质工程奖 83 项、全国市政金杯奖 11 项、国际隧道与地下空间协会隧道奖 5 项、国际市政工程协会特殊国际荣誉奖 1 项、国际项目管理银奖 1 项、国际工程项目优秀奖 1 项。拥有知识产权 1 600 余项、国家级工法 27 项。

（三）再制造发展历程

中铁隧道局从 1997 年开始 TBM 施工，从 2001 年开始盾构机施工，较早进入全断面隧道掘进机施工领域。截至 2023 年，保有隧道掘进机数量居全国同类企业之首。由于进入隧道掘进机施工领域较早，陆续有隧道掘进机（盾构机 / TBM）达到使用年限，为充分利用设备资源，同时满足现场施工需要，中铁隧道局先后开展了 20 多台套隧道掘进机（盾构机 / TBM）的再制造工作，并在国内地铁、铁路建设上得到了良好应用。2016 年，公司获得工业和信息化部机电产品再制造试点单位（第二批）（工信部节〔2016〕53 号）资质，并在 2020 年通过机电产品再制造试点单位（第二批）验收（工信厅节函〔2020〕300 号）。

二、主要创新做法

（一）管理创新

（1）再制造组织模式方面，引入“隧道局设备部（系统部门）—设备分公司（专业功能型）—各子分公司（施工型）”管理体系，实现共同参与、分级管理，各司其职。

（2）注重再制造设计，在盾构机 /TBM 再制造中采用“量体裁衣”式的设计理念。根据后续施工项目的水文地质、工程设计及业主需求等情况，设计计算所需盾构机 / TBM 性能参数，结合盾构机 /TBM 本身设备参数、状态评估情况，有针对性地对盾构机 /TBM 各系统或部件进行重新设计制造、修复或者性能提升，达到通过再制造实现整机部分系统性能提升的目的。

（3）在考虑技术、经济、环境、资源等因素的基础上，结合应用需求进行盾构机 / TBM 旧部件再制造性评估，明确了指导原则：一般对于高附加值零部件，采用相应的再制造技术恢复其性能（见图 21-4）；对于附加值低、再制造难度大、修复过程中易形成二次污染的零部件，采用换件方式；对于附加值低、再制造或性能恢复难度小的零部件，采用委托外协加工或合作进行再制造的模式；对于附加值高、再制造难度大的核心零部件，结合自身新品制造优势，通过技术攻关，开发再制造新技术，形成具有自主知识产权的核心技术和产品，提高企业竞争力。

图21-4　主驱动部件氩弧焊“增材”再制造和主轴承数控立车“减材”再制造

（4）依托由盾构及掘进技术国家重点实验室（见图 21-5）牵头搭建的“智慧盾构 / TBM 大数据平台”，利用大数据系统所存储的大量盾构机 /TBM 历史施工数据、工程水文地质及设备故障情况等相关信息，衡量盾构机 /TBM 真实状况，对其再制造的经济性和可靠性进行预测，准确判断设备及其零部件的可再制造性，辅助做出科学、正确的再制造决策。

图21-5　盾构及掘进技术国家重点实验室

（5）盾构机 /TBM 再制造工作按照“再制造八步法”标准工艺（评估策划、返厂回收、拆解、清洗、检测与寿命评估、修复与再制造、组装调试验收、售后服务）开展，过程中严格按照盾构机 /TBM 整机“全拆全检、负载调试”模式要求实施再制造相关工作，对于部分在工厂内暂不具备负载调试条件的测试项目，如脱困模式、保压测试、带料测试等，通过设计专用工装及模拟现场实际工况环境等方式辅助进行，创造条件满足整机负载测试要求。

（6）积极开展盾构机 /TBM 部件的国产化试验和开发工作，联合国内院校和企业，共同推进部件全面国产化，以提高盾构机 /TBM 再制造产业的竞争力。中铁隧道局与洛阳 LYC 轴承有限公司签订了战略合作协议，2016 年两家公司以“科研 + 订单”模式联合研制了 Ø2.6m 国产盾构机的主轴承，成功应用于再制造 CT006H 盾构机（见图 21-6），并于 2018 年在合肥顺利通过了国产主轴承工程实践评估验收，CT006H 盾构机在合肥轨道交通中累计掘进 5 896m；2019 年，中铁隧道局与洛阳 LYC 轴承有限公司再次联合研制了用于首台套 Ø11m 级盾构机主轴承（Ø4.8m），该主轴承已应用于再制造 CT013N 盾构机（见图 21-7），并顺利完成舟山海底公路隧道项目施工。除此之外，积极推进盾构机 /TBM 配件（减速机、主驱动密封、阀门等）国产化，目前国产化配件已经在部分施工工程中成功应用。

图21-6　2016年4月，国内首台采用国产主轴承的再制造盾构机下线，并获得了中央电视台的报道宣传

图21-7　2019年应用国内首台最大国产主轴承（Ø4.8m）的再制造泥水盾构机 CT013N（Ø11.7m）下线，成功用于舟山海底公路项目（已全线贯通）

（7）依托再制造产业优势，联合协会、院校、厂家等组织机构中的行业专家，建立了企业专家智库，在盾构机 /TBM 再制造关键节点（前期设计评估、核心部件再制造方案评审及出厂验收等阶段）召开专家研讨会，汇集众智，实现再制造技术和质量高端咨询。

（8）2017 年，《盾构再制造管理创新关键技术研究》成果获得全国交通运输行业设备管理创新成果特等奖，同年，《盾构 /TBM 施工大数据应用平台》入选工业和信息化部全国优秀大数据产品方案和中国施工企业管理协会互联网最佳实践案例；2018 年，《建筑施工企业盾构 TBM 全生命周期管理》入选全国建筑业设备管理创新成果集。

（9）取得了河南省质监局颁发的乙级设备监理单位资格证书和中国设备监理协会颁发的全断面隧道掘进设备监理甲级资质证书，成立了专门的设备监理机构，并在国内首次创新性地引进了盾构机 /TBM 再制造全过程第三方监理机制，对再制造过程的安全、质量、进度等方面进行监督管控，在行业内具有重要推广应用价值。

（二）技术创新

1. 技术发展变化情况

清洗技术：由传统的柴油 / 煤油清洗除污、砂轮片 / 钢丝刷打磨除锈、喷砂除漆技术逐步向超高压水清洗技术、金属表面激光除锈技术、超声波清洗技术及绿色专用清洗剂（见图 21-8）等方向发展，新技术已经在盾构机 /TBM 零部件表面清理工序中应用。

图21-8　碳酸氢钠微晶绿色清洗工艺——用于液压泵/马达表面除漆
（不损伤基体及附件，左侧为清洗设备，右侧为清洗后的液压泵）

大型结构件变形检测技术：由之前常用的卷尺、全站仪检测技术逐步向三维摄影测量、3D 扫描和激光跟踪技术等方向发展，新技术已在刀盘、盾体等大型结构件变形检测中应用。

液压 / 电气元器件检测技术：由常规的通用量具、电工仪器仪表分散式手动检测方式逐步向集成式、高精度及高效率的液压 / 电气件综合试验台（见图 21-9）自动化检测方向发展，液压 / 电气件综合试验台已在盾构机 /TBM 液压元件、电气元器件检测工序中应用。

图21-9　液压/电气件综合试验台

油缸表面损伤修复技术：由传统的镀铬技术逐步向激光熔覆技术方向发展，激光熔覆技术已在油缸再制造中应用。

主轴承密封跑道表面损伤修复技术：由之前常用的氩弧焊焊接技术逐步向常温冷态金属重熔技术、可控堆焊技术等方向发展，新技术已经在盾构机主轴承密封跑道再制造中应用。

轴类零件表面损伤修复技术：由之前常用的二保焊、氩弧焊焊接技术逐步向金属热喷涂、激光焊接技术（见图 21-10）等方向发展，新技术已经在盾构机中心回转接头、电机传动轴再制造中应用。

故障监测、诊断及分析技术：由传统的经验判断、离散检测方式逐步向大数据智能平台、在线监测和远程监控技术（见图 21-11）等方向发展，新技术已经在再制造盾构机产品中应用。

图21-10　热喷涂与激光熔覆“增材”再制造技术

图21-11　主驱动、液压油在线检测技术应用

2．工艺发展变化情况

隧道掘进机（盾构机 /TBM）整机再制造工艺模式由最初的“部分拆检、空载调试”逐步发展为目前成熟的“全拆全检、负载调试”模式。建立再制造的完整工艺流程，通过总结提炼形成了隧道掘进机“再制造八步法”工艺，并全面推广应用。

隧道掘进机（盾构机 /TBM）主轴承及其密封、减速机、刀具等核心部件的再制造工艺模式由最初的“换件 + 进口采购”逐步向“修复 + 国产化研发”发展。

3．设备发展变化情况

隧道掘进机（盾构机 /TBM）再制造采用的设备随着再制造技术的发展而升级换代，之前的常规性设备已逐步被目前市场上先进的、高效的、绿色的设备（如超声波绿色清洗设备、3D 扫描仪、热成像仪、液压 / 电气件综合试验台等）所替代。

三、经验总结

（一）优化管理模式

采用项目法管理模式，按照“全拆全检、负载调试”的要求实施再制造，并实行再制造项目部、监理部和用户三方检验制度，确保了再制造质量可控。再制造过程中，监理部和用户在现场全程参与，对各环节进行旁站、监督，并对实施过程存在的问题提供整改意见。

（二）提升数智化管理水平

借助“智慧盾构 /TBM 大数据平台”，为隧道掘进机（盾构机 /TBM）再制造设计提供理论支撑。深入开展盾构机 /TBM 状态实时监测与评估工作，由中国合格评定国家认可委员会（CNAS）认可的中铁隧道局设备检测中心建立了严格的检测程序、设备检测管理体系和质量管理体系，对全公司的检测数据和评估报告进行信息化管理。

（三）加强标准的研究制定

牵头制定国家标准《全断面隧道掘进机再制造》（GB/T 37432—2019），探索编制了《全断面隧道掘进机状态监测与评估》（T/CCMA 0087—2020）等再制造团体标准，形成了一套检测、修复及验收规范。

（四）引入第三方监理机制

取得了全断面隧道掘进设备监理资质，成立了专门的设备监理机构，并在国内首次创新性地引进了盾构机 /TBM 制造（再制造）全过程第三方监理机制，对公司范围内的所有大型盾构机 /TBM 的制造、再制造进行了全过程监理（见图 21-12），为规范盾构机 /TBM 制造（再制造）过程，保证设备寿命发挥了重要作用，在行业内具有重要推广应用价值。

图21-12 采用监理机制新造（左侧）与再制造（右侧）的盾构机

四、发展展望

（一）服务区域逐步扩大

通过国内市场调研和与其他配套企业协同开展再制造业务，结合自有盾构机 /TBM 分布状况和全断面隧道掘进机再制造业务开展情况，已与华北（廊坊）、华中（新乡）、华东（苏州、南京和合肥）、西北（西安）、西南（成都和重庆）、华南（珠海）6 个片区的 9 个城市中满足盾构机 /TBM 再制造场地要求的企业形成了合作关系，其中河北廊坊、河南新乡为中铁隧道局自有厂区，能够满足盾构机 /TBM 再制造需求。

（二）战略定位大幅提升

为积极响应国家发展绿色循环经济的战略，同时结合企业搬迁至广州南沙区的现状及远期战略规划需求，已经以建设国家级盾构机 /TBM 再制造示范基地为目标，成功向广州南沙自贸区申请珠江工业园区 83 亩地块。此外，根据中铁隧道局重塑“四位一体”、做强做大机械修造板块的战略部署，在 83 亩地块的基础上考虑申请购置 300 亩二期用地，总投资近 10 亿元，建设能够提供盾构机 /TBM 再制造一站式服务的产业园，大力推进和发展盾构机 /TBM 再制造业务，并对原 83 亩一期地块的功能做了重新规划。

（三）合作范围日益广泛

经过多年在隧道掘进机（盾构机 /TBM）再制造领域的实践，中铁隧道局与多个专业的再制造单位达成了长期合作关系，在主驱动轴承的检测、维修及再制造方面与洛阳 LYC 轴承有限公司签订了战略合作协议，在液压元件检测、维修、再制造方面与安徽博一流体传动股份有限公司建立了合作关系，在主驱动减速机检测、维修、再制造方面与南京雷贝科技有限公司建立了长期合作关系，共同推进盾构机 /TBM 再制造产业发展。

（四）重要作用日益凸显

机电产品再制造是实现资源优化利用的最佳途径，是节能减排的一项重要措施，是加快发展循环经济、建设资源节约型和环境友好型社会的重要举措，也有利于促进就业和扩大对外贸易。随着我国铁路、公路及轨道交通领域的高速发展，盾构机 /TBM 作为一种高技术含量、高可靠性、高效率、高附加值的专用隧道施工高端装备，在我国得到越来越广泛的应用。为积极响应国家“绿色环保、节能减排”的号召，同时有效延长盾构机 /TBM 设备使用寿命、保障工程建设顺利进行，实施全断面隧道掘进机再制造已是大势所趋。

五、政策诉求和建议

（一）市场认可问题

盾构机 /TBM 再制造面临的最大问题是市场认可度较低，尤其是在城市轨道交通建设领域，建设方对盾构机 /TBM 的机况关注度和要求很高，往往要求施工方使用新机，或者使用投用时间不超过一定期限或掘进不超过一定里程的设备。因此，建议加强全断面隧道掘进机再制造产品的推广应用。

（二）市场流通问题

建议在大力发展盾构机 /TBM 再制造产业的同时，设置相应的行业准入资格，即经过认证的再制造企业生产的隧道掘进机（盾构机 /TBM）可以在市场上流通，而没有经过认证的企业，不能开展隧道掘进机（盾构机 /TBM）再制造业务。

第22章　大连海事大学董氏镀铁有限公司

刘勇[㊀]

一、企业基本情况

（一）基本信息

大连海事大学董氏镀铁有限公司（简称董氏镀铁公司）成立于1992年，依托大连海事大学，应用董玉华先生发明的董氏无刻蚀镀铁技术，专业从事舰船柴油机曲轴、内燃机车曲轴、高速内燃机曲轴等零部件的修复与再制造业务。董氏镀铁公司占地总面积5 000m²，其中建筑面积2 200m²，将产、学、研紧密结合，是辽宁省镀铁工程技术研究中心的依托单位，也是交通运输部船机修造重点实验室所在单位。截至2023年底，董氏镀铁公司产值累计达5亿元，累计上缴利税近亿元，为顾客节省资金达25亿元。

（二）再制造能力

截至2023年底，董氏镀铁公司有员工50余名，其中高级技术职称5人，中级技术职称8人，各类高中级专业技术工人30余名。公司拥有大型曲轴专用磨床6台，曲轴专用车床2台，以及1级检测平台、大型探伤机、大型整体动平衡机及各类检测设备，此外，公司还有8条全自动计算机控制镀铁生产线，4条连杆修复生产线，能够满足用户对修复部件质量及工期的要求。公司拥有完备的镀铁再制造生产线和再制造产品检测环节（见图22-1），可修复与再制造长度不超过8m、重量在10t以内的各类曲轴和直轴等零件。

㊀ 刘勇，大连海事大学董氏镀铁有限公司副总经理。

目前公司已获得中国船级社和英国劳氏船级社工厂认可、原铁道部机务局认证、中海油设备维修资格认证等，并通过了 ISO 9001 质量管理体系和 ISO 14000 环境管理体系认证。

图22-1　再制造产品检测环节

（三）教学与科研

董氏镀铁公司虽然属于独立法人企业，但同时承担着交通运输部和大连海事大学的教学与科研任务，既是大连海事大学的“船机修造工程交通运输行业重点实验室”，又是轮机工程学院、交通运输工程学院和理学院的教学与实习基地，承担着本科生的培训和实习以及研究生、博士生的科研和培养任务。此外，作为“省级工程技术中心”，还承担着辽宁省镀铁工程技术相关创新项目的科研课题研究。

二、铁基合金镀铁再制造技术简介

（一）技术的应用范围

铁基合金镀铁再制造技术是在“董氏无刻蚀低温镀铁修复技术”的基础上研发的，是辽宁省镀铁工程技术研究中心主任、董氏镀铁公司董事长兼总经理、教授级高级工程师董文仲潜心研究 20 多年开发的高新技术。利用此项技术可在铸铁、球磨铸铁、铸钢、碳素钢、合金钢的基体表面上电沉积任意厚度的金属键结合的高强度钢化层。该技术同时具有镀厚能力强、生产效率高、对零件本体强度无影响等优点，主要用于修复与再制造船舶、机车、汽车、发电设备、高速内燃机曲轴（见图 22-2）、中间轴、艉轴、齿轮轴、直轴、连杆、机体等贵重零部件。

图22-2　高速内燃机曲轴

（二）技术的优势和特点

该技术不同于一般传统的镀铁技术，属于低温镀铁，温度一般控制在 40 ～ 50℃，结合界面“微融活化”态为其主要特点，镀铁层微观显示为超细柱状晶体结构，垂直于结合界面生长，镀层表面呈现细微网状纹结构（见图 22-3），有利于应力释放，并有储油润滑的作用。

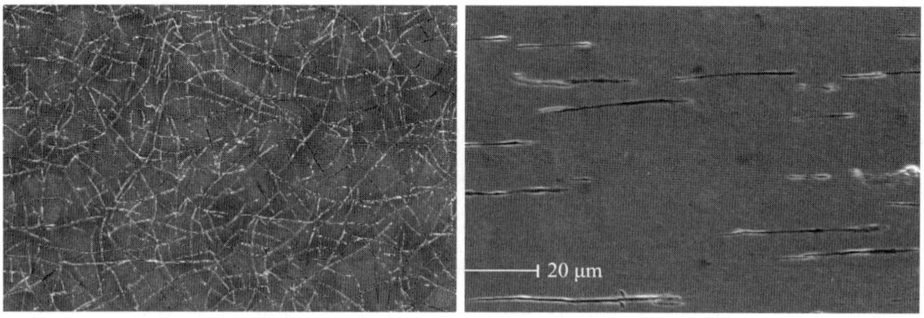

图22-3　镀层表面细微网状纹结构

通过该技术所获得的镀铁层与基体金属界面在扫描电镜放大 5 000 倍时显示完全融合，并且残余应力小，洛氏硬度可达 50 ～ 60HRC，耐磨和耐腐蚀性能非常好，结合强度用法向拉力法测试，平均超过 450MPa，并且可以获得任意厚度的镀层。

2010 年，该技术通过了辽宁省科学技术厅组织的技术成果鉴定，与会专家认为：“应用该技术的镀铁再制造曲轴等产品的机械性能优于新品。整体技术达到国际先进水平，其中核心技术——铁基合金镀液研制和工艺参数自动控制技术居国际领先水平。镀液不排放、无污染，解决了大型零部件一次镀厚能力的难题。实现了大型曲轴等关键零部件的批量再制造，为再制造产业提供了一种新的支撑技术。”图 22-4 为鉴定会现场。

图22-4　鉴定会现场

（三）具体的技术指标

铁基合金镀铁再制造技术的主要技术指标如下。

（1）金相分析表明，铁基合金镀层与基体金属连续融合为一体，镀层与基体金属的结合为金属键结合，镀层为柱状纳米晶结构（见图 22-5）。

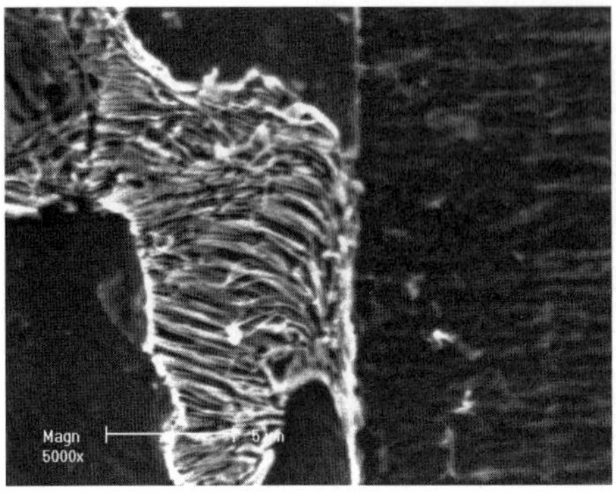

镀层与基体金属结合界面放大5 000倍金相形貌

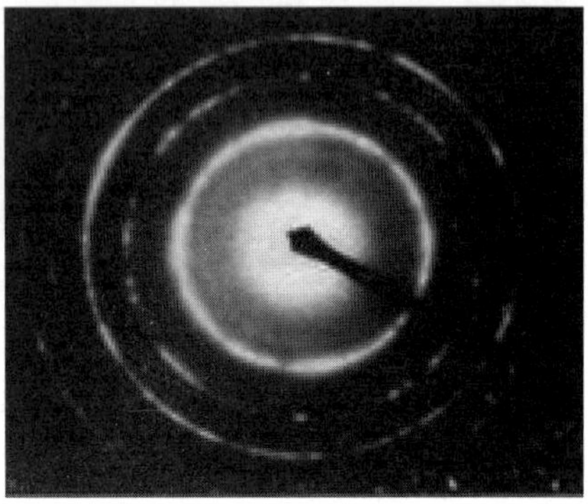

镀层为柱状纳米晶结构

图22-5　镀层与基体金属结合界面放大5 000倍金相形貌及镀层为柱状纳米晶结构

（2）铲削（交叉）模拟试件任何部位，镀层与基体金属在交界处均无分离现象，在磨床上磨削镀层至基体金属，看不到结合界面。用法向拉力法测得铁基合金镀层的法向抗拉强度最大可超过 460MPa，拉断的基体金属界面全部黏附着镀铁层，证明铁基合金镀层与基体金属的结合强度远高于检测的数据，比单金属镀铁镀层的结合强度和抗拉强度提高了 100MPa 以上。镀层与基体金属的结合强度检测试件见图 22-6。

图22-6　镀层与基体金属的结合强度检测试件

（3）获得的纳米晶结构的高强度合金镀层的合金总含量在 5% ～ 8%，镀层最佳耐磨洛氏硬度为 50 ～ 60HRC，耐磨性能和抗咬合性能比单金属镀层提高 40% 以上。

（4）镀层沉积速度为 0.3 ～ 0.5mm/h，一次可获得 7mm 厚镀层，经过加工后可复镀，直至得到所需要的任意厚度。

（5）铁基合金镀层不降低基材的疲劳极限，而且略有提高。基体表面用喷丸等预置应力技术处理后，疲劳极限大大高于基材试样，曲轴预置应力后疲劳极限提高了 17%。

（6）机械加工后，在镀层表面进行磁粉探伤、着色探伤和超声波探伤检验，显示无缺陷。

（7）再制造的曲轴等零件，完全满足在高速运转、多变、高密度等负载条件下的使用要求。

三、企业创新发展做法

（一）加强科研，致力于技术创新

董氏镀铁公司自成立以来一直致力于技术创新，在无刻蚀镀铁技术研究方面取得了丰硕的成果，包括 1995 年“无刻蚀镀铁工艺”被国家科委列入国家级科技成果重点推广计划和中国技术出口项目，1999 年“一种无刻蚀镀铁合金方法”获中国发明专利，2012 年“铁基合金镀铁再制造技术”被列入工业和信息化部与科学技术部联合下发的《机电产品再制造技术与装备目录》中的应用推广类别，2012 年“铁基合金镀铁再制造技术”获得交通运输部交通运输建设科技成果推广证书等。

公司曾先后荣获多个奖项，包括 1994 年“无刻蚀镀铁液”获辽宁省重大科技成果二等奖，1996 年“董氏无刻蚀镀铁工艺”获联合国技术信息促进系统中国国家分部发明创新科技之星奖，1996 年“船机曲轴无刻蚀镀铁新工艺研究”获交通运输部科技进步一等奖，2012 年“舰船、机车曲轴铁基合金镀铁再制造技术”获得辽宁省科技进步一等奖以及 2017 年“系列内燃机曲轴镀铁再制造技术”获得中国绿色制造科学技术进步三等奖等。

此外，公司还于 2013 年成为工业和信息化部印发《内燃机再制造推进计划》中的 40 家示范单位之一，2014 年申报并组织实施《内燃机再制造示范工程实施单位实施方案》，2015 年通过工业和信息化部机电产品再制造试点单位（第二批）验收。

（二）大力推动科研成果工程化和产业化应用

近年来，董氏镀铁公司在科研成果工程化和产业化方面取得巨大成果。2010 年，公司研制的“舰船、机车铁基合金镀铁再制造技术”以 1 860 万元转让给中石油集团济柴动力总厂天津再制造工程中心，用于中石油集团发电柴油机曲轴及油田贵重机械零部件的再制造。

董氏镀铁公司目前是国内唯一实现曲轴批量再制造的厂家，成立以来，已成功修复和再制造国内外各型号船用柴油机曲轴、铁路内燃机车曲轴 10 000 余根，以及高速内燃机曲轴和其他各类直轴数万根，为海运、铁路、电力、冶金、矿山、油田、化工等行业做出了巨大贡献。公司以镀铁技术为支撑，实现了镀铁再制造技术工程化、产业化，成了集科研、生产、开发于一体的企业。

（三）不断开发新的再制造领域

铁路“和谐”号内燃机车曲轴是铁路市场新的发展方向，也是公司开发的另一个重点市场领域。董氏镀铁公司凭借多年技术基础和研发工作，成功通过资质审核，成为首个有资质的“和谐”号内燃机车曲轴再制造单位。此外，董氏镀铁公司大力拓展以煤层气、垃圾填埋场沼气、天然气等绿色能源为燃料的新型内燃机再制造市场，先后以再制造标准成功修复多台套颜巴赫、曼海姆、瓦克夏、高斯科尔等品牌内燃机的曲轴、机体，为客户节约了大量采购成本和时间成本，赢得了客户的信赖和好评。

四、主要经验总结

（一）发挥产学研优势，加强镀铁工程技术研究中心的建设

依托镀铁工程技术研究中心进行新技术和新项目的研发，解决日常生产和应用的技术问题，积极参加相关学术会议，与相关单位进行学术交流，加强与学校相关部门及老师的合作，加强研究中心的发展和建设。作为“研究生实践基地”“大学生创新基地”和“教学实习基地”，董氏镀铁公司充分发挥产学研优势，每年都会为轮机工程学院、交通运输工程学院（材料）、理学院的本科生、硕士研究生和博士研究生提供专业课实习、实践和试验机会，每年累计接待师生500余名，联合培养硕士研究生2～4名。

（二）强化安全与环保意识，提高责任担当能力

安全与环保工作是企业持续稳定发展的基础和保障，董氏镀铁公司一直在公司内强调安全与环保工作的重要性，主动承担起社会责任，遵守环保有关法律法规，建立健全安全管理规章制度，不断完善公司的质量体系和环保规章制度。相关部门积极认真地做好安全与环保的管理及教育工作，定期组织安全与环保管理工作会和培训，提高员工的安全及环保意识，重视安全与环保工作。技术部门、安全环保部门与生产单位相互配合，解决不安全因素的瓶颈制约问题，从源头控制污染点、污染源，实现了废气达标排放和生产污水零排放。

五、本领域展望及诉求和建议

（一）未来展望

未来市场广阔。再制造是以废旧产品为毛坯，采用高水平的技术进行修复和改造，使产品的质量和性能达到甚至超过新产品的再循环过程，省却了重新冶炼、锻造和大部分的加工环节，是节能减排、降本增效的有效手段。再制造的重要特征是再制造产品的质量和性能能够达到甚至超过新品，而成本只为新品的 50%，节能 60%，节材 70%，对环境的不良影响也显著降低。实际上，对于柴油机曲轴、机体、连杆等，再制造成本更低，节能、节材效果也更明显，对环境的不良影响相对于制造新件可以忽略不计。再制造后的柴油机零部件不仅恢复了尺寸，而且提升了性能，其质量可以媲美新件甚至超过新件。随着国民经济的发展，船舶、铁路内燃机车、工程机械等中的各类内燃机曲轴保有量日益增长，因此，内燃机曲轴再制造市场也将日趋扩大。

（二）政策诉求和建议

适当放宽再制造内燃机排放标准。受国家最新排放标准影响，目前国内市场上保有的国二、国三和国四排放标准的内燃机市场占有率明显降低，而前期再制造的柴油机主要是国二、国三和国四排放标准。因此，各厂家的内燃机再制造量急剧下降，致使车辆及工程机械用高速内燃机曲轴再制造量断崖式减少。建议考虑内燃机再制造过程中的节能、降碳效果，适当放宽再制造内燃机排放标准，以有效促进再制造内燃机行业及其下游行业的健康、稳定发展。

第 23 章　大连一柴内燃机有限公司

宋建军　宋宇浩　张永波[⊖]

一、企业基本情况

（一）企业基本信息

大连一柴内燃机有限公司创立于 2007 年，位于辽宁大连瓦房店工业园区内。公司拥有扎实的柴油机技术研发能力，稳定的生产管理团队，以及高效能的销售队伍。顺应国家绿色发展、节能减排的发展理念，公司从 2016 年起成功转型，成为一家集柴油机总装与再制造产品研究、开发、生产及销售于一体的内燃机制造企业。公司主营产品为大柴自有系列、德国道依茨及沃尔沃柴油机，多年以来一直与大连柴油机厂保持着合作关系。

（二）再制造规模及创新能力

2024 年，公司有员工 70 多人，其中技术管理人员 16 人。公司设计年产能为各类柴油发动机新机 5 000 台、再制造机 2 000 台，实际装机量为新机 3 000 台、再制造机 1 500 台，公司是东北地区三个省份唯一的民营柴油机再制造企业。公司凭借自身优

⊖ 宋建军，男，1980 年出生，毕业于沈阳理工大学，2007 年在国外留学时接触到发动机再制造行业，并于 2013 年回国担任大连一柴内燃机有限公司总经理，全面负责企业的技术、运营、规划等。2016 年带领企业转型，全面发力再制造，并提出打造全球最大的再制造基地的目标。宋宇浩，男，毕业于宜春学院。张永波，男，公司执行经理。

势，对气缸体、气缸盖、增压器、发电机、起动机、飞轮、曲轴、喷油器、共轨等核心和关键零部件开展再制造，为广大用户提供质优价廉的再制造配件。

公司典型的再制造产品主要包括四类机型的柴油发动机——解放系列、沃尔沃系列、道依茨系列和道依茨 TCD 系列，主要应用领域包括车用动力、非道路固定移动机械动力、水泵机组动力、客户定制化产品动力和发电机组动力等。其中，解放系列包含 CA498、CA4DD、CA4DH、CA6DH 等；沃尔沃系列包含 D4D、D5E、D6E、D7E、D8K 等；沃尔沃遍达系列包含 TAD520、TAD720、TAD760 等；道依茨系列包含 BF4M1013、BF6M1013、BF4M2012、BF6M2012 等；道依茨 TCD 系列包含 TCD2012L04 2V、TCD2012L06 2V、TCD2013L04 2V、TCD2013L06 2V、TCD2013L04 4V、TCD2013L06 4V 等。

再制造生产流程包括旧机回收拆解、旧件修复处理、零部件机械加工以及柴油机装配试验等完整的再制造过程，产品覆盖道路车辆、工程机械、农用机械、发电机组以及船舶动力等领域，累计为商用车后市场提供了 20 000 余台套各类再制造产品，赢得了行业的认可。

（三）企业的荣誉和资质

自成立以来，公司先后加入中国内燃机工业协会（见图 23-1）、中国汽车工业协会、中国汽车工业协会汽车零部件再制造分会（见图 23-2）、中国物资再生协会再制造分会（见图 23-3），通过了再制造管理体系认证（见图 23-4），并于 2020 年成为工业和信息化部内燃机再制造试点企业（见图 23-5）。公司始终秉持“为客户服务是企业存在的唯一理由”的理念，以诚信立业经营为原则，凝心聚力，不断提高管理水平和生产能力，使企业在激烈的市场竞争中始终保持竞争力。

图23-1　中国内燃机工业协会会员证书

图23-2　中国汽车工业协会汽车零部件再制造分会会员证书

图23-3　中国物资再生协会再制造分会会员证书

图23-4　再制造管理体系认证证书

图23-5　工业和信息化部内燃机再制造试点企业证书

二、企业创新发展做法

（一）创新发展理念

一是注重创新，不断探索新的市场和业务机会，以保持竞争优势。二是关注产品质量和服务质量，努力提高客户满意度，从而赢得市场信誉。三是注重可持续发展，追求长期利益，同时关注环境保护和社会责任。四是注重与战略伙伴和客户的合作，共同发展，实现共赢。五是注重人才培养和激励，为员工提供良好的职业发展平台，激发员工的创造力和积极性。

（二）不断提升管理水平

一是制定清晰的目标和战略，以质取胜，以信为本；不忘初心，方得始终；追求卓越，永不止步；团结协作，共创未来。二是引入合适的领导者，优秀的领导者能够激励员工，创造积极的工作环境，帮助企业实现目标。三是建立有效的沟通渠道，鼓励员工之间的开放交流，确保每个人都能够分享自己的想法和意见。四是培养员工的技能和才能，每月组织一次技术培训和教育，帮助员工提高所需的技能和知识，从而提高产品和服务的质量。五是重视员工的福利和健康，每年组织一次体检，逢年过节分发福利。六是建立有效的信息系统，用于收集、处理和传递信息，帮助领导做出更好的决策。

（三）重视技术研发

一是持续学习与培训，每月组织一次技术培训和研讨会，让员工了解并掌握最新的技术趋势和工具。二是建立研发团队，在企业内部建立研发部，和技术部相互配合，专注于技术创新和产品开发。三是与高校和研究机构合作，共同进行研发。四是鼓励员工创新，为员工提供创新的空间和资源，鼓励他们提出新的想法和解决方案，同时通过重奖的方式鼓励员工创新改革。

三、再制造服务和产品的优势

（一）质量等同于新机，客户更放心

公司采用正宗原厂配件，并严格执行与新机一样的生产工艺流程和质控体系，确保交付到客户手中的发动机的性能与新机一样。

（二）质保标准与售后服务等同于新机，客户更省心

公司对再制造产品提供完善的售后服务，客户购买再制造发动机享受与购买新机同等的质保标准和售后服务。

（三）良好的性价比，客户更称心

公司再制造产品的性价比更高，再制造整机的价格为新机价格的60%～70%，再制造发动机较大修发动机经济性提升5%～8%，再制造配件的价格约为新件价格的一半，再制造整机和配件与原机技术状态完全一样，保证互换便捷。

（四）灵活多样的合作模式，客户更满意

公司始终以客户为中心，采取灵活多样的合作模式，一单一策，合作共赢。公司坚持多品种、小批量的生产模式，提供以旧换再、客户个性定制产品管理等多种合作方式，为客户提供产品的全生命周期解决方案。

四、未来展望

（一）企业品牌前景广阔

大连一柴内燃机有限公司经营初步形成规模，在“十四五”末实现收支平衡，将品牌影响力扩大到国际。在“十五五”末，将公司的代理商发展到全球各大洲以及国内每一个省级行政区，通过代理商的布局，实现30%以上的净利润率，最终将企业打造成中国最具影响力的民营发动机制造基地。

（二）提高市场占有率

企业把树立品牌形象作为核心战略，通过连锁代理模式在全球各地布局销售网点推销产品。深入打造企业品牌，并因地制宜地根据当地市场需求推出相应的营销策略，让更多的消费流向当地代理商，利用该模式发展为全球知名品牌，通过品牌效应增加市场占有率。

（三）提高利润

随着公司产品在市场上的占有率越来越高，工厂产能将大大增加，在批量生产的同时，公司的平均成本会大幅下降。批量生产的另一个好处就是可以增加机器人设备和流水线设备，大大降低人力成本，进而大幅提高产品的利润。

五、政策诉求和建议

（1）作为一家发动机再制造企业，公司是国家“碳达峰、碳中和”目标的实践者、先行者，也会努力为目标的最终实现做出贡献。因此希望国家对本类企业给予相应补贴，进而使公司有更大的发展空间。

（2）企业的大发展、大扩张会增加销售订单，纳税金额也必然会不断增加；同时作为一家劳动密集型企业，随着企业的发展，对员工的需求量也会不断增加，包括引进一些高端人才，势必会对当地的就业率有很大帮助。因此希望当地政府可以在税收和人才引进方面给予企业相应的优惠和政策，支持公司大力发展。

（3）公司作为工业和信息化部批准的内燃机再制造试点单位以及中国内燃机工业协会会员、中国汽车工业协会汽车零部件再制造分会会员和中国物资再生协会再制造分会会员，深知企业对行业发展所担负的责任，因此希望各行业协会继续支持公司的发展和实践，并给予必要的帮助，助力公司早日成为中国内燃机再制造的领军企业。

第 24 章　武汉重型机床集团有限公司

阮利平[㊀]

一、企业基本情况

（一）基本信息

武汉重型机床集团有限公司（简称武重）（见图 24-1）是国内生产重型、超重型机床的规格最大、品种最全的大型骨干企业，拥有国家级企业技术中心、机械工业高档重型机床工程研究中心、国家级博士后科研工作站、国家高档重型机床产业技术创新战略联盟等多个科研平台。截至 2023 年底，公司有从业员工 3 356 人，其中技术科研类人员超过 600 人，高级职称员工超过 150 人，国家级专家 5 人，省市级专家 11 人。经

图24-1　武汉重型机床集团有限公司正门

㊀ 阮利平，武重集团机床技术研究院副院长，正高级工程师。

过 60 余年的技术沉淀，公司组织制定及修订了 36 项重型机床标准，主持和参与了 47 项国家和行业标准审定，累计获得 120 多项国家专利。

武重现为中国机床工具工业协会轮值理事长单位、重型机床分会理事长单位、中国机电装备维修与改造技术协会理事长单位（见图 24-2）、重型机床标准化主任委员及秘书处挂靠单位。武重还先后荣获国家“2017 年服务型制造示范企业”、国家“机床行业两化融合示范标杆企业”、中国工业重大技术装备首台套示范单位、湖北省“智能制造示范企业”“创新型企业”“高新技术企业”、武汉十大科技创新突出贡献企业以及武汉市市长质量奖等荣誉称号。武重是国家机电产品再制造试点企业、工业和信息化部首批机床再制造试点企业，具有中化联合认证再制造质量管理体系认证证书、中国机电装备再制造企业能力资质证书（见图 24-3）。

图24-2　中国机电装备维修与改造技术协会理事长单位证书

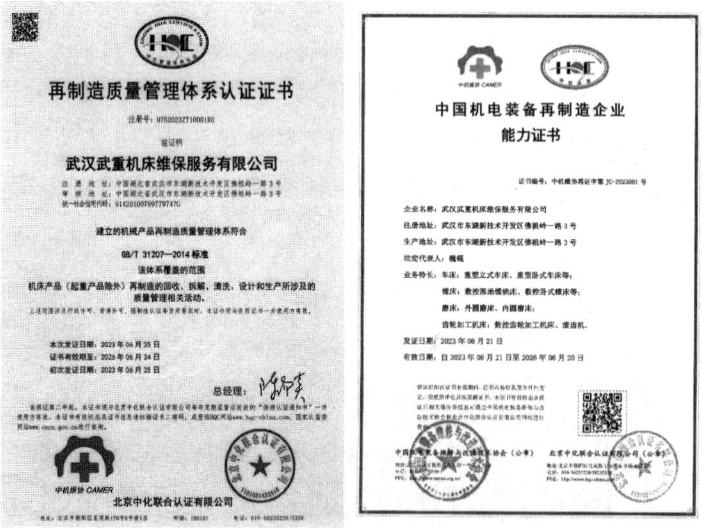

图24-3　中化联合认证再制造质量管理体系认证证书、

中国机电装备再制造企业能力资质证书

（二）再制造发展历程

武汉武重机床维保服务有限公司（原名：武汉武重装备再制造工程有限公司，简称武重维保公司）成立于 2007 年 4 月，是武重集团公司下属的专门从事机床再制造业务的全资子公司，2009 年获批我国第一批机电产品再制造试点单位。2019 年 6 月将武重机床公司大修改造事业部成建制划入再制造公司，进一步配强营销、技术力量，健全内设机构，公司定位为武重集团承接机床维修总包、再制造及“换脑工程”服务的专业化平台（见图 24-4），致力于打造集营销、设计、制造、服务于一体的绿色再制造产业化服务基地，打造武重再制造知名品牌。2021 年，公司更名为武汉武重机床维保服务有限公司，并进行了一系列的内部机制改革，破除了制约企业发展的深层次问题和核心矛盾，走上了快速发展的轨道。

图24-4　武重机床再制造作业现场

（三）再制造产品

武重维保公司现有员工 95 人，其中专业从事机床再制造的工程技术人员 32 人。公司主营各类机床、大型机械设备的绿色再制造、维修保养、增值服务等业务，再制造机床产品主要集中在重型、超重型机床：立式车床类、卧式车床类、龙门铣（刨）床类、镗床类、滚齿机类、钻床类、专用机床类和功能附件类等。

从 2007 年成立以来，公司已承接 300 余家大中型国有、民营企业 700 余台机床的再制造、大修、改造及搬迁维保等业务，其中机床再制造业务占 50% 以上。2019～2022 年，武重机床再制造产业发展情况良好，详见表 24-1。

表24-1　武重机床再制造主要指标完成情况表（2019～2022年）

主要指标（含预期目标）		2019年	2020年	2021年	2022年
再制造企业主要营运指标	总资产（万元）	1 667	1 785	1 921	2 232
	固定资产（万元）	156	165	177	194
	销售收入（万元）	2 137	3 150	3 866	4 680

（续）

主要指标（含预期目标）		2019年	2020年	2021年	2022年
再制造产品生产能力	设计生产能力（台、套）	100	130	150	150
	现有生产能力（台、套）	100	130	150	150
	实际产量（台、套）	25	45	78	83
	实际销量（台、套）	25	45	78	83
再制造产品流通能力	机床旧件回收量（台、套）	3	6	11	8
	再制造机床销售量（台、套）	3	6	11	8
	再制造机床销售额（万元）	1 607	1 765	2 312	2 335
再制造参与人员	生产人员总数（人）	42	64	85	95
	工程技术人员总数（人）	10	15	25	32
再制造综合指标	旧件利用率（%，按重量计算）	85.9	85.7	81.4	85.2
	不可再制造部分资源化率（%）	87.1	89.9	82.9	88.3

注：2023年公司步入快速成长期，上半年销售收入达到5 000万元，全年超额完成8 000万元的既定目标。

二、主要创新发展做法

（一）重视软、硬实力“双轮”驱动

武重集团公司早在20世纪80年代就已涉足机床再制造行业，进入21世纪后又率先进入重型机床再制造市场，无论是再制造技术研发、加工工艺修复技术、专利、技术标准、工艺技术规范和品牌效应等软件水平，还是现有的加工装备、检测仪器、专用工具与检具等硬件实力，公司在国内同行业均处于领先水平，图24-5展示的是公司机床

图24-5 机床再制造零部件清洗房

再制造零部件清洗房。在重型机床尤其是中高档的重型机床再制造市场，武重再制造具有巨大的领先优势和竞争力。

（二）突出再制造技术创新能力建设

武重维保公司注重维保再制造领域关键核心技术突破，打造绿色再制造技术优势和品牌优势，积极融入武重机床技术研究院创新研发资源体系，联合打造了一支机床绿色再制造专业技术研发团队——机床维保技术研究所（见图 24-6）。公司依托机床维保技术实验室平台，协同推进机床绿色再制造技术和质量创新，规范机床再制造技术、工艺、质量、安全标准，突破了一批机床再制造领域的核心技术，如铸铁导轨冷焊复原技术、铸铁导轨钢带修复与性能提升技术、老旧零件评估与翻新强化技术、大型铸件断裂复原技术、主轴零件电弧喷涂修复技术等（见图 24-7），以技术引领机床维保再制造业务向产业服务化转型。2026 年底之前，公司将在军工装备制造以及船舶、风电、工程机械等领域打造 3 ～ 5 个机床维保服务示范项目，培育大型装备全生命周期维保与服务能力，构建具有兵器工业特色、在行业内具有影响力的大型装备全生命周期维保再制造服务平台。

图24-6　武重机床维保技术研究所

图24-7　大型零件导轨面电弧喷涂修复与增强导轨面耐磨性

（三）注重多领域、全链条综合服务

武重集团公司再制造的业务范围主要涉及能源（核电、水电、风电）、交通、船舶、航空航天、军工、冶金、矿山、铁路、海洋工程等重点行业及领域的重型、超重型机床、专用机床的再制造，机床再制造产品的技术升级，先进数控功能部件的组合运用，可为用户提供设备的搬迁、维保、大修改造等全链条服务，是国内重型、超重型机床再制造行业的大型骨干企业，也是集重型机床再制造研究、开发、制造、加工、检测、服务与咨询、产学研用为一体的综合服务商。

三、经验总结

（一）坚持核心技术自主创新

武重机床再制造业务作为公司重点发展的新方向，以综合利用信息技术、智能运维技术、纳米技术等高技术为核心，充分体现了自主创新的特点。要保证再制造机床性能优异，最重要的是要掌握并运用先进的再制造核心技术，如先进表面工程技术。武重机床维保技术研究所仍然在不断创新研发用于机床再制造的先进表面工程技术群，为机床再制造提供更丰富的技术手段，使再制造零件表面涂层的强度更高、寿命更长，确保再制造机床的性能超过新品。

再如先进材料再制造成形技术灵活运用增减材制造等先进工艺手段（见图 24-8），快速高效高质量地生产出集成度极高的复杂功能部件，此类部件由于连接元件少，结构稳固、刚性提升、杜绝漏油，在精度保持性与可靠性方面要明显优于新品，受到用户的一致好评。

图24-8　运用增减材技术再制造的机床NC头

（二）严把各环节质量管控

保证再制造机床的质量是保证其性能优异的根本，武重维保公司再制造业务执行武重集团的质量管理体系，按照武重集团质量、安全、环保一体化和精益生产的要求，结合新形势下机床再制造业务质量工作的特点，从构建质量工作的长效机制出发，不断加强质量工作管理创新和落实质量责任制，努力实现由传统质量管理向全员、全过程、全价值链体系化精益质量管理方向转变，确保质量体系运行和再制造机床产品实物质量总体可控、稳定并逐步提高。

（三）全力打造和维护企业品牌

在武重维保公司全体人员的奋发努力下，背靠中国兵器工业集团及武重集团 60 多年的品牌积淀，充分发扬“把一切献给党”的人民兵工精神，武重机床再制造业务在国内复杂的市场环境中，必将激流勇进，开创高质量发展的新辉煌。

四、机床再制造行业发展展望

（一）市场前景广阔

再制造机床产品胜在性价比，性能上要优于同型号的新品，价格上受惠于旧件回收成本低廉、加工工艺路线较短等成本优势，从这点来看，再制造机床产业有巨大的市场前景。未来行业企业会加大对机床再制造市场的拓展力度和产业宣传力度，提高用户对再制造机床的信任度和认知度。

（二）再制造机床将融入智能制造新场景

机床的 IT 化成为机床技术发展的主潮流，这些现代信息技术让再制造机床不仅有强壮的体格，还有智慧的大脑，能够实现自动检测、自动诊断、自动调节、自动补偿的功能，并利用自学习使这些功能日益完善。

（三）经济、环保效果将更加明显

随着制造技术的飞速发展，新工艺、新材料、新结构、新元件、各种机床配套基础零部件、刀具、测量技术、控制系统等有更多的创新，将极大地助推再制造机床的技术进步，更经济、更智能、更环保的再制造机床将在新经济发展浪潮中发挥更大的作用。

五、诉求及建议

（一）建议在国家层面启动重大机床再制造项目

对国家重点发展领域（如军工、船舶、清洁能源、航空航天）或者需要规模化改造设备的大企业给予一定的补贴，给批量改造旧（老）设备的用户补贴，如国防科工委的万台机床改造项目就是很好的示范。通过项目招标，由专业的、信誉好、有质量保障的再制造企业来承担，对大量在役的重大设备进行再制造，促进企业能级提升和机床再制造产业体系形成。

（二）建议出台激励主机厂回收再制造自己产品的制度

政府在重型机床再制造上出台一些减免税收的优惠政策，或无息、低息贷款或货款补贴等，鼓励和支持基础条件好的大型的机床制造企业，发挥原始制造商在技术、人才、市场、品牌、渠道等各方面的优势，回收自己的产品，进行再制造，这将会极大地加快机床再制造产业化的发展进程。

（三）建议出台机床再制造产品验收标准和标识

机床再制造产品技术标准是界定再制造产品标尺和准则，是关系到机床再制造产业能否健康发展的基石，目前国家和行业还没有机床再制造产品的技术标准。现阶段，武重集团公司对再制造机床采用的是原制造厂家的出厂验收标准，若机床通过数控改造升级，则采用现行同类数控机床的验收标准。此外，现阶段所有机床再制造产品均无特殊标识。

第 25 章　成都卓达数控科技有限公司

张学智[⊖]

一、企业基本情况

（一）基本信息

成都卓达数控科技有限公司（简称卓达数控）成立于 2006 年，于 2023 年搬迁至青白江工业集中发展区（见图 25-1），经过多年的转型升级发展，逐步形成了西南地区规模最大且专业从事机加设备再制造、大型单位机加设备维改承包、数控系统电路板维修、电主轴维修与再制造、精密设备专业搬迁的高新技术服务企业。

图25-1　公司新厂区

（二）再制造能力

卓达数控长期致力于成为多元化设备综合服务第一品牌。公司不断提升技术创新和核心竞争力，加强人才培养计划及技术引进，现已拥有百余名专业技术骨干，组成了数支由高级行业专家带领的专业技术团队。公司拥有厂房 4 600m^2、各类加工设备 9 台、检测设备 9 台。

⊖ 张学智，成都卓达数控科技有限公司技术总工程师。

机床再制造服务作为卓达数控的主要业务，在国内市场占有率长期保持优势，卓达数控是中国机电装备现代制造服务标杆企业，也是中国机电装备维修与改造技术协会的理事单位、数控装备维修改造 AAA 级企业。2023 年卓达数控通过了机电产品再制造质量管理体系认证和机床再制造企业能力评定。

（三）服务对象及社会认可度

卓达数控先后为中国航发航空科技股份有限公司、中国航发动力股份有限公司、中车成都机车车辆有限公司、陕西柴油机重工有限公司、东方电气集团东方汽轮机有限公司、东方电气集团东方电机有限公司、爱发科东方真空（成都）有限公司等企业提供专业机械维修服务，包括设备维保、驻点服务，也提供机床大修改造和机床再制造服务，图 25-2 展示了公司的再制造加工中心。

图25-2　公司再制造加工中心

客户的认可使得卓达数控在业内赢得了良好的口碑，从而具有较高的品牌优势。卓达数控以市场为中心，扎根于机加设备再制造，图 25-3 展示了再制造过程和验收环节，卓达数控是用户设备全生命周期解决方案服务商，产品也在不断向高效、精密、绿色、智能化发展。

图25-3　再制造过程和验收环节

面向未来，卓达数控将秉承“卓达专业设备服务，助力服务中国制造效能提升”的企业使命，“客户至上，团结协作，高效省心，诚心敬业”的企业核心价值观，以质量、服务、创新、数字化为核心，致力于为客户提供更加优质、专业和定制化的服务。卓达数控将践行国家使命，为中国装备制造业的发展不懈努力！

二、企业创新发展做法

卓达数控作为一家从事装备再制造与服务的企业，一直关注行业趋势和客户需求，始终致力于加强技术创新和提升服务体验，以更好地适应市场和客户降本增效的需求。

（一）加强技术储备和人才培养

机加设备再制造行业一直以来都是技术创新难、人才培养难，卓达数控加强对新技术、新工具和新工艺的研发和应用，注重培养技术人才，招揽业内专业人才，以不断提高服务水平和客户满意度。并且，卓达数控实施师徒制，由经验丰富的老员工担任师傅，指导新员工成长，配合开展员工技能培训，提高员工的技能水平和职业素养，为企业的持续发展提供了人才保障。同时，公司推行员工持股计划，让员工成为企业的股东，激发员工的工作热情和创造力。

（二）加强数字化转型

从 2017 年起，卓达数控就开始进行数字化技术的应用和推广，并取得了良好效果。如大修与再制造业务三色灯管理系统可以将大修或再制造过程数据化，团队协作数据化；数控谷 app 可以沉淀维改或再制造经验，实现案例查询，提升维修或再制造人员的诊断效率；慧卓源商城 app 将进销存数据精准沉淀，为采购效率赋能；2023 年 9 月上线的慧卓源 app 整合了前述所有软件系统，并新增了设备保养点巡检精准落地、人才培养数据化、人效数据精准反馈等功能。

未来，卓达数控将建立更加完善的数字化管理体系，以数字化技术为核心，实现更有效的人效数据化、人才培养数据化、施工过程数据化、运维耗材和配件数据化等，提高管理、人才培养效率和服务质量，让公司实现数据赋能、可复制式发展。

（三）进行新产品开发和业务拓展

随着卓达数控数字化转型成功，凭借拥有海量的精准数据，公司开始着手开展预测性维护、自动化生产线维改与再制造、MRO 商城、二手设备买卖、设备租赁等产品的打磨和推广。公司未来的发展计划是以质量、服务、创新、数字化为核心，致力于为客户提供更加优质、专业和定制化的服务。公司将始终坚持以客户为中心，积极适应市场变化和客户需求，不断追求卓越、创新、持续发展。

卓达数控在技术创新、人才创新、模式创新和经营创新等方面做出了积极尝试，取得了显著成效。未来，公司将继续秉承创新发展的理念，不断提升自身竞争力，为实现可持续发展做出更大的贡献。

三、再制造产品的应用案例分享

卓达数控在追求卓越的道路上不断探索创新，运用现代科技技术，走数字化、智能化路线，提升设备维修与再制造实力，提升设备升级改造与再制造实力，提升用户满意度。

（一）案例 1：加工中心再制造——中国航发动力股份有限公司

中国航发动力股份有限公司（简称航发动力）2007 年采购的叶片中心四坐标加工中心设备（编号：2640155）在使用超过 15 年后，设备故障频发，精度严重下降，系统严重老化，卓达数控经过技术研判并通过竞标，于 2022 年与航发动力签订设备再制造合同。

相关技术要求包含以下两个方面：

一是总体要求：参照国家金切设备大修标准对设备进行全面大修，对电气系统进行更新升级改造，机床再制造后精度需达到出厂精度要求。机床性能、功能不低于原出厂要求，满足甲方最终用户使用要求。

二是再制造内容及技术要求，包括电气部分和机械部分。

1. 电气部分

（1）采用西门子 828D 数控系统及配套的 S120 书本型驱动系统替换原有数控系统及驱动系统，设备翻新与再制造后能达到并实现机床原有的出厂全部精度及功能，满足车间加工工艺使用要求。

（2）采用西门子 828D 配套的 MCP 作为机床操作面板及手持盒。

（3）保留机床 X 轴、Y 轴、Z 轴、A 轴原有机械结构、传动方式不变。

（4）X 轴、Z 轴、Y 轴、A 轴以及主轴采用西门子 SINAMIC S120 书本型伺服驱动装置（进线电源模块 + 电机模块）和带 DRIVE-CLIQ 接口伺服电机（X 轴、Y 轴、Z 轴、A 轴采用 1FK7 系列同步伺服电机，主轴采用 1PH8 系列异步伺服电机），替代原交流伺服驱动系统。

（5）X 轴、Y 轴、Z 轴、A 轴采用伺服电机上的编码器作为位置反馈信号。

（6）主轴保持原有机械机构、传动方式及位置反馈方式不变，进行检修、维护保养。

（7）拆除原电器控制柜，重新设计制作电器控制柜，防护等级大于 IP55，设计电气控制系统。

（8）更换全部开关、按钮等，主要元器件选用施耐德或西门子品牌，并严格按照 GB 5226.1—2002/IEC60204-1:2000 机械电气设备通用技术条件的要求实施。

（9）加装设备上电时间、主轴运行时间计时器，实现设备运行时间数据的采集功能。

2．机械部分

（1）机械部分按照国家机械设备大修和相关新设备标准要求进行大修，修复、再制造后各项精度指标需达到设备原出厂精度指标要求，满足甲方最终用户使用要求。

（2）更换全部丝杠及轴承，轴承采用 SKF、NSK、FAG 等国外知名品牌。

（3）改造 X 轴、Y 轴导轨，（现为摩擦滑动方型导轨，改进为线轨）配导轨、滑座、滑枕等，检修 Z 轴导轨，修复后 X 轴、Y 轴、Z 轴几何精度、直线度误差及定位精度和重复定位精度等应满足技术要求，X 轴、Y 轴、Z 轴运行应平稳无噪声。

（4）换刀机构进行分解检查，更换损坏、磨损部件，更换碟簧调整拉力，主轴拉刀力≥ 18kN，主轴抓松刀无卡顿。检修刀库刀盘机械传动系统，更换损坏磨损件，保证刀库运行平稳，无卡顿异响。

（5）检修主轴及改造主轴换挡机构（现为双楔形皮带切换变挡，改造后为齿形带直驱变速），更换主轴传动轴承（要求品牌：SKF，精度级别：P4），保证主轴的径向跳动及轴向窜动满足技术要求，主轴旋转时平稳无噪声及振动。

项目取得的效果：经过卓达数控员工的努力，设备再制造圆满完成，在设备精度方面，设备按照协议中的国标及国际通用标准 VDI3441 验收合格，达到出厂精度，多数指标优于原出厂精度；在数控系统方面，成功地将原老系统升级改造成新版本的西门子 828D 系统；在卓达数控自有的数控系统测试平台检测，各项参数均满足要求；用户给予了极高的评价。

（二）案例 2：助力设备再制造，提升设备功效——东方电气集团东方汽轮机有限公司

在国家推进智能制造的工业化进程中，大型国企央企对旧设备的智能化改造需求颇为急迫，东方电气集团东方汽轮机有限公司（简称东汽）针对原齐齐哈尔第二机床厂 20 世纪 90 年代制造的 TK6916 落地镗，通过招标发出了智能化再制造方案需求。

该项目要求的供货范围如下。

（1）一套自动化刀库：自动化刀库需根据东汽现有设备结构尺寸匹配设计，包括机械结构、安装支架、液压或电气以及检测元件等，整体造型美观，运转顺畅可靠，逻辑安全稳定。

（2）电气控制柜：采用威图标准，配备机柜空调，防护等级为 IP64。

（3）低压电气元件：根据刀库控制要求，配齐所有电气元件。

（4）提供刀库电气系统的设计、安装、电缆铺装、调试服务，调试刀库，使刀库满足加工要求。

（5）自动化刀库技术要求：

1）机床现有的刀具型式为 BT50，要求刀库能够容纳的刀具最大长度为 650mm，最大直径为 150mm，最大刀具重量为 30kg。刀库容量≥ 60 把，其中 1/4 ～ 1/3 数量的库位存放最大重量为 30kg，最大直径为 150mm 的刀具（邻空使用）；其余库位均存放（标准刀柄）最大重量为 15kg，最大直径为 100mm 的刀具。

2）卓达数控根据东汽最大 / 最重刀具确定刀库的具体型式和安装方式，保证刀库运动过程中稳定不掉刀。换刀臂结构应与东汽提供的刀柄结构相匹配，保证抓取刀柄流畅、可靠。

3）刀库容量≥ 60 把。刀库设计图纸及安装方案图纸由卓达数控设计，卓达数控在合同签订后 30 天内提供设计图纸及安装方案，经由甲乙双方共同评审通过方可执行。

4）刀库动力采用电机驱动，刀库品牌选用国内知名品牌。

5）刀到刀的换刀时间不超过 30s。

6）刀库安装防护装置，预防刀柄意外掉落伤人，防护装置有安全门，用于自动换刀系统的维修及保养。安全防护装置具有自锁功能，在装置打开、人员进入换刀区域时不得执行机床换刀动作。

7）电气要求：设备数控系统是西门子 840D PL，卓达数控需根据本技术规范中相关内容和要求提供 Φ160 镗床刀库电气控制系统的整体设计、安装、调试服务，确保设备最终交付运行，内容如下：

①卓达数控提供电气控制系统的全套硬件、软件、安装、调试服务等。在保证甲方接口和结构不变的情况下，卓达数控负责提供满足本规范的产品，并对所供电气系统的可靠性和完整性负责。

②卓达数控提供设备电气柜设计、配盘、安装服务，电气柜需根据甲方现场布局要求现场测绘设计。设计图纸及安装方案图纸由卓达数控设计，卓达数控在合同签订后 30 天内提供设计图纸及安装方案，经由甲乙双方共同评审通过方可执行。

③电气柜与设备本体间的所有连接电缆、安装服务均由卓达数控负责供货。

④设备本体所需必要的硬件（限位开关、传感器等）均由卓达数控提供，并负责安装。

⑤设备所有控制系统相关程序（PLC、NC 程序）以及调试服务均由卓达数控提供。

⑥根据合同规定的进度要求，按时提供整套系统。

⑦卓达数控提供电气系统操作的相关培训，使甲方能自行操作、维护和调试相关系统。

⑧项目验收后，卓达数控及时向甲方移交相关技术资料及电子文件。

⑨卓达数控需到设备现场了解、熟悉设备电气控制系统，刀库控制模块选型（电机控制模块、电源模块是否要扩容等）及通信方式均由卓达数控负责，刀库安装调试后不影响设备其他功能。

⑩使用西门子 840D PL 系统的刀具管理系统，用于输入刀库中的刀具编号，程序中的刀具编号、刀具长度、直径、长度、直径补偿和总使用寿命、已经使用寿命等参数；该刀具库管理系统与机床数控系统中参数同步交互，并开放接口，以便东汽后续与生产管理软件进行数据交互。刀具库管理系统能够根据刀具编号进行分组管理，实现一种刀具的第一把达到使用寿命后可以调用另外一把姊妹刀。

项目取得的效果：经过 6 个月努力，该设备成功实现了智能化再制造，于 2023 年 10 月顺利交付使用；刀库及托架制作的精度检测、功能测试均满足技术要求，安装并进行系统调试后满足用户实现刀具自动抓取的智能化使用要求。

四、再制造领域的行业产业展望

（一）再制造相关业务外包优势明显

我国仍然是世界工厂，制造业升级是必然的趋势，然而工业服务业在我国起步晚，发展水平有限，导致目前该领域处于蓝海期，制造设备从生到死的全过程，孕育着巨大的市场。

目前这一市场正发生着巨大的变化，如：在国营单位的三项改革下，机加维改人员在大规模减员，人均产值 KPI 考核中出现出工不出力、出力不出活的现象，因此，维改人员的工作效率很难考核，迫切需要寻求社会力量。因为人力成本上升，私人单位无法雇用更多的专业化维改人才，把这部分业务外包能达到范围更广、更快速、更专业、更省钱的目的。

（二）行业未来前景广阔

总体上看，再制造行业的前景是积极的，具有丰富的应用领域，包括汽车、工程机械、医疗设备、办公设备、国防装备、电子装备等，然而，行业未来的发展还是受到许多不确定因素的影响，包括政策变化、市场需求波动、技术进步等。近年来，随着市场的变化和技术的发展，再制造企业面临着越来越多的竞争压力和机遇。在整个制造业中，仅机加行业的在役设备就高达千万台，随着产业升级浪潮中高附加值智能化设备比例的提升，机床再制造市场成了一个社会重要性与产业附加值逐年提升的潜力市场。其主要包含设备交易、设备维改与再制造、MRO 采购（指设备维修、维护、运行所需相关耗材的采购）三个数万亿元级别的分支市场及其细分市场。

（三）国家对再制造业的大力支持

目前，新型工业化和智能制造、绿色低碳循环经济成为国家的主要战略方向，再制造业的发展受到国家政策的大力支持。政府出台产业相关政策，包括专项资金、税收优惠、财政补贴、市场监管等，支持绿色、高效、智能产业发展，助力技术创新和产业升级。同时，通过人才培养和创新基地建设带动企业的改善和发展。《中国制造 2025》将技术改造作为重要内容。国务院常务会多次强调加强技术改造工作，工业和信息化部在完善《中国制造 2025》重大项目库的基础上编制了工业企业技改升级导向计划。机床行业政策涵盖产业支持、行业标准、人才培养等方面。

（四）新工艺新技术助力行业质量提升

我国正处于由制造大国向制造强国转型的重要阶段，在新一轮的产业升级中，技术的不断进步将为再制造行业带来更多可能性。先进的生产工艺和工程技术将有助于提高生产效率、改善产品质量和降低生产成本。现如今，IT 技术特别是人工智能技术持续升级，各个行业都在不断地进行数字化、智能化改造，这也给再制造行业带来了巨大的机遇和发展空间。信息技术等高科技的引入，也使得再制造行业在预测市场需求、优化生产流程、提升产品质量等方面得到了进一步的提升。

（五）资源节约环境保护的作用日益凸显

高速发展的工业经济不仅给人类带来了高度发达的物质文明，同时也带来了一系列严重的环境污染问题，制造业是最大的污染源之一。传统制造业一般采用的“末端治理”的方式，无法从根本上解决其产生的环境污染，而且投资大、运行成本高、消耗资源和能源。国内外经验证明，消除或减少工业生产环境污染的根本出路在于实施绿色制造战略。作为绿色制造的重要组成部分，再制造业利用现有技术，对废旧产品进行修复或升级，使其重新焕发生命力，在提高资源利用效率、应对环境污染、满足人们日益增长的物质需求等方面将发挥重要作用。

五、政策诉求和建议

再制造行业作为环保、循环经济的重要组成部分，需要政府的大力支持与引导。为此，卓达数控提出以下政策诉求和建议，希望能有助于推动再制造行业的健康发展。

（一）强化财税政策的支持力度

建议政府对再制造企业给予增值税、所得税等税收优惠政策，以降低企业的经营成本，提高企业的市场竞争力。同时，对于企业研发再制造技术、开发新产品等行为，可适当给予企业研发费用加计扣除等税收优惠支持。

（二）加大再制造产品的宣传力度，提升其社会认知度和接受度

再制造产品的市场推广需要政府、企业共同努力，建议政府加大对再制造产品的宣传力度，提高消费者对再制造产品的认知度和接受度。同时，政府可通过政府采购、绿色采购等措施，支持再制造产品的市场推广，扩大再制造产品的应用领域。

（三）建议加强再制造相关信息共享和合作

建议政府建立再制造行业信息平台，为企业提供政策、技术、市场等方面的信息服务，同时树立行业内优秀企业标杆，为企业建立相互参观交流的平台，提供交流和合作机会，推动再制造行业的协同发展。

（四）建议加大再制造行业专业人才培育

建议相关部门加强对再制造行业人才的培养和引进，通过联系相关专业院校，建立人才培养计划，每年均可输送出一批具备专业技能和实践经验的人才，为再制造行业的发展提供人才保障和支持。

第 26 章　鼎奇（天津）主轴科技有限公司

吕术亮　史凯　高卫国[⊖]

一、企业基本情况

（一）基本信息

鼎奇（天津）主轴科技有限公司（见图 26-1），坐落于天津市武清区汽车产业园内，前身为天津大学数控机床主轴实验中心，为响应国家号召和政府产学研一体化协同发展的需要，公司于 2012 年正式注册成立。公司的主营业务包括：数控机床机械主轴和电主轴故障修复与再制造、数控机床系统升级服务、相关非标设备设计与制造、主轴精度与静－动－热特性检测、仪器销售等。

图26-1　鼎奇（天津）主轴科技有限公司

（二）再制造能力

为提供更优质的主轴维修与再制造服务，公司特别打造了符合欧洲主轴再制造工厂标准的恒温恒湿无尘车间和主轴存储仓库（见图 26-2）。恒温恒湿无尘车间可以减少热胀冷缩现象所引起的精密部件微观形变、部件锈蚀和空气中杂质对主轴单元装配过程的

⊖　吕术亮，鼎奇（天津）主轴科技有限公司总经理。史凯，天津大学，博士研究生。高卫国，天津大学教授，博士研究生导师。

影响，从而降低主轴故障率，提高其可靠性和稳定性。主轴存储仓库则为主轴提供了理想的存储环境，解决了客户在主轴存储方面的困扰。

图26-2　恒温恒湿无尘车间和主轴存储仓库

为了提高公司的主轴拆卸、装配和再制造水平，公司自主研制了主轴拆解平台、主轴试车平台和高速主轴综合性能试验平台等多套主轴性能检测系统；引进了瑞士TRIMOS公司的测高仪、德国SCHENCK公司的动平衡机和瑞典SKF公司的振动分析仪等先进测试设备（见图26-3）。这些测试设备和检测系统不仅为主轴部件加工工艺和装配要求提供了重要的参考，更为公司校验再制造主轴单元的静－动－热特性提供了强大的技术支持，同时也为提高再制造主轴单元加工精度、延长使用寿命提供了坚实的保障。

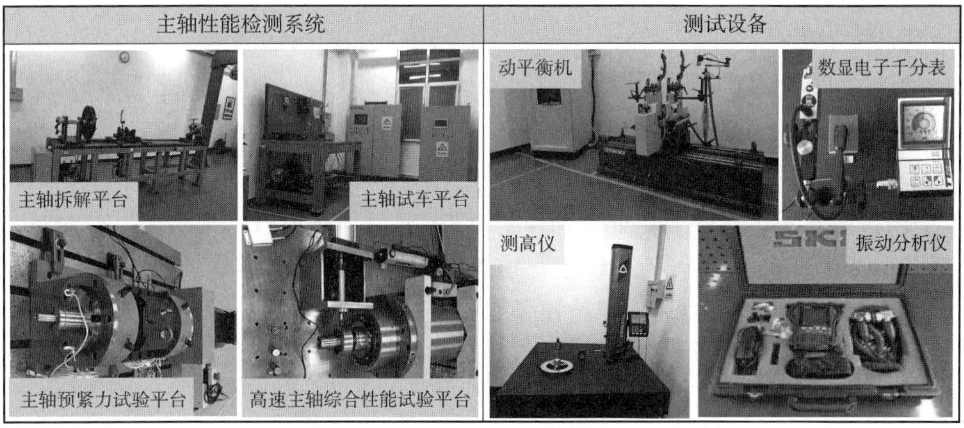

图26-3　主轴性能检测系统和测试装备

公司现拥有国内一流的技术队伍。公司总经理吕术亮（高级工程师）专业从事数控机床主轴维修、再制造和性能测试/评估等技术服务，曾参与箱体类精密工作母机共性前沿技术平台、国家高技术研究发展计划重大课题（863计划-2012AA040701）和精密立卧式加工中心技术创新平台、“高档数控机床与基础制造装备”国家科技重大专项（2012ZX04012-031）等多个国家级项目的研究工作，具有丰富的主轴再制造和综合性能测试评价经验。销售部负责人胡志亮，毕业于天津大学机械工程学院机电专业，曾就职于天津优技智联科技有限公司（任项目经理）和北京优备加科技有限公司（任项目经理），负责过机电安装项目的调度、实施等，以及机床销售、机床外包管理定制化服务业务、技术服务、产品销售人员的培训等，具备丰富的客户服务和主轴再制造与综合性能测试评价经验。技术部负责人杨腾飞，毕业于天津职业大学机械制造与自动化专业，2016 年至今在公司担任技术部工程师，主要从事主轴维修工作，迄今为止已独立维修多种特殊结构主轴单元。

（三）相关资质荣誉

公司在与天津大学多年的深度合作中，通过自主研发和成果转化等方式，获得了多项专利和专有技术。其中，发明专利 8 项，包括：一种数控机床分离主轴末端热变形的测量系统、一种能模拟工况条件的精密主轴试车装置和模拟工况载荷条件下机床主轴热误差试验装置等；实用新型专利 3 项，包括：一种主轴维修测试平台、一种主轴维修用检测装置和一种主轴维修用升降装置等。相关科研成果极大地推动了公司在高档数控机床主轴维修、性能状态测试、新型主轴研发等领域的研究，为公司技术创新注入了新的活力。

随着科研成果的转化和落地，公司技术水平也得到逐步提升。公司曾获得“云创空间杯”天津市创新创业大赛先进制造行业三等奖，充分展示了公司在技术创新方面的实力。为进一步提高管理的专业性、先进性和科学性，公司还多次聘请专家开展培训讲座，还通过了 ISO 14001 环境管理体系标准认证和 OHSAS 18001 职业安全健康管理体系认证，这标志着公司在企业管理方面取得了里程碑式的进步。

此外，公司先后获得了“高新技术企业”“天津市科技型中小企业”“AA 级资质企业”“中国机电装备维修改造企业资质”“主轴维修与再制造技术中心”“中国机电装备现代制造服务标杆企业”等荣誉（见图 26-4）。这些荣誉不仅彰显了公司在行业内的地位和影响力，也进一步提升了公司的知名度。

图26-4　公司荣誉证书展示

（四）服务合作对象

目前，公司在汽车、工程机械、电子和轨道交通等行业，为诸如吉孚传动技术（天津）有限公司、SMC（天津）制造有限公司、丹佛斯（天津）有限公司、长城汽车股份有限公司、施洛特汽车零部件有限公司、博世华域转向系统有限公司等客户提供了卓越的主轴服务方案，是FANC、NSK、西门子和Heinz Fiege等品牌的技术战略合作伙伴。迄今为止公司已维修SPL、GMN、KESSLER等品牌主轴多达千余根，在国内再制造领域占据重要地位。

二、企业创新发展做法

（一）通过促进研发成果转化落地加强自身技术创新

通过对天津大学的科研成果进行转化和落地，公司得以进一步开展具有自主知识产权的高端机床智能主轴的研发工作，并将研发成果在数控机床制造业推广应用。这一创新性的研发工作已成为天津市技术创新和高端制造业的亮点，充分展示了公司在机床主轴领域的领先地位和创新能力。同时，公司通过专利实施许可等方式，向国内的机床主轴制造企业分享和辐射自身技术优势。这一举措对于提升国内机床主轴行业的整体技术水平具有积极意义，也彰显了公司对行业发展的责任担当和远见卓识。

（二）公司专业技术团队具备全链条技术服务能力

当目标客户的主轴单元出现异常时，销售工程师会迅速前往现场，通过初步诊断，确定主轴损伤部位及程度；当需要维修的主轴入厂时，技术工程师会使用测试设备和检测系统来掌握主轴的损伤情况，明确主轴损伤的根本原因及诱发因素，并对受损部件进行维修。同时，结合天津大学的精细化主轴静－动－热特性分析模型，技术工程师可实现最优预紧力和工件允许误差量的调整。其间，技术工程师通过跑车试验与动平衡试验对主轴的性能进行验证，确保其达到出厂要求；当维修主轴返回客户企业后，销售工程师将跟踪订单，复勘现场，确保主轴能够顺利安装并试运行。通过全链条技术服务，公司能够全程把控主轴的实时状态，获得第一手的主轴数据。同时，通过校企联合，这些数据可用于优化主轴单元特性分析模型，为主轴单元的再制造提供技术指导。这也将推动公司在机床主轴领域的技术创新和持续发展。

（三）通过创新学习模式加强员工职业技能培训

随着时代的进步，科学技术的更新发展，公司每年都开展专项培训，聘请专业人员对测试设备和检测系统使用过程中遇到的各类问题进行系统解答。同时，公司还实行“以老带新”的模式，由经验丰富的资深技师将设备操作流程、主轴单元再制造流程、专业设备和测试平台使用方法“手把手”传授给新进技师。这种从学中干、在干中学的方式，确保了新员工能够在实践中快速掌握技能，独立应对同类型问题的挑战。当公司遇到难拆、难装配的复杂结构主轴时，公司负责人会组织技师们召开探讨和学习会议。二维图纸分析、专家解析、技师探讨并行的方式，使技师们的视野变得更为开阔，也增加了公司可维修主轴结构的储备量。这种积累为构建 3D 大数据主轴资料库奠定了基础，为公司未来的研发工作提供了强有力的支持。

三、主要经验总结

（一）工作流程规范完善

工作流程不仅规定了员工的工作内容，还规定了员工怎样去实现工作内容。通过规范企业的日常工作事务，工作流程有助于提高工作效率、减少失误。同时，工作流程有助于减少对人员的依赖，保证公司人员变更 / 调整或新人入职也不会对企业正常工作和运转产生太大的影响。

（二）人才培养体系健全

高技能人才的合理运用和培养不仅是企业资源优化配置的体现，更是企业核心竞争力的重要组成部分。尽管先进的技术可以引进，现代化的管理模式可以借鉴，但是高技能技师是很难引进的，只能依靠职业技能教育和企业内部培养。以主轴再制造企业为例，其需要技师能够独立完成复杂主轴结构拆卸、装配和零部件修复工作，并能熟练使用测试设备和检测系统。单靠职业技能教育无法满足这一需求，因此企业的专项培养就显得尤为重要。一个稳定、高效和可持续的培养体系可以加快新进技师的成长速度，有利于企业快速发展，也可助力行业共同进步。

（三）企业文化凝心聚力

创造具有企业特色的精神财富——企业文化，对企业的长远发展具有重要的意义。企业文化是企业的灵魂，更是推动企业发展的不竭动力。一方面，优秀的企业文化作为提高企业软实力的重要手段，能够为企业树立良好的形象，让企业赢得社会的认可，并提升企业的信誉和竞争力；另一方面，优秀的企业文化可以增强员工归属感，从而提高员工的工作热情和工作效率，降低员工的流失率。

四、本领域发展现状及展望

（一）国际方面

欧美发达国家的再制造行业在设计方面，主要结合具体产品，针对再制造过程中的重要设计要素如拆卸性能、零件的材料种类、设计结构与紧固方式等进行研究。以美国、日本和欧洲为代表的起步较早的国家和地区，其工程机械再制造产业已有 50 多年的历史，形成了非常成熟的产业链，拥有上百项专利技术，并且已经形成了规模化生产。

截至 2018 年，全球再制造产业规模最大的美国，产业规模达 1 000 亿美元，其中汽车和工程机械再制造占 2/3 以上。美国再制造企业有近 7.5 万家，从业人数约为 50 万人。日本在 20 世纪末也加强了对工程机械的再制造，再制造工程机械中，58% 由日本国内用户使用，34% 出口到国外，其余 8% 拆解后作为配件出售。

（二）国内方面

我国的机床再制造产业发展很迅速，在中国机床网上登记的机床再制造企业数量就高达四百余家，其中不仅包括沈阳机床厂、大连机床厂、重庆机床厂等大型机床企业的再制造生产部门，也包括很多第三方机床再制造公司，甚至有很多个体经营的机床再制造生产公司。这些企业提供的服务包括车床、铣床、镗床等机床的维修和再制造，非数控机床的数控化改造，重型机床的零部件再制造等。

（三）行业展望

随着人们环保和资源节约意识的不断增强，再制造行业受到越来越多的关注。随着制造业的不断发展，再制造行业的市场规模也不断扩大，技术水平不断提高，产业链不断完善，国际上的交流合作不断增强。同时，制造商和高端装备使用者对再制造行业的要求也在不断提高，国际上的竞争也在不断加强。未来，我们仍需大力探索具有高普适性、鲁棒性的高端装备特性及寿命分析模型，分析加速寿命与真实使用寿命间的映射关系，研究导致设备使用寿命衰减的主要原因和机理，形成设备拆卸和装配的通用化操作流程，探索绿色再制造运行模式。

五、政策诉求和建议

（一）需要大力开展人才培养

人才是企业创新发展的重要支柱和关键所在。在人才培养方面，研究型大学应注重学生的理论基础学习，让创新理念深入人心。同时，还需要加强对再制造方法与工艺、高鲁棒性高端装备分析模型和新型智能装备设计方法的研究与探索。高职类院校则需要加强高端装配技术的培养，形成具有针对互补性的培养体系。这样不仅能提高学生的实际操作能力，使其更好地适应市场需求，也能为企业提供更多优秀的人才。

（二）需要行业协会助力推动

行业协会是政府与企业之间的桥梁，应积极向政府传达企业的共同要求，同时协助政府制定相关产业政策、行政法规、有关法律，并实施行业发展规划。此外，行业协会还应对本行业产品和服务质量、竞争手段、经营作风进行严格监督，维护行业信誉，鼓励公平竞争，打击违法、违规行为。同时，行业协会应积极开展针对本行业国内外发展情况的基础调查，研究本行业面临的问题，提出建议、出版刊物，供企业和政府参考。

（三）需要政府加大财税扶持力度

政府在提高监管效能的同时，应推动有效市场和有为政府的有效结合，为企业的良好发展保驾护航。此外，建议政府加大对再制造企业的扶持力度，在相关税收方面予以适量减免，鼓励更多的企业加入再制造领域，这有助于提高企业竞争力，进而推动整个行业的发展。

第 27 章　湖南至简复印机再制造有限公司

谢勇红[⊖]

湖南至简复印机再制造有限公司（见图 27-1）位于湖南长沙，成立于 2016 年 2 月，是近年来在办公设备领域发展较快的再制造企业，目前在业务规模和再制造技术能力上较同类企业有较大优势，是一家集再制造、全新（代理）设备和自主耗材业务于一体的复印机综合运营企业。

图27-1　建设中的新工厂

一、企业基本情况

（一）基本信息

公司以复印机再制造、全新复印机（代理销售和服务）和复印机耗材为主营业务。

⊖　谢勇红，湖南至简复印机再制造有限公司董事长。

截至2023年，公司已建成投产3万m^2的大型复印机再制造和复印机碳粉工厂（含研发测试中心），员工人数超500人，基本技术人员近400人。2022年，公司再制造A3多功能复合机5万台，综合销售收入超4亿元。公司持有复印机再制造技术领域专利和软件著作权数十项，自主开发了跨品牌打印设备的远程管理IT系统。公司于2019年被评为国家级高新技术企业，2020年入选湖南省“小巨人”企业，是地方政府推荐的智能制造储备企业。

（二）再制造能力

公司成立初期，再制造料件以国内采购为主，以定制方式按照客户对复印机的不同需求进行加工，并配套标准化包装销往国内外。因品质起点较高、投资规模较大，切中了当时文印设备市场的需求，初期发展较快，公司也更加坚定了走高品质路线的发展模式的决心。截至2017年底，公司已实现超万台的再制造年产能，形成了超100人的技术队伍，基本上固定了从来料验收、仓储（见图27-2）、拆解、清洁、组装、调试到品检出货的技术标准和再制造流程。公司于2018年3月开始转型进口再制造，当年年底前实现了再制造料件100%的进口替代，再制造业务收入实现了同比倍增的计划目标。

图27-2 自主耗材仓库（一角）

公司再制造以《废旧复印机、打印机和速印机再制造通用规范》（GB/T 34868—2017）关于“整机翻新”作业方式的标准和要求为基础，同时全面响应海关和地方质量、技术监管要求，形成相对稳定的再制造流程和品质标准。几年来，公司围绕“安全、可靠”的目标对整个生产流程进行了多轮精细化改造，实现了通过机身二维码可即时查询与料件相关的所有业务节点的溯源管理流程；公司主动推动行业采购标准变革，基本实现了在国外装柜前对料件进行全面测试（见图27-3），杜绝固废进口风险；公司强化环境安全管理，生产固废处理处置全面实现了“过程公开、流向透明”的管理目标。公司再制造业务管理先后多次受到监管部门的调研、肯定。

图27-3　再制造生产测试车间

（三）再制造料件来源

复印机再制造在国内成为产业得益于两个主要因素：一是欧美发达国家多年来能够稳定提供成色好、再制造价值高的中高端旧复印机，这是决定性因素；二是国内数字印刷随数字经济发展成长为千亿元级产业，同时形成了一个超百亿元的专业打印设备市场。专业型复印机售后门槛高，需要专业技术人员上门维护，美国地广人稀、企业（复印机用户）分散，全新复印机使用一定年限后售后频次明显增多、售后成本大幅增加，复印机运营企业一般选择及时更换全新设备。欧美国家每年淘汰的复印机形成了一个面向全球的专业市场，其中成色好的复印机流向了中国和东南亚、中东、南美等地区。

（四）文印产业基本情况

我国的文印产业颇具特色：一是投资主体高度集中，全国约有 15 万家以文印、设备、耗材配件为主营业务的实体，80% 以上由湖南新化人投资。二是从业人员集中度高，近 30 万湖南新化人既当老板又做员工，三代“文印人”带动直接就业人数超过 100 万。据统计，整个新化文印产业规模在 2015 年前后超过 800 亿元。再制造复印机是文印产业发展的基础，15 万家文印店使用的数十万台复印机中，90% 以上为再制造产品。自 2012 年以来，国内每年批量进口的再制造复印机料件，是助推了文印产业黄金 20 年发展的重要前提。

从对社会经济发展的贡献的角度，再制造复印机有三大重要价值：一是推动文印消费价格大幅降低，从 20 世纪 90 年代的单张打印复印收费 1 元降到了现在的 0.1 ～ 0.2 元；二是降低了文印门店的投资门槛，单店投资从使用全新复印机的近 100 万元减少至 20 万～ 30 万元，助推国家级贫困县新化县一大批人脱贫致富；三是为数百亿元级的国产通用耗材配件产业提供了生存和发展的土壤，很多国产兼容耗材企业的发展，最初是从生产再制造复印机所需耗材起步的。

随着国产品牌替代和打印新技术的发展，文印设备全新产品迭代周期不断缩短，再制造产品与全新产品的性价比差距正逐步缩小。行业在标准化建设、产品品质提升和品牌形象塑造等方面仍有改进空间。近年来，随着基建行业工程图纸电子化、教辅材料电子化、标书电子化以及政府办公无纸化等趋势的推进，市场对复印设备的需求量受到了一定程度的影响。但同时，国内复印机再制造产业链正在不断延伸，成为再制造领域的重要内容，国产回收料件将不断替代进口料件，再制造成本将进一步降低，国内再制造企业在国际市场的竞争力势必不断增强。

二、再制造创新做法

公司围绕高品质目标，重点在以下四项基础管理方面进行创新，并取得成效。

（一）溯源管理

公司的全流程溯源管理能确保从原材料采购到成品出货、销售售后都可以被追踪和记录，能够追溯每台设备的来源、组件更换历史、维修记录等信息，从而更好地控制产品质量。同时，这种全流程溯源还有助于满足监管部门的要求，提高业务合规性。

（二）技术创新

公司独创了多项行业独有或领先的再制造技术，如开发设备故障诊断和管理工具，成功为公司技术能力背书；投入大量资金研究复印机系统，尤其是系统汉化能力等独家技术，提高了产品性能、提升了公司形象，对扩大市场份额和提升影响力起到了关键性作用。

（三）多元发展

公司不断开拓复印机周边产品，实行多元化战略，近年来先后增加了全新复印机代理和耗材业务，与多家全球头部数码印刷设备品牌建立战略合作伙伴关系，为客户提供更广泛的产品和服务，有助于公司降低市场风险，增加收入来源，并适应市场需求的不断变化。

（四）流程标准

公司制定了数百份作业指导书，实现了绝大部分工序工艺的标准化建设，确保再制造流程能按照统一的标准进行，提高了产品的一致性和可靠性。公司设立了由公司主要负责人直管的品质检验部，这是公司控制产品品质的关键性步骤，对于坚持和提高整个质量标准起到了重要作用。

三、主要经验总结

旧机电产品一直是海关重点监管的敏感进口商品。前期因再制造标准模糊、行业企业技术水平和管理能力参差不齐，行业形象不尽如人意。2017 年中国文化办公设备制造行业协会牵头制定行业标准，为行业发展赢来新的机会。开展进口再制造业务以来，公司坚持自我管理走在外部监管前面，主动向监管部门推荐和优化监管标准，并根据市场需求不断完善业务流程，实现了“监管促品质、品质促市场”的良性循环，赢得了监管和市场的双重信任。

（一）争取“国家鼓励干”的政策空间

一是推动行业标准与监管标准的统一。公司认真组织落实行业标准，结合企业具体和监管要求实际大胆优化标准，改良生产流程和每个工艺环节的作业标准，主动向监管部门推荐行业标准，全面打消监管疑虑。

二是增加业务管理流程的透明度。公司上线了专业 ERP 系统，按照业务流程实时记录每一台料件从到货、仓储、生产、销售到售后服务的全部环节，记录每一台设备的零配件更换维修记录、原始印量、品检记录等，满足海关监管要求。

三是加大在环境管理方面的投入。公司每年委托有关部门开展环境监测，定期对进口料件进行固废鉴定，请外部专家把关。公司组建“组件专家”团队对生产更换的零部件进行专业处理，提升更换组件的回用率，记录每件固废的来龙去脉。

（二）提升“自己能干好”的技术能力

一是严格标准流程。除严格按《废旧复印机、打印机和速印机再制造通用规范》技术要求组织再制造工艺流程外，公司把提升产品品质、满足客户需求作为发展的重要抓手，针对每道重要工序、工艺制定作业指导书，强化标准。同时，公司品检人员需按照生产流程、品质标准和客户要求，逐台进行品质检验。

二是强化技术引领。公司积累了多项行业独有或领先的再制造技术，是全行业唯一自主开发复印机故障诊断和管理系统的企业，是全行业唯一可独立对无内置中文的系统进行汉化的企业，再制造固废留存比例远低于同行。公司投资并参与复印机专用外置电源转换器设计、制造，在设备固件升级、系统优化、电源适配等方面全面领先同行。

（三）夯实“公司能干大”的管理能力

综合运营能力是公司持续数年保持快速增长的基础。综合运营能力体现在以下几方面。

一是持续做强再制造。公司不断发展再制造设备的配套产品，先后在北京、广州、贵阳、长沙等多个城市设立区域性再制造直营售后公司，拥有 120 家“至简”再制造品牌加盟合作商，与 1 000 余家城市经销商、租赁商形成产品合作关系，服务渠道覆盖所有地级以上城市和部分县、县级市。

二是大力发展出口。依托渠道体系，公司再制造产品先后成为青岛 G20 峰会、多届上海进博会、武汉军运会等国际性会议的主要复印设备；公司通过参与具有地方特色的“湘品出海”战略、参加国外行业性展会、线上推广等方式，将再制造复印机和耗材出口至全球近 100 个国家。

三是全面拓宽产品销售渠道。公司先后与数家全球头部数码印刷设备品牌形成战略合作伙伴关系，在中国内地独家代理了多款生产型数码印刷设备及其配套产品的销售和服务；积极参加外贸展会（见图 27-4），引进耗材技术团队，研发和生产多个品牌的碳粉、硒鼓等耗材，不断完善再制造配套产品体系。

图27-4　公司参加外贸展会

四、未来发展方向

（一）企业更加自律

行业的健康发展离不开各方的共同努力，企业必须在多个关键环节上确立行业底线、提高行业标准。企业需更加关注进口料件质量，不断改进再制造工艺，设立产成品的最低质量标准。通过这些努力，整个行业可以一起淘汰陈旧和滞后产能，维护和提升整个行业的声誉和形象。

（二）融入循环经济

积极响应绿色和循环经济的发展趋势，共同探索和发展国内的回收再制造产业，加速实现国内回收为主、进口为辅的行业格局。通过在绿色和可持续性方面取得进展，企业和产品可以更好地适应未来的市场需求，并为环境保护贡献一份力量。

（三）企业多元发展

企业应进一步加大综合运营的力度，以适应多元化的市场需求，包括从整机再制造扩展到组件再制造，并增加碳粉、硒鼓等复印机配套产品的生产。这种多元化的发展战略有助于提高企业的竞争力，同时也提供更全面的“一站式”服务，以满足客户的多样化需求。

五、行业发展建议

（一）建设再制造示范区

建议在业务发展较好、行业资源相对集中的地区，由政府主导建设再制造示范区，由示范区出台支持产业发展的政策，集中和规范监管资源，引导产业集聚。这将有助于形成以再制造产品为纽带、面向国内外市场的“一站式”文印采购平台，促进更广泛的合作和创新。

（二）加强协会作用

建议行业协会发挥更强的引领作用，解决监管重点和行业问题。如，可以制定更加具体的进口料件质量标准，以缓解进口环节的监管顾虑。此外，可以按照再制造作业方式的分类，制定不同类别产成品的最低质量标准，以提高产品一致性和可靠性。

（三）培育新材料和新设备

建议各级政府进一步鼓励发展复印机技术，支持技术实力雄厚、运营基础良好的企业积极探索新材料和新设备领域，在行业内培育出 2 ～ 3 个全新的自主复印机品牌。建议企业通过技术创新和新材料的应用不断提高产品性能，拓展市场份额，并实现可持续的增长。

第 28 章　北海绩迅科技股份有限公司

李嘉文[㊀]

一、企业基本情况

（一）基本信息

北海绩迅科技股份有限公司（曾用名：北海绩迅电子科技有限公司，简称绩迅科技）成立于 2014 年，位于广西壮族自治区北海市综合保税区内，是一家专业从事打印机喷墨墨盒再制造的企业（见图 28-1）。绩迅科技是再制造行业积极的倡导者、践行者和创新者，早在 2001 年，其核心团队就在上海市成立上海绩迅数码科技有限公司，开始从事与打印耗材再制造有关的研究和探索，并于 2014 年将公司整体搬迁至北海市。2019 年 11 月，绩迅科技成为湖北鼎龙控股股份有限公司（股票代码：300054）的控股

图28-1　公司前台

㊀ 李嘉文，北海绩迅科技股份有限公司循环经济专员。

子公司，公司综合实力得到提升。2022 年 12 月，绩迅科技改为股份公司。2023 年 8 月，在新三板公开挂牌转让（绩迅科技，股票代码：874131）。

（二）产业布局

绩迅科技致力于成为一家值得信赖并受人尊敬的全球化资源再利用企业，多年来，公司以北海工厂为生产和技术研发中心，并在捷克、荷兰、法国、德国等地投资或设立子公司，形成了覆盖打印耗材，集回收、再制造、销售为一体的全球化再制造产业布局。截至 2022 年，绩迅科技的北海再制造工厂已扩大至 30 000 余 m^2，全球范围员工达 600 余人，年再制造墨盒（见图 28-2）生产能力超 2 400 万个，年营业收入超 6 亿元。

图28-2　再制造墨盒

（三）企业资质

绩迅科技始终专注做好每一个产品，服务好每一位客户。公司作为广西首批获得入境维修再制造试点资质的企业，2016 年荣获广西出口名牌产品称号，2017 年荣获高新技术企业证书，2019 年入选工业和信息化部《再制造产品目录（第八批）》，2020 年被工业和信息化部评为国家级绿色工厂。公司 2021 年荣获省级技术创新示范企业、广西最具竞争力民营企业的称号，2022 年被评为国家级专精特新“小巨人”企业，荣获国家知识产权优势企业称号、广西制造业单项冠军、广西瞪羚企业等。

（四）产品认证

绩迅科技牢牢把控产品质量，致力于提高产品的品质和客户使用体验。公司生产的再制造墨盒获得欧盟 CE 认证、美国 FCC 认证、英国 UKCA 认证，标志着产品可以在欧盟、美国、英国等地区销售，同时也为产品在国内销售提供了安全质量保障。公司再制造产品通过多项国际认证，主要包括 ISO 9001 质量管理体系认证、ISO 14001 环境管理体系认证、OHSAS 18001 职业健康安全管理体系认证、ISO 50001 能源管理体系、

ISO 14067 产品碳足迹认证、SA 8000 社会责任管理体系、邓白氏认证等，同时还通过了专业第三方机构认证的 REACH、RoHS、WEEE 等多项测试。

二、创新发展做法

绩迅科技始终坚持把创新贯穿到企业发展的全过程中，专注在产品上做到精益求精。公司积极在生产工艺、自动化设备以及系统数字化方面进行创新，在加大科研投入的同时重视技术成果转化，多年来积累了大量的知识产权。截至 2023 年 7 月，绩迅科技拥有超过 200 项自主知识产权。

（一）鼓励技术攻关

为提升企业自主创新能力，解决各样“卡脖子”的技术难题，公司在北海再制造工厂成立技术中心作为技术研发机构。公司在试验场地、科研设备、技术人才及研发经费等方面给予大力支持，制定了《研发项目立项管理制度》《研发投入核算财务管理制度》《产学研合作管理办法》及《研发人员考核与奖励制度》等制度，规范并完善企业研发活动，鼓励员工技术攻关。公司逐年加大科研投入并不断完善科技成果转化设施，制定了《科技成果转化实施与激励奖励制度》，激励科技人员进行自主创新。

近三年，技术中心组织研发团队持续开展试验、开发、应用以及推广等活动。技术中心自主研发了旧墨盒关键零部件修复技术、旧墨盒关键零部件多型号互换再生技术、墨水研发技术、墨盒再生全工序自动化技术等多项核心技术，并实现了 24 项科技成果转化。在技术中心全员的不断努力下，绩迅科技获得了广西壮族自治区技术中心、北海市企业技术中心和北海市工程技术研究中心认定。2021 年，公司被世界工程组织联合会授予“工程创新促进可持续发展”优秀案例奖。

（二）研发自动化设备

再制造墨盒的工艺流程主要包括分拣、去盖、取海绵、铣隔档、清洗、组装、注墨、贴片、测试、包装等。传统墨盒再制造采用单工位、多产线的模式进行生产，生产效率较低，员工劳动强度大。为了提高墨盒再制造效率，绩迅科技依据多年从业经验自主研发了多项适用于墨盒再制造的高效自动化生产线设备，如海绵全自动填装设备、全自动点胶设备、全自动加盖设备、芯片全自动安装和智能检测设备等，实现了再制造墨盒从清洗到芯片安装等关键工艺的自动化生产，自动化设备占比 80% 以上，大幅提升了生产效率与产品质量。

在自动化设备研发过程中，公司注重各不同操作单元间连续操作的可行性，并针对不同类型的墨盒开发了不同类型的自动化再制造设备，做到最大限度地提升墨盒的再制造效率，并保障产品的合格率。公司自动化墨盒生产线（见图 28-3）的核心装置包括：墨盒检测及水路控制装置、墨盒清洗及烘干装置、墨盒翻转装置、自动填充海绵装置、夹具自动旋转横移机械手、海绵烘干装置、自动点胶装置、自动注墨装置和自动称重装置等。

图28-3　自动化墨盒生产线

通过以上多种自动化装置组合成的高效自动化生产线，生产相同数量、相同品质的再制造墨盒，效率可提高 7 倍左右，极大地减少了人力成本，积极推动企业实现降本增效。未来，公司计划进一步加大在设备研发上的投入力度，完善再生墨盒自动化生产线。

（三）实施数字化转型

在数字经济高速发展的今天，数字化转型已成为企业提高生产力、优化管理、提高市场竞争力的一个关键环节。绩迅科技通过对产品设计、生产方式、管理方式等方面进行数字化升级来实现企业的数字化转型。

公司通过在产品设计、工艺流程、仿真应用等方面应用数字化三维协同设计，大幅度提高产品设计质量和生产效率，实现标准化、智能化设计的目的。在生产方式上，公司采用影像识别技术、伺服系统定位及自动控制技术，实现对再生墨盒自动测量，消除人为误差，实现再制造生产的动态监测，大幅度提高了产品检测精度。公司采用 RS485 总线接口，通过 MODBUS 通信协议采集设备产品数据，经过运算处理形成大数据分析系统，建设 SDP 信息数字化平台，实现产品数字化控制和生产。在管理方式上，公司集成 ERP、MES、OA 等信息化系统，建立以采购、生产、营销、物流、财务为主线的应用系统，结合精益生产管理理论，对再制造管理提供可视化的辅助手段，实现再制造生产的数字化管理（见图 28-4）。

图28-4　数字化管理生产线

三、主要经验总结

（一）坚持自主创新

绩迅科技在生产过程中严格把控产品质量，坚持以技术为导向，鼓励员工自主创新、加快自动化建设步伐。近年来，企业不断加大研发投入，注重研发成果在实际应用中的转化效率，自主研发多项自动化生产设备，建设信息数字平台。企业充分利用有利条件，厚植自身创新基础，努力提升自主创新能力。同时，企业紧跟时代步伐，努力实现由传统制造向数字化、智能化制造方向的转型。

（二）深耕细分领域

中国的再制造分为两种，一种是针对整机的再制造，另一种是针对零部件的再制造。打印设备及打印耗材再制造是再制造行业众多细分领域之一，绩迅科技多年来深耕于该细分领域，始终追求极致，为客户提供满意的墨盒产品和服务，专注于再制造墨盒的生产和研发。公司积极响应国家培育和发展专精特新企业的号召，坚持脚踏实地生产高质量产品，牢牢掌握细分领域的核心技术，不断向高端化、智能化、绿色化企业转型升级，坚定走精耕细作的生产之路。

（三）重视合作发展

公司重视与国内外企业、高校、科研院所、行业协会和其他利益相关方合作，致力于推动中国循环经济行业发展，密切关注再制造行业政策导向，实时掌握行业发展动态，紧跟国内外再制造行业科技发展的步伐，专注于打印机耗材产品再制造技术的研发与推广应用。同时，公司高度重视行业标准化工作，与行业内多家企业联合编制《废旧办公耗材与配件再制造通用规范》（GB/T 42152—2022）等国家标准。

（四）彰显社会责任

绩迅科技积极履行社会责任，彰显企业担当，始终坚守初心，把社会公益事业作为企业文化建设的重要一环。自成立以来，公司持续开展爱心助学、图书捐赠、宝藏小屋等各项公益慈善事业，经常为偏远贫困地区的留守儿童和贫困学生捐款捐物，同时还积极参加定点爱心帮扶等项目。

四、行业未来展望

（一）再制造行业的重要作用日益展现

随着环境保护重要性的日益凸显以及原生资源的紧缺，人们越来越注重再生资源的回收和利用。能否充分利用再制造手段更好地消化陈旧设备，对中国制造行业转型升级以及产业结构优化具有重要意义。生产再制造产品与制造新品相比，整个再制造过程对能源、资源需求较少，可有效减少废弃物的产生与污染物的排放，具有显著的经济效益和环境效益。再制造行业将逐渐成为我国发展循环经济和实现低碳发展的重要载体。

（二）再制造行业产业链不断完善

我国再制造行业多为企业试点模式，总体上表现较为分散化，得益于国家有关部门的大力支持以及消费者对环保和资源利用关注度的提高，再制造配套服务体系不断健全，为再制造企业的发展提供了有力支撑。近年来，全国逐步形成了几个再制造产业集群，如上海临港、江苏张家港、河北河间等，使再制造走上了发展快车道。再制造企业在较为良好的经营环境下，逐步加强与彼此以及上下游生产企业之间的合作，依托各自产业优势逐步完善我国再制造产业链。

（三）开拓数字化、智能化再制造道路

在全球数字化、智能化技术革命的大潮下，人工职能、5G、智慧城市等新技术、新业态、新平台蓬勃兴起，技术的进步也必将推动再制造行业实现降本增效。同时，再制造行业也应积极推动数字化发展进程，依托新技术研发智能再制造设备，提高再制造产品的可靠性，延长再制造产品寿命，提高再制造生产精度，促进数字经济和实体经济在再制造行业的深度融合，使再制造产品在提质增效的道路上勇往直前。

五、政策建议与未来展望

从当前行业现状来看，我国再制造产业在稳步发展的过程中，仍面临一些挑战，如回收渠道尚需优化、技术水平有待提升、产品质量需进一步稳定、市场认知度有待提高以及政策支持力度有待增强等。为促进再制造行业更好地发展，提出以下建议。

（一）优化废旧物资回收利用体系

我国的废旧物资回收利用体系还有待完善，尤其是在提高零部件回收率和规范回收

市场方面。为了进一步提升再制造企业的原材料供给，建议逐步打通回收渠道，建立全国性回收网络及信息管理系统。同时，可以充分借助快递、外卖等行业的逆向物流网络，提升回收效率，帮助企业解决“最后一公里”的回收问题，从而更好地利用资源化价值较高的可再制造旧件。

（二）强化政策法规的支持作用

为了进一步提升再制造产品的市场接受度，建议政府出台更多鼓励性政策。在金融贷款、政府采购、科研立项和人才引进等方面，加大对再制造企业的扶持力度，推动居民积极选购再制造产品，并将废弃物品交由具备资质的回收商，从而促进再制造产业的可持续发展。

（三）持续提升再制造产品的质量标准

再制造产品的核心竞争力在于其优异的性价比和性能。因此，建议进一步提升技术创新能力，鼓励企业加大科技研发投入，建立完善的质量控制体系，确保再制造产品的质量达到甚至超过原型新品的标准。此外，出台再制造产品生产及工艺流程的相关标准，进一步提高市场准入门槛，确保产品的市场竞争力。

（四）推动再制造产业的规模化发展

在国家政策的持续支持下，我国再制造产业已逐步形成了一定规模。未来，应进一步推动产业的规模化和园区化发展，形成专业化回收、拆解、再制造、废物处置等环节相结合的完整产业链，从而实现企业之间的资源共享和协同发展，增强产业集群效应，促进产业的可持续发展。

（五）积极推动国际合作

鼓励我国再制造企业加强与国际同行的交流与合作，通过引进新技术、新理念，推动行业创新发展。可以通过网络平台、国际会议、贸易展览等方式，了解全球再制造行业的最新动态和趋势。此外，还可通过合资合作引进先进技术，提升国内消费者对再制造产品的认知度，扩大市场需求。与此同时，积极引进国外专家，提升我国再制造产业的人才水平，促进国际化发展。

第 29 章　珠海联合天润打印耗材有限公司

朱双全　朱顺全　黄金辉　吴洪波[一]

一、企业基本情况

（一）基本信息

珠海联合天润打印耗材有限公司（简称联合天润）成立于 2004 年，位于珠海市高新区金鼎工业园，是一家集权威研发、生产、销售通用打印耗材碳粉盒为主的国家高新技术企业（见图 29-1），是中国通用耗材行业里极少数拥有环保再生件进口许可的企业之一，是通用打印耗材行业的再生示范基地。它为上市公司湖北鼎龙控股股份有限公司（股票代码：300054）的全资子公司，同时为中国文化办公设备制造行业协会会员单位、全国复印机械标准化技术委员会的委员单位、广东省打印耗材行业协会副会长单位和珠海市耗材行业协会副会长单位。

联合天润在业内倡导“差异化竞争”的经营理念，以彩色激光为主导，紧贴市场需求，不断创新研发，精心做好每一支硒鼓。公司致力于发展打印耗材绿色消费，倡导再生环保的理念，努力促进打印硒鼓可回收、再制造、再利用。目前，联合天润已成为全球彩色兼容激光碳粉盒研发、生产于一体的代表企业，产品种类达 1 000 多种，自有“MITO”“赛格”品牌，在国际上享有较高的知名度，销售网络覆盖全球 120 多个国家和地区。

[一] 朱双全、朱顺全、黄金辉、吴洪波，任职于珠海联合天润打印耗材有限公司。

图29-1 公司厂房全景图

（二）企业资质

公司获国家质量监督检验检疫总局颁发的《进口旧机电产品免装运前预检验证明书》（简称商检证明书），具备了从国外进口空壳的商检备案资质。由于国内回收市场尚未完全规范化，假冒伪劣产品在打印耗材再制造的原材料回收中占据了一定的市场份额，导致国内回收成本较高，相比之下，从国外采购空壳的成本更具竞争力。目前，联合天润90%以上的空壳来自国外。同时，公司已经建立了完善、稳定的多回收渠道和空壳资源供应链。公司的回收碳粉盒主要从美国、德国、荷兰、比利时、法国等国家进口，常合作空壳供应商有30多个，每个空壳供应商都有固定的回收渠道。

公司在新技术、新工艺、新产品上有持续性的研发投入与产出，并且有效地提高了在科技研发上的管理水平，2012年被评为国家高新技术企业。2019年，公司获打印耗材再制造联合创新实验室、广东省打印耗材工程技术研究中心、珠海市打印耗材工程技术研究中心认定，并获广东省创新型中小企业、广东省专精特新中小企业、广东省知识产权示范企业称号。

（三）体系及产品认证

联合天润从成立之日起，就确立了质量为本的方针，先后通过了ISO 9001质量管理体系、ISO 14001环境管理体系、ISO 45001职业健康管理体系、QC 080000有毒有害物质控制管理体系、中国环境标志（十环）认证。产品符合STMC测试标准，获得了REACH证书，建立了完善的检测体系，2018年起建立知识产权管理体系，并获得认证。

公司产品目前执行的标准规范，包括：中华人民共和国国家标准《静电复印（包括多功能）设备用鼓粉盒》（GB/T 29301—2012）、《信息技术　单色激光打印机用鼓粉盒通用规范》（GB/T 34988—2017）、广东省地方标准《打印机耗材再生产品生产控制要求》（DB44/T 623—2009）、珠海市耗材行业联盟标准《打印机耗材再生产品生产过程环境控制要求 再生鼓粉盒、再生喷墨盒》（Q/ZHC 001—2008）等。

二、再制造工艺

（一）生产和存储场地

联合天润的生产和存储场地均装备中央空调和中央除尘系统。中央除尘系统可自动吸尘，自动回收生产线和车间空间的墨粉或粉尘（见图 29-2）。

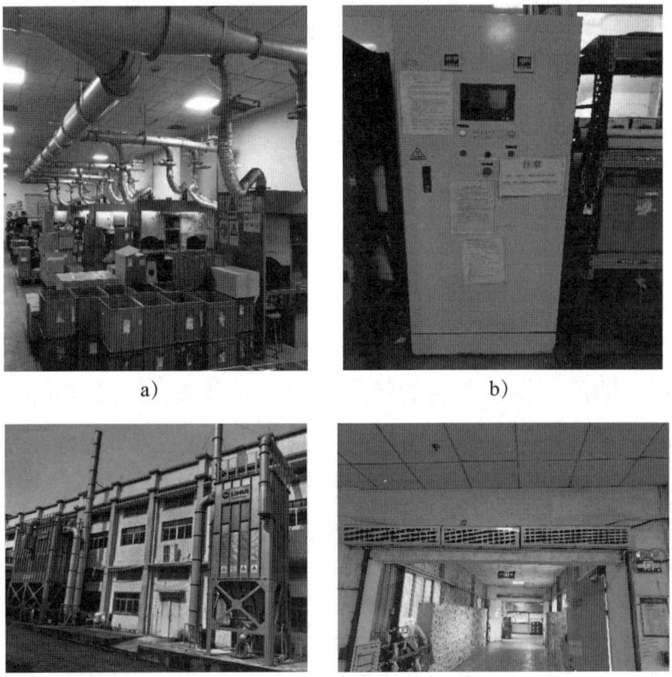

a)　b)　c)　d)

图29-2　生产和存储场地

a）中央除尘系统：自动吸尘　b）中央除尘系统：操控台
c）中央除尘系统/除尘塔无害排放　d）车间中央空调（局部）

（二）旧件拆解

联合天润在装有自动吸尘装置的生产线上，用专用的拆解工具、修复工具和设备拆解成像卡盒、鼓粉盒、墨粉盒等带有墨粉的部件，用人工操作自动吸尘器清除和收集盒内的残余墨粉（见图 29-3）。

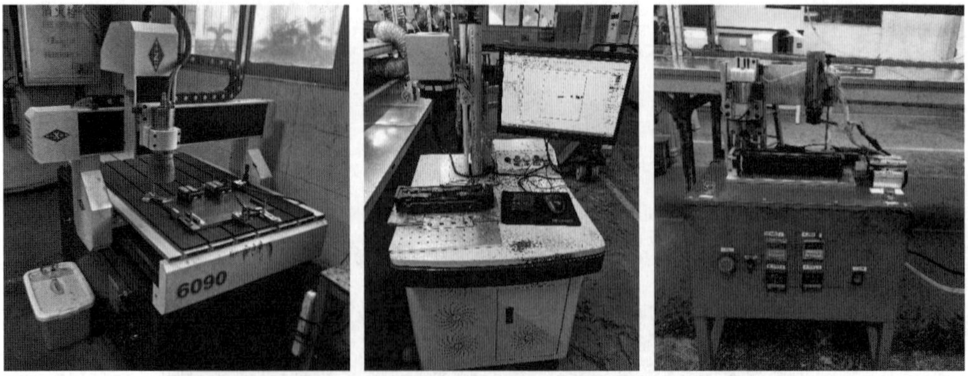

a)　　b)　　c)

图29-3　旧件拆解过程

a）雕刻机铣改成通用部件　b）激光烫除回收硒鼓原厂标记　c）自动工装烫除回收硒鼓原厂标记

（三）旧件清洗

联合天润对废弃的或用过的充电辊、显影辊、清洁刮刀和供粉辊、出粉刀等零部件，根据表面磨损、油污、粘连杂质的状况进行外观分选、清洗和清洁（见图 29-4）。

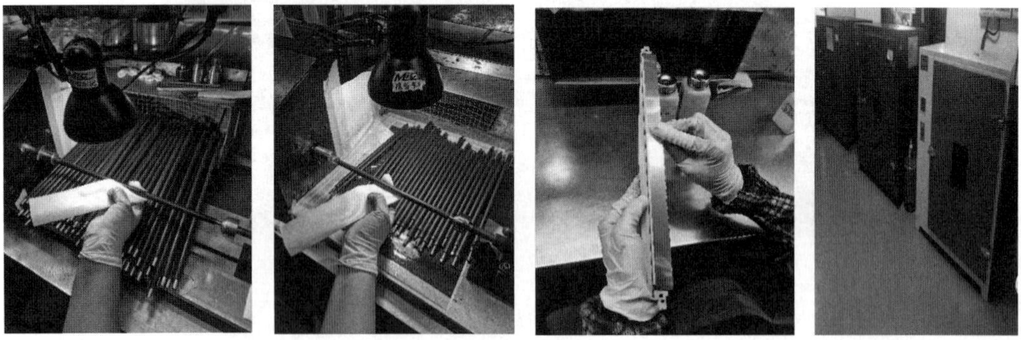

a)　　b)　　c)　　d)

图29-4　旧件清洗过程

a）工装式清洁充电辊　b）工装式清洁显影辊
c）手工用无尘布清洁、挑选出粉刀　d）烘干去除清洗部件残留的水分

（四）旧件质量检测

联合天润对再制造产品关键零部件进行特性检测，保证作为原材料的旧产品提交生产线的合格率。检测项目（见图 29-5）包括对充电辊、磁辊、显影辊等的电松弛检测，对感光鼓的光敏特性、接受电荷能力和暗衰特性、涂层厚度检测，对墨粉的带电量、粒径分布、流动性及软化点检测，对清洁刮刀和出粉刀的弹力检测，以及对零部件的几何参数、力学性能的无损检测等。

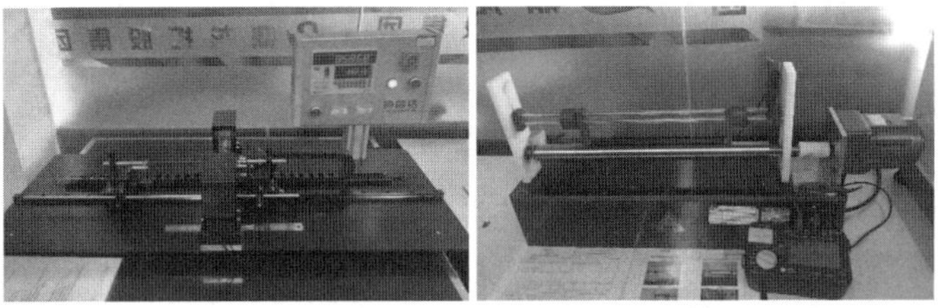

a）　　b）

图29-5　旧件质量检测

a）激光测充电辊、磁辊、显影辊直径及跳动量　b）测试胶辊类部件的线性电阻

（五）成像卡盒再制造过程和产成品检测

联合天润的装配车间主要进行零部件组装和成像卡盒成品组装。技术部门预先设计并编制各型号产品的生产工艺流程，提出岗位人工操作规程和作业指导书。生产流程主要包括：

流程 1：拆解→除去残留墨粉→打孔→贴封条→灌墨粉→抬起粉仓刮片→加墨粉→装出粉刀→装显影辊→测导电性。

流程 2：抬起废粉仓刮片→装刮刀→装充电辊→装感光鼓。

流程 1、流程 2 后形成粉仓和废粉仓。

流程 3：组装成品→打印测试→吸粉→清洁 / 包装→抽检→入库。

对再制造产品的关键零部件，例如芯片、感光鼓、清洁刮刀、出粉刀、充电辊、显影辊、磁辊等分别进行在线 100% 检测，主要指标有导电性、打印图像品质等。对产成品成像卡盒进行抽样检测（见图 29-6），主要指标有色密度、底灰、打印寿命等。产成品成像卡盒还要模拟在不同环境条件（例如高温 / 高湿、低温 / 低湿等）下进行图像品质测试。

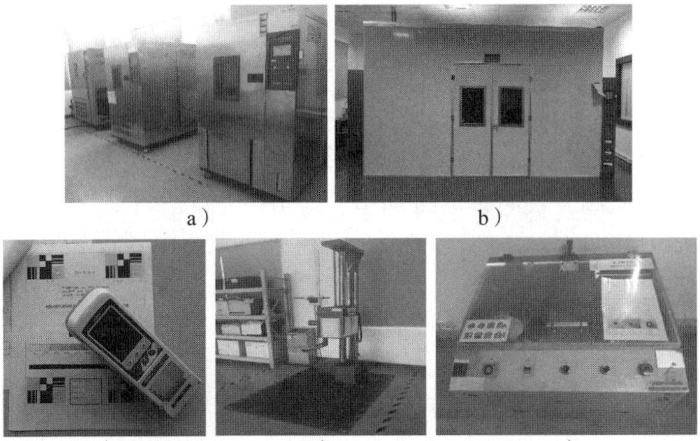

图29-6　成像卡盒产成品检测

a）恒温恒湿试验　b）步入式高低温湿热试验系统　c）测试打印样张的色密度　d）跌落测试　e）真空测试

三、经验总结

联合天润经过20多年的发展，再制造产品销量名列全球通用耗材前茅，再制造彩色激光碳粉盒处于行业领先地位，成为国内打印耗材行业再制造企业的重要代表，被海内外客户誉为“彩色激光打印耗材专家”。

（一）坚持品质第一

联合天润具有较强的研发基础及技术水平，截至2023年拥有50多人的研发队伍，建设了研发配套的芯片实验室、环境实验室，拥有恒温恒湿试验箱、能量光谱仪、自动喷砂机、H/X带电量测试仪、触针式表面粗糙度测试仪和绝缘电阻测试仪等一批高精度、高技术含量的实验设备。经过多年的发展及与国际耗材领先企业的研发合作，公司在耗材行业这一涉及机械、电子、化工、光电等多学科的技术领域积累了丰富的经验，掌握了耗材行业再制造的关键技术。

公司有完善的开发流程及质量保证体系。在开发阶段，产品除了进行常规的常温寿命试验，还会进行超寿命试验，高温高湿、低温低湿寿命测试，高温接触试验，模拟客户高频长周期测试，低温存储试验，车载模拟振动试验、跌落试验等测试，确保产品在运输、存储、使用环节的稳定性及可靠性。

（二）注重知识产权建设

公司高度重视知识产权工作，把知识产权纳入公司的重要发展战略和目标，设立知识产权部，目前有专职知识产权律师2人，创新设计工程师8人，测试工程师6人。截止到2023年10月，联合天润共申请专利222项，已授权183项。公司建立了完善的知识产权管理体系，加强专利申请、保护和维权工作，保障了自身的创新成果和商业利益。

公司注重研发创新，通过加大研发投入、引进优秀人才、加强产学研合作等方式，不断提升自身的技术实力和创新能力。同时，公司也注重将知识产权转化为实际生产力，推动企业实现高质量发展。此外，公司同样注重知识产权风险防范，通过建立风险预警机制、加强侵权监测、及时采取维权措施等方式，有效防范和应对知识产权风险。

（三）自动化提升效率

联合天润拥有行业内先进的再制造产品技术参数及性能测试的各类研发和生产设备，先后投入2条半自动装配线和2条全自动装配生产线（见图29-7），装配效率提高110%；2条自动收缩

图29-7 碳粉盒自动化装配线

包装线和5条自动纸箱包装线，自动化设备代替手工生产，对于保证产品质量、提升生产效率效果明显。

四、行业展望

生产再生碳粉盒符合环保趋势，通过回收、清洁、再利用的方式循环利用，降低了碳排放，减少了对环境的破坏，得到了政府的鼓励和支持。随着“低碳、环保”理念逐步深入人心，再生碳粉盒制造业将迎来更大的发展，未来行业发展可能会有以下几个特征。

（一）市场规模扩大

我国激光打印机市场渗透率较低，随着国民经济持续发展，国内激光打印机市场将得到进一步发展，激光打印机在政府、家用、教育、商用等领域的应用越来越广泛，随着打印机需求的增加，再生碳粉盒制造业的市场规模将会继续扩大。同时，再生碳粉盒制造业的规模扩大也将受到环保要求提高和资源回收意识增强的推动。

（二）工艺技术创新

再生碳粉盒制造业的工艺技术将可能聚焦在高效、环保、节能等方面。例如，提高碳粉盒的主要配件、残余碳粉的再利用率，降低生产过程中的能耗，以及优化生产流程，加大自动化设备投入提高生产效率等。

（三）模式创新

再生碳粉盒制造业的模式创新可能体现在以下几个方面：一是生产过程的优化，如采用更环保的生产工艺，提高生产效率；二是销售模式的创新，如采用订阅服务模式，提供更便捷的购买方式；三是服务模式的创新，如提供更高效的售后服务，提高客户满意度。

五、行业发展存在的问题及建议

生产再生环保产品是全球可持续发展的必然趋势，打印耗材鼓粉盒再制造能减少资源和能源消耗，减少污染物产生与排放，实现回收和重复再利用，是一个很有发展潜力的循环经济产业。

（一）现存问题

尽管打印耗材鼓粉盒再制造行业具有广阔的市场前景，但目前仍存在一些发展瓶颈和主要问题。

一是技术水平不高。部分企业技术落后，缺乏先进的拆解、清洗和再制造技术，导致生产效率低下、产品质量不稳定。

二是行业规范不足。市场上存在一些不规范的企业，为了追求利润，采用劣质材料和简化工艺，严重影响了整个再制造行业的形象和信誉。

三是市场认知度低。消费者对激光鼓粉盒再制造产品的认知度不高，对再制造产品的质量存在疑虑，导致市场需求难以扩大。

（二）对策建议

针对以上问题，提出以下建议措施。

一是加强技术研发。鼓励企业加大技术研发力度，推广先进的拆解、清洗和再制造技术，提高生产效率和产品质量。同时，政府可以设立专项资金，支持企业进行技术创新和设备更新。

二是建立行业规范。应建立健全激光鼓粉盒再制造行业规范和标准体系，严格市场准入条件，加强对企业的监管力度，严厉打击假冒伪劣产品，保障消费者权益。

三是推进绿色发展。倡导绿色生产方式，引导企业采用环保材料和节能技术，减少生产过程中的环境污染。此外，应加强废弃物处理工作，确保废弃物得到妥善处置。

四是加强宣传教育。通过媒体宣传、公益活动等方式，提高消费者对激光鼓粉盒再制造产品的认知度和接受度，引导消费者树立绿色消费观念。

五是提高品牌知名度。企业应注重品牌建设，通过提高产品质量和服务水平，树立良好的企业形象。同时，积极参加行业展览和交流活动，扩大市场影响力。

总之，激光打印耗材再制造的发展需要多方面的支持和努力。只有不断加强研发、提升效率、强化质量监管、注重媒体引导及宣传，并关注环保与可持续发展等方面的工作，才能推动激光打印耗材再制造产业的健康发展。

第 30 章　北海琛航电子科技有限公司

曾树深　曾成杰　苏兰霞[㊀]

一、企业基本情况

北海琛航电子科技有限公司（简称北海琛航）是一家专业从事复印机、数字式多功能一体机、办公耗材与配件、机械硬盘等办公设备再制造的高新技术企业。公司成立于 2015 年，位于国家高新技术产品全球入境维修 / 再制造示范区——北海综合保税区 B 区，拥有两栋现代化标准厂房、先进的生产设备，以及一支精诚团结、行业经验丰富的再制造专业团队，是我国办公设备及耗材再制造的积极倡导者和先行者。

（一）企业资质

北海琛航于 2016 年被海关（原广西出入境检验检疫局）认定为"旧复印机再制造试点企业"，通过了 ISO 9001 质量管理体系、ISO 14001 环境管理体系、ISO 45001 职业健康安全管理体系等认证。公司于 2019 年进入科技型中小企业库，2021 年被认定为广西壮族自治区高新技术企业，2022 年产品列入工业和信息化部《再制造产品目录（第九批）》，同年通过创新型中小企业评价。

（二）产业发展

北海琛航深耕办公设备再制造领域多年，从单一的整机再制造，发展到集办公设

㊀ 曾树深，北海琛航电子科技有限公司董事长。曾成杰，北海琛航电子科技有限公司副总经理。苏兰霞，北海琛航电子科技有限公司综合部经理。

备整机、办公耗材与配件、大容量机械式硬盘等系列产品再制造，为用户提供全方位、全产业链、供应链的贴心服务。公司在广东、浙江、福建等国内 20 多个省市建立了营销网点及售后服务中心，产品远销韩国、泰国、马来西亚等国家和地区，深受广大客户的认可和信赖。公司年再制造多功能一体机（整机）约 3 万台，年再制造办公耗材与配件（鼓粉盒、定影器、显影器）约 40 万个，年再制造硬盘（服务器）约 38 万片；2022 年产值 1.06 亿元，年缴税款近 2 000 万元。

二、企业创新发展做法

北海琛航全面贯彻新发展理念，始终坚持将创新贯穿到企业发展全过程中。在积极引进消化吸收的基础上，公司坚持走自主创新之路，提升企业竞争力。

（一）重视研发平台建设，为企业创新发展提供载体保障

为提高企业自主创新能力，增强企业核心竞争力，公司于 2019 年成立工程技术研发中心，加大对研发场地、研发设备、研发经费等方面的投入。为规范公司研发管理，激励研发团队的工作积极性，公司制定了《研发项目管理制度》《研发投入财务核算制度》《研发人员绩效考核与激励制度》和《科技成果转化实施与奖励制度》等管理制度，为公司创新发展提供制度保障。公司先后获得 6 项实用新型专利、15 项软件著作权，成立 1 个市级工程技术研发中心（北海市机械硬盘再制造工程技术研究中心），产出的 25 个成果全部自行转化，并取得了良好的应用效果。

（二）重视创新人才培养，为企业创新发展提供人才支撑

北海琛航技术人员队伍主要来自自主培养，大多从事办公设备再制造维修工作多年，具有专业的维修技能及丰富的实操经验。公司重视技术人员的培训教育及梯队建设工作，建立人才储备库，通过实行“师徒一对一制”结对形式，达到“以老带新、以新促老，共同提高”的目的。公司定期组织技术人员进行专业培训，开展技术研讨等交流学习活动，激发员工学习的积极性和创新活力。公司现有科技人员 26 名，高级职称人员 3 人，中级职称人员 4 人，初级职称人员 7 人。

（三）研发自动化产线，提高企业生产效率

2020 年，北海琛航开展服务器机械硬盘再制造业务，自主研发了硬盘快速诊断、检测分析、测试、数据安全擦除、格式化、校准、全自动质检等系统，建成全国首条硬盘再制造自动化设备生产线，并申请了国家发明专利。2022 年，公司组建“北海市机

械硬盘再制造工程技术研究中心”，与原有的办公设备及配件再制造实现差异化发展，增强了公司技术研发能力，加快了企业科技创新步伐。

2021 年，公司投入 100 万元用于研发多功能一体机（整机）再制造自动化生产线，在生产线首末端安装全角度装卸机械手，通过电动双层板流水线作业，产品实现自动上线和下线。本项目改变了一体机整机再制造生产线上传统的一体机装卸方式，实现了装卸机械化，提高了一体机再制造装配调试速度和质量监控水平，促进一体机再制造生产线的智能化水平，减轻了员工劳动强度，提高了企业生产效率。

三、主要经验总结

（一）重视标准化工作

企业发展，标准先行。2017 年公司主导制定了《废旧复印机、打印机和速印机再制造通用规范》（GB/T 34868—2017），该标准是我国首个关于复印机整机再制造的国家标准，为复印机再制造企业生产和国家有关职能部门的监管工作提供了标准支撑，对我国办公设备再制造行业规范发展起到了积极示范引领作用。2022 年，公司主导制定了《废旧办公耗材与配件再制造通用规范》（GB/T 42152—2022），该标准与上述整机再制造标准共同构建了办公设备再制造标准化体系的顶层结构，为进一步分解和规范下一层次的标准奠定了基础。

2018 年，公司作为第一起草单位制定了广西壮族自治区《电子电器企业废弃物分类、贮存和处理技术规范》（DB45/T 1912—2018），该标准 2019 年被评为广西重要技术标准项目。公司先后主导制定了办公设备再制造领域国家标准 3 项、广西壮族自治区地方标准 1 项、团体标准 8 项。

（二）强化科学管理

公司严格按照 ISO 9001 质量管理体系、ISO 14001 环境管理体系、ISO 45001 职业健康安全管理体建立了程序规范、务实高效、运转协调、全面受控的科学质量管理体系，持续稳定地为客户提供高标准的产品和服务。公司生产实行封闭式管理，再制造成品从原料进厂、流水线生产到产品入库，全程采用数字化管理，通过二维码全程记录，一机一码，从原材料进厂到产品出库，切实实现了全过程可追溯。在长期的工作实践中，公司创新设计了一套科学合理的再制造工艺流程，为企业提质增效。

（三）严格把好质量关

北海琛航再制造不是简单的翻新和修复，而是在现代工业生产环境下，对废旧产品使用再制造技术及工艺，实现其质量或性能达到甚至超过原产品的工程活动。公司在再制造过程中，制定了高于国家标准的企业标准，按照企业标准制定了科学的生产工艺流程，确保从合格供应商评定、原材料采购、生产过程管理到产成品入库的全过程管理，保证产品质量，持续为客户提供高质量、性能稳定的产品。工作实践证明，再制造可以延长产品生命周期。

四、本领域未来展望

（一）市场前景更加广阔

随着技术的进步、数字化办公的不断发展，人们对复印机、打印机等办公设备的需求量也在不断增加。目前，大多数企业都需要办公自动化设备来提高效率，而复印机是其中必不可少的一种，预计未来复印机、打印机等办公设备的需求量也将进一步增加。再制造产品与新品相比，性价比极高，既能保证产品的质量和性能，又在价格上占有优势，未来办公设备再制造具有巨大的市场空间。

（二）市场竞争更加激烈

近年来，从事办公设备再制造的企业数量有所增加，使市场竞争加剧，既加速了从业企业的优胜劣汰，也出现了一些领军企业。但是受产品供应链和销售链的制约，估计今后企业发展会进入平台期。企业发展和盈利能力，主要取决于自身发展，最终还是要通过技术创新和规范管理来增强自身的核心竞争力。

五、政策诉求和建议

再制造在我国起步较晚，从行业层面来看，目前再制造产业在技术水平提升、产业链完善、社会认知度提高以及政策支持的持续性方面，仍有较大的发展空间和优化潜力。为了实现再制造行业更好的发展，现提出如下建议。

（一）持续强化政策规范引导

建议政府及相关部门在产业政策上引导再制造行业长期健康稳定发展，逐步形成规范化的再制造运行机制和管理模式，实现再制造规模化、产业化发展，从而将再制造产业培育成为新的经济增长点，助力“双碳”目标的实现，推动循环经济发展。

（二）加大对再制造企业扶持力度

鼓励地方政府出台针对再制造产业发展的相关配套政策，包括加大对再制造产品和再制造企业的财税支持力度，鼓励金融机构为再制造企业提供信贷、保险等投融资服务。通过加大对企业的扶持力度，帮助企业降本增效，推动再制造产业发展。

（三）鼓励再制造企业技术创新发展

在国家大力支持和有效管理下，办公设备再制造产业取得了良好的发展，但在发展过程中仍存在一些技术瓶颈。建议地方等相关部门加大对企业在技术创新和研发投入等方面的政策支持和力度，鼓励企业技术创新，突破再制造关键核心技术，提升企业的再制造能力，推动再制造产业快速发展。

（四）提高再制造产品的社会认知度

目前，消费者对于再制造产品的认识和接受度普遍偏低，对再制造产品存在着一定的抵触心理，部分人将其等同于二手货，认为不如新品好。建议加大宣传力度，广泛宣传再制造在节约资源、环境保护中的重要意义。普及再制造知识，引导用户和消费者使用再制造产品，加强公众对再制造产品的认知度。

第 31 章　遵义博旺科技有限公司

杨焕健[1]

一、企业基本情况

（一）基本信息

遵义博旺科技有限公司（简称博旺公司）坐落于中国革命的历史名城遵义，占地约 4 000 平方米，位于遵义综合保税区内，环保排污设施按照主管地生态环保部门环评排污一级排放标准建设，是一家专业生产、销售再制造墨盒的现代化公司。

在遵义综合保税区投资兴建打印耗材再制造基地，可以充分利用遵义地区的政策扶持和便捷的高速路网，发挥当地充足的人力资源优势，将珠海耗材之都的产业优势延伸至内地，带动当地耗材制造业的发展，逐步建立以耗材制造为核心的产业链。博旺公司的项目建设可以充分发挥公司在技术、资金和资源方面的优势，依托遵义当地政策、运输、土地、人力资源等优势，推动该行业在西南地区的规模化发展，提升遵义综合保税区相关产品的出口额，为当地人员提供就业岗位，每年能够为 200 ～ 300 人提供就业机会，同时带动第三产业发展，缓解当地就业压力。

（二）公司产品客户情况

公司为满足客户需求，持续发展，不断开发优势产品。目前，公司再制造墨盒（见图 31-1）产品型号齐全，包括惠普、佳能、三星、利盟、戴尔、联想、松下等

---

[1] 杨焕健，遵义博旺科技有限公司工程部经理。

500 多种。公司拥有多台（套）自主设计研发制造的自动化生产设备，配备先进完备的墨盒芯片检测仪器，以及型号齐全的测试用喷墨打印机，对每一件产品进行全面检测，不允许一件不合格产品流入市场。基于严格的管理方针、一流的技术，目前公司业务已经拓展到全球多个地区，建立了优质高效的海内外销售网络，包括欧洲，美洲（美国、巴西、巴拉圭等），亚洲（大中华区、日本、韩国、东南亚等），大洋洲（澳大利亚）和非洲（南非、尼日利亚等），产品赢得客户的一致好评。

图31-1　博旺公司再制造墨盒

（三）荣誉资质

公司 10 大类、130 个型号再制造墨盒产品入选工业和信息化部于 2022 年 9 月公布的《再制造产品目录（第九批）》，此次通过工业和信息化部再制造产品认定，标志着公司成为**西南地区第一家入选再制造产品目录的耗材企业**。在相关单位协助支持下，公司于 2020 年在遵义综合保税区建设了西南地区第一个再制造基地，依托产品入选再制造目录的发展契机，公司启动了“西南高端打印设备及耗材绿色再制造总部基地”项目，目前正在申请贵州省级绿色工厂和国家级绿色工厂认定。

二、企业的创新发展

（一）完善的管理体系

公司坚持“以人为本”的管理方针，通过十年的发展，打造了一支稳定且富有经验的员工队伍以及管理团队，其中多人常年从事喷墨再制造技术工作。同时，公司依据国际标准 ISO 9001:2015 和 ISO 1400 1:2015 制定了涵盖质量与环境管理的《质量环境手册》，在经营运作中严格按照《质量环境手册》的规定，实施相关的质量和环境管理体系，确保最大限度地满足客户需求。凭借先进的管理团队和完善的质量监控体系，公司迅速成长为行业内的领先企业，深受新老客户的信赖。未来，公司将继续以“诚信为本，服务制胜”为宗旨，贯彻发扬“品质、服务、价值”的企业文化，致力于打造享誉全球的耗材品牌。

（二）再制造工艺技术创新

1. 优化再制造工艺流程

具体的再制造工艺流程如图 31-2 所示。

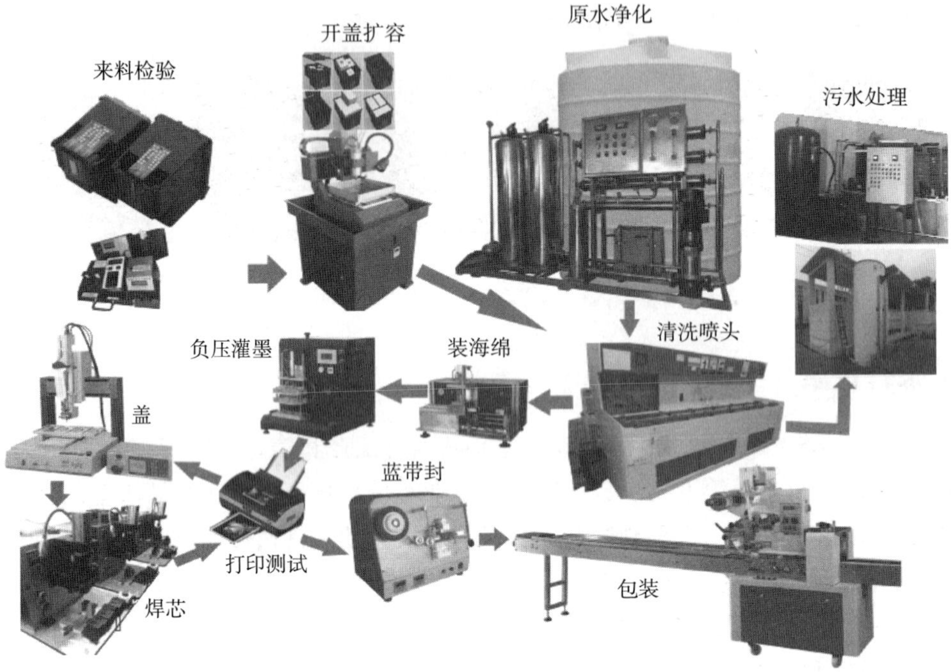

图31-2　再制造工艺流程

（1）所有空墨盒原材料均经过严格的检验工序，尤其是对进口空墨盒的检测。首先对所有来料的空墨盒进行外观检测，筛选出外观、喷片不良品；其次进行电性检测，对电路不良品进行筛选处理。

（2）在清洗过程中，确保墨盒喷头喷水正常，清洗喷孔并 100% 检测完好，确保打印过程中有良好的喷墨效果。

（3）注墨后，墨盒 100% 使用打印机检测，确保测试合格，并安装新的显墨量芯片，以实现在打印机上实时监测墨水容量的功能。

2. 强化关键再制造技术攻关

采用专业的检测设备保证优秀的再制造率，从而确保产品的兼容性和质量可靠性。采用去离子纯水清洗喷头，保证喷墨头不堵塞。采用专业喷墨墨水，确保打印流畅、色彩还原度高以及效果持久稳定。采用自动化设备生产，保证生产效率、质量稳定。采用专业的芯片技术，保证产品的通用兼容性。同时扩充再制造产品的原材料来源，减少成品库存积压。

3．确保再制造产品质量

按照珠海市耗材行业协会团体标准 T/ZHHC 1002—2022《喷墨打印机墨盒通用技术规范》，以公司 HB803 黑色墨盒产品为例，与原装新品对比，按照 ISO 24712 标准，以 5% 覆盖率进行测试。结果显示，原装厂家的单页耗用成本是博旺公司的 8 ～ 9 倍，表明公司产品在性价比上具有显著优势（见表 31-1），受到消费者一致好评。

表31-1　博旺公司再制造墨盒性价比情况

HB803墨盒性价比（5%覆盖率）					
型号		容量版本	寿命（页）	价格（元）	性价比（元/页）
HB803	原装	经济版 S	120	68	0.57
		标准版 E	155	85	0.55
	博旺公司再生	XL	750	52	0.07
		XXL	1 000	55	0.06

（三）重视再制造前期设计和研究

1．产品从投产到最终售后全方位分析与研究

对原装全新墨盒技术进行分析，测试记录其技术参数，作为再制造的技术目标。分析市场可用于再制造的资源状况、规模，以及再制造成本、利润空间，为产品开发立项提供依据。设计并试验再制造工艺技术和原材料获取技术，并反复验证、试做、试产和改进，最终形成适合规模化生产的成熟的再制造工艺。持续追踪研究原装喷墨技术的发展和变化，及时应对原装厂商为限制兼容技术而推出的新措施。为再制造工厂和用户提供解决方案，为销售部门和客户提供技术支持，培养相应的技术客服人员。

2．在生产过程设计环节考虑节能减排、资源综合利用指标要求

在再制造生产过程设计中，尽可能地回用原装件，通过技术手段扩充回收件的使用比例，做到物尽其用。在排放严格达标的前提下，进一步减少废弃物排放，同时考虑节约用水、用电、用油，减少光污染、噪声污染、气体污染，合理利用工程机械产生的余热，优化生产工艺过程，尽可能地节能减排和综合利用资源。

3．对生产过程设计方案的实施、评审、验证和改进

喷墨再制造技术经过 20 多年的发展，其生产过程已逐渐成熟，形成产业化、规模

化，现有生产方案经过多年实践检验，证明其具有良好的经济效益、环保效益和社会效益。未来，生产过程的改进需要从以下几个方面来考虑：一是进一步提升技术兼容性，二是进一步扩大产能规模，三是通过增加自动化设备的数量、提高设备可靠性和技术水平，进一步提升生产效率。

（四）节能环保设施、措施、达标及效益情况

在废水处理方面，公司建设了一套大型污水处理设施，采用清洗用水多次过滤回用技术，将生活污水和工业污水集中处理，效果稳定，各项指标均达到地方污水一级排放标准。在废气处理方面，公司在楼顶建设了一套废气收集与活性炭吸附处理装置，将车间产生的废气处理达标后高空排放。针对大功率螺杆空压机的散热，采用水循环余热回收技术，将余热用于清洁用水的加热，提高清洗效果和效率，减少用电、用水。经过专业的设备处理，废水废气均能达到国家和地方的排放标准（见图 31-3），并获得第三方专业资质检测机构出具的合格检测报告。与制造同类用途的新品相比，再制造产品的节能减排效益显著：生产一个全新喷墨盒要消耗 0.6 公斤石油，而生产一个再生墨盒的能耗仅为全新品的 5%。

废水送样检测结果表

来样编号	检测项目	单位	检测结果	标准限值
2023.8.17（出口）	pH	无量纲	7.8	6~9
	SS	mg/L	26	400
2023.8.17（出口）	氨氮	mg/L	4.71	/
2023.8.17（出口）	COD_{Cr}	mg/L	170	500
2023.8.17（出口）	LAS	mg/L	0.445	20
2023.8.17（出口）	动植物油类	mg/L	0.16	100
2023.8.17（出口）	BOD_5	mg/L	47.5	300

注：1.标准限值参考依据《污水综合排放标准》（GB 8978-1996）表 4 第二类污染物最高允许排放浓度 三级标准；2.样品检测结果与现场采样、盛样容器、样品运输条件和时效密切相关，上述环节的合规性由委托单位负责。

处理设施排放口有组织废气监测结果

监测点位：处理设施排放口				排气筒高度：15m		
环保处理设施：活性炭吸附				采样截面积：0.0177m²		
监测项目	监测结果					
	第一次	第二次	第三次	均值	参考限值	单项判定
温度（℃）	32.3	33.2	33.3	/	/	/
流速（m/s）	15.8	16.7	16.6	/	/	/
标况采气体积（L）	8.16	8.14	8.14	/	/	/
标干流量（m^3/h）	796	835	831	/	/	/
含湿量（%）	3.0	3.2	3.1	/	/	/
采样体积（L）	10	10	10	/	/	/
苯（mg/m^3）	0.018	0.022	0.031	0.024	12	合格
苯排放速率（kg/h）	0.000014	0.000018	0.000026	0.000019	0.50	合格
对二甲苯（mg/m^3）	0.012	0.010L	0.014	/	/	/
间二甲苯（mg/m^3）	0.016	0.020	0.017	/	/	/
邻二甲苯（mg/m^3）	0.016	0.016	0.011	/	/	/
二甲苯合计（mg/m^3）	0.044	0.041	0.042	0.042	70	合格
二甲苯合计排放速率（kg/h）	0.000035	0.000034	0.000035	0.000035	1.0	合格

注：监测结果对照《大气污染物综合排放标准》（GB 16297-1996）表 2 新污染大气污染物排放限值 二级

图31-3　废水废气处理达标情况

三、本领域产业展望

（一）向芯片研发和高端装备方向进一步延伸产业链

为适应国内国际双循环发展格局，公司于 2020 年 7 月在遵义综合保税区投资建设西南高端打印设备及耗材绿色再制造总部基地（简称再制造总部基地），打造集加工、贸易、物流和结算功能于一体的亚太区营运总部。公司将以总部和基地为引领，发挥政

策优势、创新优势与资源优势，在现有耗材再制造基地的基础上，进一步延伸产业链，拓展芯片研发、高端打印装备制造产业。

（二）对再制造产品进行技术升级改造

公司推进生产现代化建设，西南高端打印设备及耗材绿色再制造总部基地引入一体化生产设备，提高了加工精度、生产效率，改善了操作安全性。将滞销的旧型号产品通过芯片改造技术，再制造成畅销的新款型号芯片，实现资源的综合利用。

（三）环境保护与可持续发展

公司在日常管理中加大环境保护力度，在精细化和规范化、环境基础管理和设备运行维护等方面下功夫，严格规划操作流程，及时修订管理制度，强化内部考核，为环境保护与可持续发展提供有效的支撑。

四、政策诉求与建议

（一）畅通国内销售通道

为了统筹国内国际市场，适应未来再制造总部基地发展需求，公司迫切需要畅通出口产品转内销通道。公司在 2021 年 3 月向工业和信息化部申请再制造墨盒产品认定时，仅对当时正在开展生产的墨盒产品型号提交了申请，后续惠普和佳能公司推行升级的产品型号未列入再制造产品目录。为满足国内市场需求并支持再制造总部基地的有序建设，建议遵义市相关部门推动内外贸一体化经营发展，畅通出口产品转内销通道。具体就是，公司非目录内产品在获得广东省珠海市质量计量监督检测所（国家印刷及办公自动化消耗材料质量监督检验中心）的合格检测报告后，可在未入选工业和信息化部再制造产品目录前先行销往国内市场。若该通道畅通，预计公司可实现 2 亿元销售额，纳税超过 2 000 万元。

（二）支持率先建立行业规范管理标准

在公司系列产品入选再制造产品目录基础上，结合高端打印设备及耗材绿色再制造行业特点，建议遵义市相关部门或行业协会支持公司联合国内龙头企业制定行业规范管理标准，并推动其上升为国家标准，为行业可持续发展提供有规可循、可预判的模式，助推再制造总部基地的健康发展。

（三）出台总部经济扶持政策

总部经济通过“总部－制造基地”的功能链条，带动生产制造基地所在区域的发展，对提升自主创新能力、推动城市经济转型升级和加快区域合作发展具有重要战略意义。建议国家相关政府部门协调遵义市政府出台综合型总部专项扶持政策，引导高端打印设备及耗材绿色再制造总部基地有序发展。

附录A　再制造产业政策汇总

序号	日期	文件名称	发布部门
1	2005-6-27	《国务院关于做好建设节约型社会近期重点工作的通知》（根据《国务院关于宣布失效一批国务院文件的决定》（国发〔2015〕68号），此文件已宣布失效）	国务院
2	2005-7-2	《国务院关于加快发展循环经济的若干意见》	国务院
3	2005-10-27	《关于组织开展循环经济试点（第一批）工作的通知》	国家发展改革委 原国家环保总局 科技部 财政部 商务部 原国家统计局
4	2007-12-13	《关于组织开展循环经济试点（第二批）工作的通知》	国家发展改革委 原国家环保总局 科技部 财政部 商务部 原国家统计局

（续）

序号	日期	文件名称	发布部门
5	2008-3-2	《关于组织开展汽车零部件再制造试点工作的通知》	国家发展改革委办公厅
6	首次颁布：2008-8-29 修改时间：2018-10-26	《中华人民共和国循环经济促进法》	—
7	2009-5-12	《装备制造业调整和振兴规划》	国务院办公厅
8	2009-6-26	《工业和信息化部办公厅关于组织开展机电产品再制造试点工作的通知》	工业和信息化部
9	2009-12-11	《工业和信息化部关于印发〈机电产品再制造试点单位名单（第一批）〉和〈机电产品再制造试点工作要求〉的通知》	工业和信息化部
10	2010-2-20	《国家发展改革委、国家工商管理总局关于启用并加强汽车零部件再制造产品标志管理与保护的通知》	国家发展改革委 原国家工商总局
11	2010-4-19	《关于支持循环经济发展的投融资政策措施意见的通知》	国家发展改革委 中国人民银行 原中国银监会 中国证监会
12	2010-5-13	《关于推进再制造产业发展的意见》	国家发展改革委 科技部 工业和信息化部 公安部 财政部 原环境保护部 商务部 海关总署 国家税务总局 原国家工商总局 原国家质检总局
13	2010-6-29	《关于印发〈再制造产品认定管理暂行办法〉的通知》	工业和信息化部
14	2010-9-30	《关于印发〈再制造产品认定实施指南〉的通知》	工业和信息化部

（续）

序号	日期	文件名称	发布部门
15	2010-10-10	《国务院关于加快培育和发展战略性新兴产业的决定》	国务院
16	2011-3-17	《中华人民共和国国民经济和社会发展第十二个五年规划纲要》	国务院组织编制 全国人大审查批准
17	2011-7-25—2022-9-13	《再制造产品目录》第1～9批	工业和信息化部
18	2011-8-31	《国务院关于印发“十二五”节能减排综合性工作方案的通知》	国务院
19	2011-9-6	《国家发展改革委办公厅关于深化再制造试点工作的通知》	国家发展改革委办公厅
20	2012-4-28	《机电产品再制造技术及装备目录》	工业和信息化部 科技部
21	2012-5-7	《高端装备制造业“十二五”发展规划》	工业和信息化部
22	2013-1-23	《国务院关于印发循环经济发展战略及近期行动计划的通知》	国务院
23	2013-1-29	《关于印发再制造单位质量技术控制规范（试行）的通知》	国家发展改革委办公厅 财政部办公厅 工业和信息化部办公厅 原国家质检总局办公厅
24	2013-2-27	《国家发展改革委办公厅关于确定第二批再制造试点的通知》	国家发展改革委办公厅
25	2013-7-4	《关于印发再制造产品“以旧换再”试点实施方案的通知》	国家发展改革委 财政部 工业和信息化部 商务部 原国家质检总局
26	2013-8-1	《国务院关于加快发展节能环保产业的意见》	国务院
27	2013-10-12	《工业和信息化部关于印发〈内燃机再制造推进计划〉的通知》	工业和信息化部
28	2014-12-17	《工业和信息化部办公厅关于进一步做好机电产品再制造试点示范工作的通知》	工业和信息化部

（续）

序号	日期	文件名称	发布部门
29	2015-4-25	《中共中央 国务院关于加快推进生态文明建设的意见》	中共中央 国务院
30	2015-5-19	《国务院关于印发〈中国制造2025〉的通知》	国务院
31	2016-2-22	《工业和信息化部关于印发〈机电产品再制造试点单位名单（第二批）〉的通知》	工业和信息化部
32	2016-3-17	《中华人民共和国国民经济和社会发展第十三个五年规划纲要》	国务院组织编制 全国人大审查批准
33	2016-5-19	《国家创新驱动发展战略纲要》	中共中央 国务院
34	2016-6-30	《工业绿色发展规划（2016—2020年）》	工业和信息化部
35	2016-8-1	《装备制造业标准化和质量提升规划》	原国家质检总局 国家标准委 工业和信息化部
36	2016-9-14	《绿色制造工程实施指南（2016—2020年）》	工业和信息化部
37	2016-12-21	《工业和信息化部 商务部 科技部关于加快推进再生资源产业发展的指导意见》	工业和信息化部 商务部 科技部
38	2016-12-25	《国务院办公厅关于印发生产者责任延伸制度推行方案的通知》	国务院办公厅
39	2017-1-25	《战略性新兴产业重点产品和服务指导目录》	国家发展改革委
40	2017-4-21	《关于印发〈循环发展引领行动〉的通知》	国家发展改革委 科技部 工业和信息化部 财政部 原国土资源部 原环境保护部 住房城乡建设部 水利部 原农业部 商务部 国资委 国家税务总局 国家统计局 国家林业局

（续）

序号	日期	文件名称	发布部门
41	2017-10-5	《国务院办公厅关于积极推进供应链创新与应用的指导意见》	国务院办公厅
42	2017-10-31	《高端智能再制造行动计划（2018—2020年）》	工业和信息化部
43	2019-4-22	《报废机动车回收管理办法》	—
44	2019-10-30 2023-12-27	《产业结构调整指导目录（2019年版）》 《产业结构调整指导目录（2024年本）》	国家发展改革委
45	2008-4-7 2018-10-10（第一次修订） 2019-11-30（第二次修订）	《重点旧机电产品进口管理办法》	商务部 海关总署 原国家质检总局
46	2021-2-2	《国务院关于加快建立健全绿色低碳循环发展经济体系的指导意见》	国务院
47	2021-3-11	《中华人民共和国国民经济和社会发展第十四个五年规划和2035年远景目标纲要》	国务院组织编制 全国人大审查批准
48	2021-4-14	《汽车零部件再制造规范管理暂行办法》	国家发展改革委 工业和信息化部 生态环境部 交通运输部 商务部 海关总署 国家市场监管总局 原银保监会
49	2021-6-21	《汽车产品生产者责任延伸试点实施方案》	工业和信息化部 科技部 财政部 商务部
50	2021-7-1	《“十四五”循环经济发展规划》	国家发展改革委
51	2021-7-26	《节能环保清洁产业统计分类（2021）》	国家统计局
52	2021-10-24	《国务院关于印发2030年前碳达峰行动方案的通知》	国务院

（续）

序号	日期	文件名称	发布部门
53	2021-11-15	《“十四五”工业绿色发展规划》	工业和信息化部
54	2021-12-16	《资源综合利用企业所得税优惠目录（2021年版）》	财政部 国家税务总局 国家发展改革委 生态环境部
55	2021-12-24	《“十四五”推动高质量发展的国家标准体系建设规划》	国家标准委 中央网络安全和信息化委员会 科技部 工业和信息化部 民政部 生态环境部 住房城乡建设部 农业农村部 商务部 应急管理部
56	2022-1-17	《国家发展改革委等部门关于加快废旧物资循环利用体系建设的指导意见》	国家发展改革委 商务部 工业和信息化部 财政部 自然资源部 生态环境部 住房城乡建设部
57	2022-1-27	《关于加快推动工业资源综合利用的实施方案》	工业和信息化部 国家发展改革委 科技部 财政部 自然资源部 生态环境部 商务部 国家税务总局
58	2022-5-10	《鼓励外商投资产业目录（2022年版）》（征求意见稿）	国家发展改革委 商务部
59	2022-7-7	《工业领域碳达峰实施方案》	工业和信息化部 国家发展改革委 生态环境部

（续）

序号	日期	文件名称	发布部门
60	2022-8-24	《加快电力装备绿色低碳创新发展行动计划》	工业和信息化部 财政部 商务部 国务院国资委 国家市场监督管理总局
61	2022-12-14	《扩大内需战略规划纲要（2022—2035年）》	中共中央 国务院
62	2023-6-29	《国务院印发关于在有条件的自由贸易试验区和自由贸易港试点对接国际高标准推进制度型开放若干措施的通知》	国务院
63	2023-7-28	《国家工业资源综合利用先进适用工艺技术设备目录（2023年版）》	工业和信息化部 国家发展改革委 科技部 生态环境部
64	2023-8-17	《国家发展改革委等部门关于促进退役风电、光伏设备循环利用的指导意见》	国家发展改革委 国家能源局 工业和信息化部 生态环境部 商务部 国务院国资委
65	2023-10-10	《绿色航空制造业发展纲要（2023—2035年）》	工业和信息化部 科技部 财政部 中国民用航空局
66	2023-11-29	《锅炉绿色低碳高质量发展行动方案》	国家发展改革委 国家市场监管总局 工业和信息化部 生态环境部 国家能源局
67	2023-12-26	《关于印发船舶制造业绿色发展行动纲要（2024—2030年）的通知》	工业和信息化部 国家发展改革委 财政部 生态环境部 交通运输部
68	2023-12-27	《机电产品再制造行业规范条件》	工业和信息化部

（续）

序号	日期	文件名称	发布部门
69	2024-1-11	《中共中央 国务院关于全面推进美丽中国建设的意见》	中共中央 国务院
70	2024-2-6	《国务院办公厅关于加快构建废弃物循环利用体系的意见》	国务院办公厅
71	2024-2-29	《工业和信息化部等七部门关于加快推动制造业绿色化发展的指导意见》	工业和信息化部 国家发展改革委 财政部 生态环境部 中国人民银行 国务院国资委 国家市场监管总局
72	2024-3-7	《国务院关于印发〈推动大规模设备更新和消费品以旧换新行动方案〉的通知》	国务院

附录B　再制造标准汇总

序号	类别	类别名称	二级细分/发布机构	标准号	标准名称	实施日期
1	一类	国家标准	—	GB/T 19832—2017	石油天然气工业 钻井和采油提升设备的检验、维护、修理和再制造	2018-5-1
2	一类	国家标准	—	GB/T 27611—2011	再生利用品和再制造品通用要求及标识	2012-5-1
3	一类	国家标准	—	GB/T 28615—2012	绿色制造 金属切削机床再制造技术导则	2012-12-1
4	一类	国家标准	—	GB/T 28618—2012	机械产品再制造 通用技术要求	2012-12-1
5	一类	国家标准	—	GB/T 28619—2012	再制造 术语	2012-12-1
6	一类	国家标准	—	GB/T 28620—2012	再制造率的计算方法	2012-12-1
7	一类	国家标准	—	GB/T 28672—2012	汽车零部件再制造产品技术规范 交流发电机	2013-1-1
8	一类	国家标准	—	GB/T 28673—2012	汽车零部件再制造产品技术规范 起动机	2013-1-1

（续）

序号	类别	类别名称	二级细分/发布机构	标准号	标准名称	实施日期
9	一类	国家标准	—	GB/T 28674—2012	汽车零部件再制造产品技术规范 转向器	2013-1-1
10	一类	国家标准	—	GB/T 28675—2012	汽车零部件再制造 拆解	2013-1-1
11	一类	国家标准	—	GB/T 28676—2012	汽车零部件再制造 分类	2013-1-1
12	一类	国家标准	—	GB/T 28677—2012	汽车零部件再制造 清洗	2013-1-1
13	一类	国家标准	—	GB/T 28678—2012	汽车零部件再制造 出厂验收	2013-1-1
14	一类	国家标准	—	GB/T 28679—2012	汽车零部件再制造 装配	2013-1-1
15	一类	国家标准	—	GB/T 31207—2014	机械产品再制造质量管理要求	2015-5-1
16	一类	国家标准	—	GB/T 31208—2014	再制造毛坯质量检验方法	2015-5-1
17	一类	国家标准	—	GB/T 32222—2015	再制造内燃机 通用技术条件	2016-7-1
18	一类	国家标准	—	GB/T 32801—2016	土方机械 再制造零部件 装配技术规范	2017-3-1
19	一类	国家标准	—	GB/T 32802—2016	土方机械 再制造零部件 出厂验收技术规范	2017-3-1
20	一类	国家标准	—	GB/T 32803—2016	土方机械 零部件再制造 分类技术规范	2017-3-1
21	一类	国家标准	—	GB/T 32804—2016	土方机械 零部件再制造 拆解技术规范	2017-3-1
22	一类	国家标准	—	GB/T 32805—2016	土方机械 零部件再制造 清洗技术规范	2017-3-1
23	一类	国家标准	—	GB/T 32806—2016	土方机械 零部件再制造 通用技术规范	2017-3-1

（续）

序号	类别	类别名称	二级细分/发布机构	标准号	标准名称	实施日期
24	一类	国家标准	—	GB/T 32809—2016	再制造 机械产品清洗技术规范	2017-3-1
25	一类	国家标准	—	GB/T 32810—2016	再制造 机械产品拆解技术规范	2017-3-1
26	一类	国家标准	—	GB/T 32811—2016	机械产品再制造性评价技术规范	2017-3-1
27	一类	国家标准	—	GB/T 33518—2017	再制造 基于谱分析轴系零部件检测评定规范	2017-6-1
28	一类	国家标准	—	GB/T 33221—2016	再制造 企业技术规范	2017-7-1
29	一类	国家标准	—	GB/T 33947—2017	再制造 机械加工技术规范	2018-2-1
30	一类	国家标准	—	GB/T 34595—2017	汽车零部件再制造产品技术规范 水泵	2018-5-1
31	一类	国家标准	—	GB/T 34596—2017	汽车零部件再制造产品技术规范 机油泵	2018-5-1
32	一类	国家标准	—	GB/T 34600—2017	汽车零部件再制造产品技术规范 点燃式、压燃式发动机	2018-5-1
33	一类	国家标准	—	GB/T 34631—2017	再制造 机械零件剩余寿命评估指南	2018-5-1
34	一类	国家标准	—	GB/T 34868—2017	废旧复印机、打印机和速印机再制造通用规范	2018-5-1
35	一类	国家标准	—	GB/T 35977—2018	再制造 机械产品表面修复技术规范	2018-9-1
36	一类	国家标准	—	GB/T 35978—2018	再制造 机械产品检验技术导则	2018-9-1
37	一类	国家标准	—	GB/T 35980—2018	机械产品再制造工程设计 导则	2018-9-1
38	一类	国家标准	—	GB/T 37432—2019	全断面隧道掘进机再制造	2019-12-1

（续）

序号	类别	类别名称	二级细分/发布机构	标准号	标准名称	实施日期
39	一类	国家标准	—	GB/T 37654—2019	再制造 电弧喷涂技术规范	2020-1-1
40	一类	国家标准	—	GB/T 37672—2019	再制造 等离子熔覆技术规范	2020-1-1
41	一类	国家标准	—	GB/T 37674—2019	再制造 电镀刷技术规范	2020-1-1
42	一类	国家标准	—	GB/T 37887—2019	破碎设备再制造技术导则	2020-3-1
43	一类	国家标准	—	GB/T 39895—2021	汽车零部件再制造产品 标识规范	2021-10-1
44	一类	国家标准	—	GB/T 39899—2021	汽车零部件再制造产品技术规范 自动变速器	2021-10-1
45	一类	国家标准	—	GB/T 40727—2021	再制造 机械产品装配技术规范	2022-5-1
46	一类	国家标准	—	GB/T 40728—2021	再制造 机械产品修复层质量检测方法	2022-5-1
47	一类	国家标准	—	GB/T 40737—2021	再制造 激光熔覆层性能试验方法	2022-5-1
48	一类	国家标准	—	GB/T 41101.2—2021	土方机械 可持续性 第2部分：再制造	2022-7-1
49	一类	国家标准	—	GB/T 41350—2022	再制造 节能减排评价指标及计算方法	2022-10-1
50	一类	国家标准	—	GB/T 41352—2022	再制造 机械产品质量评价通则	2022-10-1
51	一类	国家标准	—	GB/T 41353—2022	再制造 机械产品寿命周期费用分析导则	2022-10-1
52	一类	国家标准	—	GB/T 42152—2022	废旧办公耗材与配件再制造通用规范	2023-7-1
53	二类	行业标准	机械行业标准（JB）	JB/T 12265—2015	激光再制造 轴流风机 技术条件	2016-3-1

（续）

序号	类别	类别名称	二级细分/发布机构	标准号	标准名称	实施日期
54	二类	行业标准	机械行业标准（JB）	JB/T 12266—2015	激光再制造　螺杆压缩机　技术条件	2016-3-1
55	二类	行业标准	机械行业标准（JB）	JB/T 12267—2015	激光再制造　高炉煤气余压透平发电装置动叶片　技术条件	2016-3-1
56	二类	行业标准	机械行业标准（JB）	JB/T 12268—2015	激光再制造　高炉煤气余压透平发电装置静叶片　技术条件	2016-3-1
57	二类	行业标准	机械行业标准（JB）	JB/T 12269—2015	激光再制造　烟气轮机叶片　技术条件	2016-3-1
58	二类	行业标准	机械行业标准（JB）	JB/T 12272—2015	激光再制造　烟气轮机轮盘　技术条件	2016-3-1
59	二类	行业标准	机械行业标准（JB）	JB/T 12732—2016	再制造内燃机　发电机工艺规范	2016-9-1
60	二类	行业标准	机械行业标准（JB）	JB/T 12733—2016	再制造内燃机　飞轮工艺规范	2016-9-1
61	二类	行业标准	机械行业标准（JB）	JB/T 12734—2016	再制造内燃机　连杆工艺规范	2016-9-1
62	二类	行业标准	机械行业标准（JB）	JB/T 12735—2016	再制造内燃机　零部件表面修复工艺规范	2016-9-1
63	二类	行业标准	机械行业标准（JB）	JB/T 12736—2016	再制造内燃机　喷油泵总成工艺规范	2016-9-1
64	二类	行业标准	机械行业标准（JB）	JB/T 12737—2016	再制造内燃机　喷油器总成工艺规范	2016-9-1
65	二类	行业标准	机械行业标准（JB）	JB/T 12738—2016	再制造内燃机　气缸套工艺规范	2016-9-1
66	二类	行业标准	机械行业标准（JB）	JB/T 12739—2016	再制造内燃机　气门工艺规范	2016-9-1
67	二类	行业标准	机械行业标准（JB）	JB/T 12740—2016	再制造内燃机　曲轴工艺规范	2016-9-1

（续）

序号	类别	类别名称	二级细分/发布机构	标准号	标准名称	实施日期
68	二类	行业标准	机械行业标准（JB）	JB/T 12741—2016	再制造内燃机 凸轮轴工艺规范	2016-9-1
69	二类	行业标准	机械行业标准（JB）	JB/T 12742—2016	再制造内燃机 压气机工艺规范	2016-9-1
70	二类	行业标准	机械行业标准（JB）	JB/T 12743—2016	再制造内燃机 增压器工艺规范	2016-9-1
71	二类	行业标准	机械行业标准（JB）	JB/T 12744—2016	再制造内燃机 起动机工艺规范	2016-9-1
72	二类	行业标准	机械行业标准（JB）	JB/T 12993—2018	三相异步电动机再制造技术规范	2018-10-1
73	二类	行业标准	机械行业标准（JB）	JB/T 13326—2018	再制造内燃机 机油泵工艺规范	2018-10-1
74	二类	行业标准	机械行业标准（JB）	JB/T 13327—2018	再制造内燃机 水泵工艺规范	2018-10-1
75	二类	行业标准	机械行业标准（JB）	JB/T 13339—2018	再制造内燃机 机体工艺规范	2018-10-1
76	二类	行业标准	机械行业标准（JB）	JB/T 13340—2018	再制造内燃机 缸盖工艺规范	2018-10-1
77	二类	行业标准	机械行业标准（JB）	JB/T 13788—2020	土方机械 液压泵再制造 技术规范	2021-1-1
78	二类	行业标准	机械行业标准（JB）	JB/T 13789—2020	土方机械 液压马达再制造 技术规范	2021-1-1
79	二类	行业标准	机械行业标准（JB）	JB/T 13790—2020	土方机械 液压油缸再制造 技术规范	2021-1-1
80	二类	行业标准	机械行业标准（JB）	JB/T 13791—2020	土方机械 液压元件再制造 通用技术规范	2021-1-1
81	二类	行业标准	机械行业标准（JB）	JB/T 13792—2020	土方机械再制造 零部件表面修复技术规范	2021-1-1
82	二类	行业标准	机械行业标准（JB）	JB/T 14203—2021	土方机械 再制造振动压路机	2022-4-1

（续）

序号	类别	类别名称	二级细分/发布机构	标准号	标准名称	实施日期
83	二类	行业标准	机械行业标准（JB）	JB/T 14204—2021	土方机械 再制造履带式液压挖掘机	2022-4-1
84	二类	行业标准	机械行业标准（JB）	JB/T 14263—2022	电子电气产品可再制造性评价通则	2023-4-1
85	二类	行业标准	能源行业标准（NB）	NB/T 10957—2022	矿用设备再制造 毛坯检测技术规范	2022-11-13
86	二类	行业标准	能源行业标准（NB）	NB/T 10958—2022	矿用设备再制造 通用要求及标识	2022-11-13
87	二类	行业标准	能源行业标准（NB）	NB/T 10959—2022	矿用设备再制造 拆解技术规范	2022-11-13
88	二类	行业标准	能源行业标准（NB）	NB/T 10960—2022	矿用设备再制造 清洗技术规范	2022-11-13
89	二类	行业标准	能源行业标准（NB）	NB/T 10961—2022	矿用设备再制造 过程质量管理控制要求	2022-11-13
90	二类	行业标准	能源行业标准（NB）	NB/T 10962—2022	矿用设备再制造 再制造性评价导则	2022-11-13
91	二类	行业标准	能源行业标准（NB）	NB/T 10963—2022	矿用设备再制造 个体防护装备使用管理要求	2022-11-13
92	二类	行业标准	能源行业标准（NB）	NB/T 11265—2023	再制造液压支架 技术要求	2023-11-26
93	二类	行业标准	汽车行业标准（QC）	QC/T 1070—2017	汽车零部件再制造产品技术规范 气缸体总成	2017-7-1
94	二类	行业标准	汽车行业标准（QC）	QC/T 1074—2017	汽车零部件再制造产品技术规范 气缸盖	2017-10-1
95	二类	行业标准	汽车行业标准（QC）	QC/T 1139—2020	汽车零部件再制造产品技术规范 连杆	2021-4-1
96	二类	行业标准	汽车行业标准（QC）	QC/T 1140—2020	汽车零部件再制造产品技术规范 曲轴	2021-4-1
97	二类	行业标准	汽车行业标准（QC）	QC/T 1184—2023	汽车零部件再制造产品技术规范 装饰用保险杠	2023-11-1

（续）

序号	类别	类别名称	二级细分/发布机构	标准号	标准名称	实施日期
98	二类	行业标准	汽车行业标准（QC）	QC/T 1185—2023	汽车零部件再制造 热喷涂修复工艺规范	2023-11-1
99	二类	行业标准	汽车行业标准（QC）	QC/T 1186—2023	汽车零部件再制造产品技术规范 涡轮增压器	2023-11-1
100	二类	行业标准	汽车行业标准（QC）	QC/T 1188—2023	汽车零部件再制造产品技术规范 铝合金车身覆盖件	2023-11-1
101	二类	行业标准	出入境检验检疫行业标准（SN）	SN/T 2878.2—2011	进口再制造用机电产品检验规程和技术要求 第2部分：工程机械轮胎	2011-12-1
102	二类	行业标准	出入境检验检疫行业标准（SN）	SN/T 3696—2013	进口再制造用途机电产品检验风险评估方法指南	2014-6-1
103	二类	行业标准	出入境检验检疫行业标准（SN）	SN/T 3837.1—2014	进口再制造用途机电产品检验技术要求 第1部分：鼓粉盒	2014-8-1
104	二类	行业标准	出入境检验检疫行业标准（SN）	SN/T 3837.2—2014	进口再制造用途机电产品检验技术要求 第2部分：载重汽车轮胎	2014-8-1
105	二类	行业标准	出入境检验检疫行业标准（SN）	SN/T 4245—2015	进出口汽车再制造零部件产品鉴定规程	2016-1-1
106	二类	行业标准	出入境检验检疫行业标准（SN）	SN/T 4247—2015	自贸试验区进口再制造用途机电产品检验规程	2016-1-1
107	二类	行业标准	出入境检验检疫行业标准（SN）	SN/T 3837.3—2016	进口再制造用途机电产品检验技术要求 第3部分：汽车起动机、发电机	2017-3-1
108	二类	行业标准	出入境检验检疫行业标准（SN）	SN/T 5312—2021	自贸区进口再制造机械零部件用毛坯件检验一般要求	2022-1-1
109	二类	行业标准	石油天然气行业标准（SY）	SY/T 6160—2019	防喷器检验、修理和再制造	2020-5-1
110	二类	行业标准	石油天然气行业标准（SY）	SY/T 6367—2020	石油天然气钻采设备 钻井设备的检验、维护、修理和再制造	2021-2-1

（续）

序号	类别	类别名称	二级细分/发布机构	标准号	标准名称	实施日期
111	二类	行业标准	石油天然气行业标准（SY）	SY/T 7692—2023	石油天然气钻采设备 海洋钻井隔水管检验、修理与再制造	2023-11-26
112	二类	行业标准	石油天然气行业标准（SY）	SY/T 7694—2023	石油天然气钻采设备 井口装置和采油树的修理和再制造	2023-11-26
113	二类	行业标准	黑色冶金行业标准（YB）	YB/T 4914—2021	冶金轧辊堆焊再制造通用技术条件	2021-7-1
114	三类	地方标准	上海市地方标准（DB31）	DB31/T 716—2013	三相异步电动机高效再制造技术规范	2013-11-1
115	三类	地方标准	安徽省地方标准（DB34）	DB3401/T 212—2020	合肥再制造生态圈构建指南	2020-12-22
116	三类	地方标准	山东省地方标准（DB37）	DB37/T 2688.1—2015	再制造煤矿机械技术要求 第1部分：刮板输送机中部槽	2015-10-2
117	三类	地方标准	山东省地方标准（DB37）	DB37/T 2688.2—2015	再制造煤矿机械技术要求 第2部分：液压支架立柱、千斤顶	2015-10-2
118	三类	地方标准	山东省地方标准（DB37）	DB37/T 2688.3—2016	再制造煤矿机械技术要求 第3部分：液压支架	2017-1-6
119	三类	地方标准	山东省地方标准（DB37）	DB37/T 2688.4—2016	再制造煤矿机械技术要求 第4部分：刮板输送机	2017-1-6
120	三类	地方标准	山东省地方标准（DB37）	DB37/T 2688.5—2016	再制造煤矿机械技术要求 第5部分：矿山机械减速机齿圈	2017-1-6
121	三类	地方标准	山东省地方标准（DB37）	DB37/T 2689.1—2015	再制造发动机技术要求 第1部分：机体	2015-10-2
122	三类	地方标准	山东省地方标准（DB37）	DB37/T 2689.2—2015	再制造发动机技术要求 第2部分：曲轴	2015-10-2
123	三类	地方标准	山东省地方标准（DB37）	DB37/T 2877—2016	再制造履带式推土机出厂运转要求及试验方法	2017-1-6

（续）

序号	类别	类别名称	二级细分/发布机构	标准号	标准名称	实施日期
124	三类	地方标准	山东省地方标准（DB37）	DB37/T 3590—2019	再制造 激光熔覆层与基体结合强度试验方法及评定	2019-6-29
125	三类	地方标准	山东省地方标准（DB37）	DB37/T 3589—2019	再制造 激光熔覆层与基体结合强度试验 试样制备方法	2019-6-29
126	四类	团体标准	首都科技服务业协会（BTSA）	T/BTSA 002—2016	汽车零部件再制造企业评价规范	2016-11-18
127	四类	团体标准	中国汽车工业协会（CAAMTB）	T/CAAMTB 19—2019	汽车零部件再制造企业管理体系 要求	2019-5-1
128	四类	团体标准	中国循环经济协会（CACE）	T/CACE 001—2018	高速度级汽车轮胎再制造技术要求	2018-6-15
129	四类	团体标准	中国循环经济协会（CACE）	T/CACE 017—2020	维修及再制造 企业技术规范	2020-11-23
130	四类	团体标准	中国循环经济协会（CACE）	T/CACE 018—2020	进口可用于维修及再制造的旧机电产品通用要求	2020-11-23
131	四类	团体标准	中国循环经济协会（CACE）	T/CACE 019—2020	维修及再制造产业示范基地进口旧机电产品监管规范	2020-11-23
132	四类	团体标准	中国循环经济协会（CACE）	T/CACE 020—2020	进口用于再制造的旧油管技术要求 陶瓷内衬管	2020-11-23
133	四类	团体标准	中国循环经济协会（CACE）	T/CACE 099—2023	电动机再制造 拆解	2023-10-31
134	四类	团体标准	中国循环经济协会（CACE）	T/CACE 0100—2023	电动机再制造 清洗	2023-10-31
135	四类	团体标准	中国循环经济协会（CACE）	T/CACE 0101—2023	服务器再制造技术规范	2023-10-31
136	四类	团体标准	中国循环经济协会（CACE）	T/CACE 0102—2023	服务器再制造企业要求	2023-10-31
137	四类	团体标准	中国循环经济协会（CACE）	T/CACE 0103—2023	工业机器人再制造技术规范	2023-10-31
138	四类	团体标准	中国循环经济协会（CACE）	T/CACE 0104—2023	工程机械再制造 绿色供应链管理要求	2023-10-31

（续）

序号	类别	类别名称	二级细分/发布机构	标准号	标准名称	实施日期
139	四类	团体标准	中国机电装备维修与改造技术协会（CAMER）	T/CAMER 001—2018	煤矿用液压支架检修与再制造技术规范	2018-8-20
140	四类	团体标准	中国机电装备维修与改造技术协会（CAMER）	T/CAMER 002—2019	机电设备维修与再制造企业质量诚信评价规范	2019-3-15
141	四类	团体标准	中国机电装备维修与改造技术协会（CAMER）	T/CAMER 006—2020	矿用设备检修与再制造企业能力基本要求	2020-9-1
142	四类	团体标准	中国机电装备维修与改造技术协会（CAMER）	T/CAMER 013—2021	机电装备维修与再制造职业能力水平评价标准编制指南	2021-9-15
143	四类	团体标准	中国机电装备维修与改造技术协会（CAMER）	T/CAMER 017—2022	阀门产品再制造　通用技术规范	2022-11-11
144	四类	团体标准	中国设备监理协会（CAPEC）	T/CAPEC 11—2020	全断面隧道掘进机　再制造监理技术要求	2021-3-1
145	四类	团体标准	中国中小商业企业协会（CASME）	T/CASME 286—2023	内燃机再制造企业能力通用要求	2023-2-15
146	四类	团体标准	中国工程机械工业协会（CCMA）	T/CCMA 0012—2011	工程机械零部件再制造　术语	2011-11-3
147	四类	团体标准	中国工程机械工业协会（CCMA）	T/CCMA 0013—2011	工程机械零部件再制造　产品标识	2011-11-3
148	四类	团体标准	中国工程机械工业协会（CCMA）	T/CCMA 0014—2011	工程机械零部件再制造　通用技术要求	2011-11-3
149	四类	团体标准	中国煤炭机械工业协会（CCMIA）	T/CCMIA 001—2020	再制造矿用刮板输送机通用技术条件	2021-3-16
150	四类	团体标准	中国文化办公设备制造行业协会标准（CCOEA）	T/CCOEA 4—2021	再制造技术规范　服务器	2021-5-1
151	四类	团体标准	中国文化办公设备制造行业协会标准（CCOEA）	T/CCOEA 7—2023	办公设备再制造技术规范　第2部分：废旧静电成像整机进货检验	2024-1-1

（续）

序号	类别	类别名称	二级细分/发布机构	标准号	标准名称	实施日期
152	四类	团体标准	中国工业节能与清洁生产协会（CIECCPA）	T/CIECCPA 001—2022	绿色设计产品评价技术规范 再制造三相永磁电动机	2022-2-18
153	四类	团体标准	中国工业节能与清洁生产协会（CIECCPA）	T/CIECCPA 002—2022	再制造三相永磁电动机 质量控制要求	2017-10-21
154	四类	团体标准	中国机械工程学会标准（CMES）	T/CMES 24004—2021	液压元件再制造导则	2022-1-22
155	四类	团体标准	中国机械工程学会标准（CMES）	T/CMES 24005—2021	液压元件 柱塞泵再制造	2022-1-22
156	四类	团体标准	中国机械工程学会标准（CMES）	T/CMES 24006—2021	液压元件 柱塞马达再制造	2022-1-22
157	四类	团体标准	中国机械工程学会标准（CMES）	T/CMES 24007—2021	液压元件 行星减速机再制造	2022-1-22
158	四类	团体标准	中国机械工程学会标准（CMES）	T/CMES 24008—2021	液压元件 多路换向阀再制造	2022-1-22
159	四类	团体标准	中国机械工程学会标准（CMES）	T/CMES 34001—2019	机械产品再制造性设计 导则	2020-1-1
160	四类	团体标准	中国机械工程学会标准（CMES）	T/CMES 34002—2019	机械产品再制造工艺规划 导则	2020-1-1
161	四类	团体标准	中国机械工程学会标准（CMES）	T/CMES 34003—2019	增材再制造技术规范	2020-1-1
162	四类	团体标准	中国机械工程学会标准（CMES）	T/CMES 34004—2021	再制造 复合镀技术规范	2021-11-26
163	四类	团体标准	中国机械工程学会标准（CMES）	T/CMES 34005—2022	高炉煤气余压透平机承缸（激光熔覆）再制造技术规范	2022-7-20
164	四类	团体标准	中国机械工程学会标准（CMES）	T/CMES 34006—2022	高炉煤气余压透平机叶片（激光熔覆） 再制造技术要求	2022-7-20
165	四类	团体标准	中国机械工程学会标准（CMES）	T/CMES 34007—2022	高炉煤气余压透平机转子主轴（激光熔覆）再制造技术规范	2022-7-20

（续）

序号	类别	类别名称	二级细分/发布机构	标准号	标准名称	实施日期
166	四类	团体标准	中国机械工程学会标准（CMES）	T/CMES 34008—2022	再制造 透平机转子总成动平衡试验方法	2022-7-20
167	四类	团体标准	中国机械工程学会标准（CMES）	T/CMES 34009—2022	再制造 轴流压缩机转子总成动平衡试验方法	2022-7-20
168	四类	团体标准	中国机械工程学会标准（CMES）	T/CMES 34010—2022	轴流压缩机叶片（激光熔覆）再制造技术要求	2022-7-20
169	四类	团体标准	中国机械工业联合会标准（CMIF）	T/CMIF 151—2021	旋挖钻机再制造 通用技术规范	2021-12-1
170	四类	团体标准	中国机械工业联合会标准（CMIF）	T/CMIF 156—2022	再制造过程规范	2022-2-1
171	四类	团体标准	中国机械工业联合会标准（CMIF）	T/CMIF 186—2023	复印机再制造过程规范	2023-3-1
172	四类	团体标准	中国轻工业联合会（CNLIC）	T/CNLIC 0053—2022	人造革合成革再制造 第1部分：合成革用再生聚氨酯浆料	2022-4-18
173	四类	团体标准	中国物质再生协会标准（CRRA）	T/CRRA 0801—2017	可再制造汽车零部件分类 起动机	2017-6-26
174	四类	团体标准	中国物质再生协会标准（CRRA）	T/CRRA 0802—2017	可再制造汽车零部件分类 发电机	2017-6-26
175	四类	团体标准	中国物质再生协会标准（CRRA）	T/CRRA 0803—2017	可再制造汽车零部件分类分级 转向器	2017-6-27
176	四类	团体标准	中国物质再生协会标准（CRRA）	T/CRRA 0804—2017	可再制造汽车零部件分类分级 变速器	2017-6-27
177	四类	团体标准	中国物质再生协会标准（CRRA）	T/CRRA 0805—2017	可再制造汽车零部件分类分级 发动机	2017-6-27
178	四类	团体标准	中国物质再生协会标准（CRRA）	T/CRRA 0806—2021	再制造技术规范 服务器	2021-5-1
179	四类	团体标准	中国物质再生协会标准（CRRA）	T/CRRA 0807—2021	工程机械零部件再制造 清洗技术规范	2021-8-13
180	四类	团体标准	中国物质再生协会标准（CRRA）	T/CRRA 0808—2021	工程机械再制造企业绿色供应链管理 绿色生产	2021-8-13

（续）

序号	类别	类别名称	二级细分/发布机构	标准号	标准名称	实施日期
181	四类	团体标准	中国物质再生协会标准（CRRA）	T/CRRA 0809—2021	可再制造工程机械零部件分类 柱塞泵	2021-8-13
182	四类	团体标准	中国物质再生协会标准（CRRA）	T/CRRA 0810—2023	汽车零部件再制造产品碳足迹评估技术规范 再制造点燃式、压燃式发动机	2023-10-31
183	四类	团体标准	中国汽车工程学会（CSAE）	T/CSAE 160—2020	汽车零部件再制造产品技术规范 电子助力转向器	2020-12-31
184	四类	团体标准	中国汽车工程学会（CSAE）	T/CSAE 161—2020	汽车零部件再制造产品技术规范 LED前照灯	2020-12-31
185	四类	团体标准	中国汽车工程学会（CSAE）	T/CSAE 256—2022	汽车零部件再制造产品技术规范 刮水电动机	2022-4-15
186	四类	团体标准	中国汽车工程学会（CSAE）	T/CSAE 257—2022	汽车零部件再制造产品技术规范 液压制动钳	2022-4-15
187	四类	团体标准	北京盾构工程协会（DGGC）	T/DGGC 001—2020	全断面隧道掘进机再制造 通用技术要求	2021-3-1
188	四类	团体标准	北京盾构工程协会（DGGC）	T/DGGC 002—2020	全断面隧道掘进机再制造 企业技术要求	2021-3-1
189	四类	团体标准	北京盾构工程协会（DGGC）	T/DGGC 003—2020	全断面隧道掘进机再制造 企业管理要求	2021-3-1
190	四类	团体标准	北京盾构工程协会（DGGC）	T/DGGC 004—2020	全断面隧道掘进机再制造 质量控制要求	2021-3-1
191	四类	团体标准	北京盾构工程协会（DGGC）	T/DGGC 005—2020	全断面隧道掘进机再制造 检测与评估	2021-3-1
192	四类	团体标准	北京盾构工程协会（DGGC）	T/DGGC 006—2020	全断面隧道掘进机刀盘 再制造技术规范	2021-3-1
193	四类	团体标准	北京盾构工程协会（DGGC）	T/DGGC 007—2020	全断面隧道掘进机再制造 主轴承	2021-3-1
194	四类	团体标准	北京盾构工程协会（DGGC）	T/DGGC 008—2020	全断面隧道掘进机再制造 螺旋输送机	2021-3-1
195	四类	团体标准	北京盾构工程协会（DGGC）	T/DGGC 009—2020	全断面隧道掘进机再制造 减速机	2021-3-1

（续）

序号	类别	类别名称	二级细分/发布机构	标准号	标准名称	实施日期
196	四类	团体标准	中国电子节能技术协会（DZJN）	T/DZJN 134—2023	制冷空调设备再制造导则	2023-3-10
197	四类	团体标准	河北省质量信息协会（HEBQIA）	T/HEBQIA 086—2022	冶金连铸机辊系再制造技术规范	2022-7-25
198	四类	团体标准	湖南省工程机械再制造产业联合会（HCMRA）	T/HCMRA 0001—2021	再制造企业能力评估指南	2021-12-28
199	四类	团体标准	湖南省机械工业协会（HNSJX）	T/HNSJX 002—2022	汽车变速箱再制造用铝合金粉末技术条件	2022-12-24
200	四类	团体标准	湖南省机械工业协会（HNSJX）	T/HNSJX 003—2022	汽车变速箱再制造用镍基高温合金粉末技术条件	2022-12-24
201	四类	团体标准	合肥市机械行业协会（HFJX）	T/HFJX 0001—2017	合肥再制造团体标准编号规则	2017-10-21
202	四类	团体标准	合肥市机械行业协会（HFJX）	T/HFJX 0002—2017	合肥再制造企业认定要求	2017-10-21
203	四类	团体标准	合肥市机械行业协会（HFJX）	T/HFJX 0003—2017	合肥再制造产品认定要求	2017-10-21
204	四类	团体标准	合肥市机械行业协会（HFJX）	T/HFJX 0004—2017	合肥再制造统一代码登记管理要求	2017-10-21
205	四类	团体标准	合肥市机械行业协会（HFJX）	T/HFJX 0005—2018	合肥再制造生态圈体系结构参考模型	2018-8-31
206	四类	团体标准	合肥市机械行业协会（HFJX）	T/HFJX 0006—2019	机电产品再制造节能减排评价指标	2019-9-20
207	四类	团体标准	合肥市机械行业协会（HFJX）	T/HFJX 1001—2017	合肥再制造产品统一代码编制规则	2017-10-21
208	四类	团体标准	合肥市机械行业协会（HFJX）	T/HFJX 1002—2017	合肥再制造企业统一代码编制规则	2017-10-21
209	四类	团体标准	合肥市机械行业协会（HFJX）	T/HFJX 1003—2017	合肥再制造产品标识信息与条码标印要求	2017-10-21
210	四类	团体标准	合肥市机械行业协会（HFJX）	T/HFJX 1004—2017	再制造 产品技术条件编写要求	2017-10-21

（续）

序号	类别	类别名称	二级细分/发布机构	标准号	标准名称	实施日期
211	四类	团体标准	合肥市机械行业协会（HFJX）	T/HFJX 1005—2018	再制造机电产品远程在线监测系统 技术要求	2018-8-22
212	四类	团体标准	合肥市机械行业协会（HFJX）	T/HFJX 1006—2018	产品再制造技术导则类标准编制规定	2018-8-31
213	四类	团体标准	合肥市机械行业协会（HFJX）	T/HFJX 2001—2017	再制造平衡重式叉车 技术条件	2017-10-21
214	四类	团体标准	合肥市机械行业协会（HFJX）	T/HFJX 2002—2017	再制造履带式沥青混凝土摊铺机 技术条件	2017-10-21
215	四类	团体标准	合肥市机械行业协会（HFJX）	T/HFJX 2003—2017	再制造垂直振动压路机 技术条件	2017-10-21
216	四类	团体标准	合肥市机械行业协会（HFJX）	T/HFJX 2004—2018	土压平衡盾构机再制造	2018-8-22
217	四类	团体标准	合肥市机械行业协会（HFJX）	T/HFJX 2005—2018	工程机械传动系统再制造 行星减速机	2018-10-20
218	四类	团体标准	合肥市机械行业协会（HFJX）	T/HFJX 2006—2018	工程机械液压系统再制造 液压柱塞泵	2018-10-20
219	四类	团体标准	合肥市机械行业协会（HFJX）	T/HFJX 2007—2018	工程机械液压系统再制造 液压柱塞马达	2018-10-20
220	四类	团体标准	合肥市机械行业协会（HFJX）	T/HFJX 2008—2018	工程机械液压系统再制造 液压油缸	2018-10-20
221	四类	团体标准	合肥市机械行业协会（HFJX）	T/HFJX 2009—2018	挖掘机液压系统再制造 液压手柄阀	2018-10-20
222	四类	团体标准	合肥市机械行业协会（HFJX）	T/HFJX 2010—2018	工程机械液压系统再制造 液压多路阀	2018-10-20
223	四类	团体标准	合肥市机械行业协会（HFJX）	T/HFJX 2011—2018	再制造 柴油改液化石油气叉车	2018-10-20
224	四类	团体标准	合肥市机械行业协会（HFJX）	T/HFJX 2012—2018	轮胎式装载机再制造	2018-10-20
225	四类	团体标准	合肥市机械行业协会（HFJX）	T/HFJX 2013—2018	再制造履带式推土机 技术条件	2018-10-20

（续）

序号	类别	类别名称	二级细分/发布机构	标准号	标准名称	实施日期
226	四类	团体标准	合肥市机械行业协会（HFJX）	T/HFJX 2014—2018	混凝土输送泵再制造	2018-10-20
227	四类	团体标准	合肥市机械行业协会（HFJX）	T/HFJX 2015—2019	牵引车再制造	2019-9-6
228	四类	团体标准	合肥市机械行业协会（HFJX）	T/HFJX 2016—2019	旋挖钻机再制造	2019-9-6
229	四类	团体标准	合肥市机械行业协会（HFJX）	T/HFJX 2017—2019	悬臂式掘进机再制造	2019-9-6
230	四类	团体标准	合肥市机械行业协会（HFJX）	T/HFJX 2018—2019	轮胎式桥梁运输车再制造	2019-9-6
231	四类	团体标准	合肥市机械行业协会（HFJX）	T/HFJX 2019—2019	湿地液压挖掘机再制造	2019-9-6
232	四类	团体标准	合肥市机械行业协会（HFJX）	T/HFJX 2020—2019	剪叉式高空作业车再制造	2019-9-6
233	四类	团体标准	合肥市机械行业协会（HFJX）	T/HFJX 2021—2019	再制造履带式油电双动力挖掘机	2019-9-18
234	四类	团体标准	合肥市机械行业协会（HFJX）	T/HFJX 2022—2019	再制造伸缩式沥青混凝土熨平板	2019-9-18
235	四类	团体标准	合肥市机械行业协会（HFJX）	T/HFJX 2023—2019	工程机械中央回转接头再制造	2019-9-18
236	四类	团体标准	合肥市机械行业协会（HFJX）	T/HFJX 2024—2019	化工固体物料输送泵再制造	2019-9-18
237	四类	团体标准	合肥市机械行业协会（HFJX）	T/HFJX 2025—2019	工程机械传动系统再制造 回转支承	2019-9-18
238	四类	团体标准	合肥市机械行业协会（HFJX）	T/HFJX 2026—2019	液压破碎锤再制造	2019-9-18
239	四类	团体标准	合肥市机械行业协会（HFJX）	T/HFJX 2027—2019	工程机械液压系统再制造 螺杆泵	2019-9-18
240	四类	团体标准	合肥市机械行业协会（HFJX）	T/HFJX 2028—2020	再制造电动平板搬运车锂离子蓄电池管理系统 技术条件	2020-6-29

（续）

序号	类别	类别名称	二级细分/发布机构	标准号	标准名称	实施日期
241	四类	团体标准	合肥市机械行业协会（HFJX）	T/HFJX 2029—2020	再制造电动平板搬运车充放电接口	2020-6-29
242	四类	团体标准	合肥市机械行业协会（HFJX）	T/HFJX 2030—2020	再制造电动平板搬运车直流充电机 技术条件	2020-6-29
243	四类	团体标准	合肥市机械行业协会（HFJX）	T/HFJX 2031—2020	再制造电动平衡重式叉车锂离子蓄电池管理系统 技术条件	2020-6-29
244	四类	团体标准	合肥市机械行业协会（HFJX）	T/HFJX 2032—2020	再制造电动平衡重式叉车充放电接口	2020-6-29
245	四类	团体标准	合肥市机械行业协会（HFJX）	T/HFJX 2033—2020	再制造电动平衡重式叉车直流充电机 技术条件	2020-6-29
246	四类	团体标准	合肥市机械行业协会（HFJX）	T/HFJX 2034—2020	再制造电动平衡重式叉车动力蓄电池循环寿命要求及试验方法：寿命专项要求	2020-6-29
247	四类	团体标准	合肥市机械行业协会（HFJX）	T/HFJX 2035—2020	再制造平衡重式叉车动力蓄电池安全要求及试验方法：安全专项要求	2020-6-29
248	四类	团体标准	合肥市机械行业协会（HFJX）	T/HFJX 2036—2020	再制造平衡重式叉车动力蓄电池电性能要求及试验方法：性能专项要求	2020-6-29
249	四类	团体标准	合肥市机械行业协会（HFJX）	T/HFJX 2037—2020	再制造敞车清扫机器人技术条件	2020-12-28
250	四类	团体标准	合肥市机械行业协会（HFJX）	T/HFJX 2038—2020	屏蔽电泵再制造	2020-12-28
251	四类	团体标准	合肥市机械行业协会（HFJX）	T/HFJX 2039—2020	潜水电泵再制造	2020-12-28
252	四类	团体标准	合肥市机械行业协会（HFJX）	T/HFJX 2040—2020	液压机再制造	2020-12-28
253	四类	团体标准	合肥市机械行业协会（HFJX）	T/HFJX 2041—2020	再制造履带式电动挖掘机	2020-12-28

（续）

序号	类别	类别名称	二级细分/发布机构	标准号	标准名称	实施日期
254	四类	团体标准	合肥市机械行业协会（HFJX）	T/HFJX 2042—2020	液压劈裂器再制造	2020-12-28
255	四类	团体标准	合肥市机械行业协会（HFJX）	T/HFJX 2043—2020	平地机再制造	2020-12-28
256	四类	团体标准	合肥市机械行业协会（HFJX）	T/HFJX 2044—2020	回转式减速机再制造	2020-12-28
257	四类	团体标准	合肥市机械行业协会（HFJX）	T/HFJX 2045—2020	再制造 内燃改锂电叉车	2020-12-28
258	四类	团体标准	合肥市机械行业协会（HFJX）	T/HFJX 2046—2020	再制造锂电叉车 动力系统	2020-12-28
259	四类	团体标准	合肥市机械行业协会（HFJX）	T/HFJX 2047—2020	再制造液压挖掘机排气烟度测量方法 模拟加载法	2020-12-28
260	四类	团体标准	合肥市机械行业协会（HFJX）	T/HFJX 2049—2021	再制造防爆电动车 锂电池动力电源技术要求	2021-12-21
261	四类	团体标准	合肥市机械行业协会（HFJX）	T/HFJX 2050—2021	再制造电动机场行李车 充电机	2021-12-18
262	四类	团体标准	合肥市机械行业协会（HFJX）	T/HFJX 2051—2021	再制造电动机场行李车 锂电池组技术条件	2021-12-18
263	四类	团体标准	合肥市机械行业协会（HFJX）	T/HFJX 2052—2021	再制造电动平衡重式叉车 充电通信协议	2021-12-18
264	四类	团体标准	合肥市机械行业协会（HFJX）	T/HFJX 2053—2021	再制造电动平衡重式叉车 人机界面系统通信协议	2021-12-18
265	四类	团体标准	合肥市机械行业协会（HFJX）	T/HFJX 2054—2021	再制造牵引机车 动力电池箱技术条件	2021-12-18
266	四类	团体标准	合肥市机械行业协会（HFJX）	T/HFJX 2055—2023	采煤机截齿再制造	2023-6-28
267	四类	团体标准	合肥市机械行业协会（HFJX）	T/HFJX 2056—2023	再制造电动平衡重式叉车直流充电机 检验试验规范	2023-6-28
268	四类	团体标准	合肥市机械行业协会（HFJX）	T/HFJX 2057—2023	再制造电动平板车直流充电机 检验试验规范	2023-6-28

（续）

序号	类别	类别名称	二级细分/发布机构	标准号	标准名称	实施日期
269	四类	团体标准	合肥市机械行业协会（HFJX）	T/HFJX 2058—2023	再制造电动机场行李车充电机 检验试验规范	2023-6-28
270	四类	团体标准	合肥市机械行业协会（HFJX）	T/HFJX 2059—2023	再制造步驾式电动叉车锂电池组 技术条件	2023-6-28
271	四类	团体标准	合肥市机械行业协会（HFJX）	T/HFJX 2060—2023	再制造步驾式电动叉车电池管理系统 技术条件	2023-6-28
272	四类	团体标准	合肥市机械行业协会（HFJX）	T/HFJX 2061—2023	再制造步驾式电动叉车充电器 技术条件	2023-6-28
273	四类	团体标准	合肥市机械行业协会（HFJX）	T/HFJX 2062—2023	再制造步驾式电动叉车 充电通信协议	2023-6-28
274	四类	团体标准	合肥市机械行业协会（HFJX）	T/HFJX 2063—2023	再制造步驾式电动叉车充放电接口	2023-6-28
275	四类	团体标准	合肥市机械行业协会（HFJX）	T/HFJX 2064—2023	再制造步驾式电动叉车控制手柄 技术条件	2023-6-28
276	四类	团体标准	辽宁省高新技术产业发展促进会（LPHIPS）	T/LPHIPS 001—2023	工程机械再制造管理规范	2023-8-1
277	四类	团体标准	中国农业机械学会（NJ）	T/NJ 1433—2023	水井钻机再制造　通用技术规范	2023-11-10
278	四类	团体标准	上海市循环经济协会（SCEA）	T/SCEA 0011—2023	起重机用液压抓斗再制造技术规范	2023-1-1
279	四类	团体标准	上海市计算机行业协会（SCTA）	T/SCTA 104—2020	再制造复印机（包括多功能机）	2020-9-30
280	四类	团体标准	上海市计算机行业协会（SCTA）	T/SCTA 105—2020	再制造复印机（包括多功能机）生产规程	2020-9-30
281	四类	团体标准	上海市闵行区中小企业协会（SHMHZQ）	T/SHMHZQ 014—2023	变速器再制造基本技术标准规范	2023-1-16
282	四类	团体标准	全国城市工业品贸易中心联合会（QGCML）	T/QGCML 2046—2023	齿轮减速电机再制造	2023-11-16

（续）

序号	类别	类别名称	二级细分/发布机构	标准号	标准名称	实施日期
283	四类	团体标准	苏州市吴江区智能制造协会（WJZZ）	T/WJZZ 005—2020	汽车零部件再制造产品技术规范 火花塞	2020-12-11
284	四类	团体标准	中国再生资源回收利用协会（ZGZS）	T/ZGZS 10703—2017	报废汽车回用件加工/再制造界定标准	2011-2-1
285	四类	团体标准	中山市节能协会（ZSECA）	T/ZSECA 003—2020	机电产品可拆卸再制造设计导则	2020-6-30

推荐阅读

读懂未来前沿趋势

一本书读懂碳中和
安永碳中和课题组 著
ISBN：978-7-111-68834-1

双重冲击：大国博弈的未来与未来的世界经济
李晓 著
ISBN：978-7-111-70154-5

一本书读懂 ESG
安永 ESG 课题组 著
ISBN：978-7-111-75390-2

数字化转型路线图：智能商业实操手册
[美] 托尼·萨尔德哈（Tony Saldanha）
ISBN：978-7-111-67907-3